期货高手的
日内短线绝技

一 阳 著

图书在版编目(CIP)数据

期货高手的日内短线绝技 / 一阳著. -- 北京：地震出版社，2023.3
ISBN 978-7-5028-5503-1

Ⅰ. ①期… Ⅱ. ①一… Ⅲ. ①期货交易－基本知识 Ⅳ. ①F713.35

中国版本图书馆 CIP 数据核字(2022)第 211025 号

地震版　XM5412/F(6328)

期货高手的日内短线绝技
一　阳　著
责任编辑：王亚明
责任校对：凌　樱

出版发行：地震出版社
北京市海淀区民族大学南路9号　　邮编：100081
发行部：68423031　68467991
总编室：68462709　68423029
证券图书事业部：68426052　68470332
http://seismologicalpress.com
E-mail:zqbj68426052@163.com

经销：全国各地新华书店
印刷：大厂回族自治县德诚印务有限公司

版(印)次：2023年3月第一版　2023年3月第一次印刷
开本：710×1000　1/16
字数：185千字
印张：14.75
书号：ISBN 978-7-5028-5503-1
定价：48.00 元

版权所有　翻印必究

(图书出现印装问题,本社负责调换)

期货获利的秘诀在于重复

自 2003 年笔者第一本关于股票投资的著作面市以及自 2009 年第一本关于期货投资的著作面市以来，笔者出版的 40 余本著作中所讲解的操盘方法至今依然发挥着极大的威力，帮助许多读者不断地提高，不断地从期货市场中获得收益。

不管是谁，从期货市场中取得收益，一要拥有正确的操盘方法，二要依赖于市场规律性走势的重复。若投资者虽然拥有了一套操盘方法，但这种方法比较另类，市场很少会重复性出现这样的交易机会，那么，就算这种操盘方法再正确，也很难为投资者带来持续稳定的收益。方法既要正确，又要有许多的交易机会，这才是赢利的关键。

而更多的交易机会必须依赖于市场总是会出现重复性的走势，比如投资者们耳熟能详的 W 底形态，不管是在期货市场，还是在股票市场，不管是在 1 分钟 K 线图中，还是在日 K 线图中，总是可以见到 W 底形态，这就说明 W 底形态是经常会出现的重复性走势。掌握了对这种技术形态进行操作的方法，就等于找到了通往成功的正确道路。

技术分析的一大特点就是：价格的波动规律总是会重复。就拿笔者曾出版的那些著作为例，2003 年出版的第一本股票投资著作中所讲解的操盘方法，现在依然可以直接用于股票市场，就是期货市场也同样适用。而 2009 年出版的第一本期货投资著作中所讲解的方法，现在也照样可以直接拿来就用，并且这些方法用于炒股也完全没有问题，就连当时书中列举的案例，在眼下的市场中也都可以轻松地找出相似度在95%以上的走势。这一切都说明重复是市场不可动摇的基调。

　　正是因为重复性走势的存在，我们学习期货投资的方法才有意义，因为这些方法一旦掌握，便可以运用一辈子，甚至还可以教给我们的子女，让他们也拥有管理财富的能力。也正是因为重复性走势的存在，我们只要坚定地一直运用学会的方法，就必定会不断地从市场中获得收益。

　　有一些投资者可能因为种种原因暂时没有找到成功的方向，究其原因，就是因为没有做到"重复"二字，操盘方法变来变去，操作时的仓位变来变去……在不断地变来变去之中，资金也就变得越来越少。市场虽然是有变化的，但也是种种不同的走势在不同的时间段内来回轮换重复的结果。只要我们做到了始终如一，坚定地重复使用适合自己的方法，耐心等到市场轮回到我们所需要的重复性的走势，钱不就自然而然地赚到了吗？

　　最后，为回报各位读者朋友的支持，凡购买一阳出版的系列图书的读者朋友，均可联系笔者助手(联系方式见下)免费领取随书赠送的20个内部培训视频课件，以使您学习到本书以外其他更精彩的交易技巧。同时，我方微信公众号"期股大讲堂"每天都有投资技巧等学习资料的更新，读者朋友们可以关注并持续学习，希望这些教学资料进一步帮助各位读者朋友树立正确的交易理念及提高对市场的认知深度。如您需要进一步学习核心操盘方法，我们还有多种极富实战性的内部实盘直播培训课程，您可根据自身需要学习提高。

　　联系方式如下：QQ：987858807(李助教)；电话：18588880518(可加微信)；微信搜索公众号：股期大讲堂。

一　阳
2022年12月16日

目　录

第一章　对期货市场的正确认识 ………………………… 1

- 第一节　日内投机操作合理的交易次数 …………………… 2
- 第二节　核心是形态，与品种、周期无关 ………………… 7
- 第三节　任何方法的成功率都不会超过50% ……………… 10
- 第四节　实战操盘综合成功率的问题 ……………………… 13
- 第五节　实战必胜术——操盘四统一 ……………………… 16
- 第六节　如何盯盘才不累 …………………………………… 22
- 第七节　为何短周期K线毛刺现象较多 …………………… 26
- 第八节　交易要想做得好，必须得有俩账号 ……………… 27
- 第九节　如何识别期货公司是否正规合法 ………………… 29
- 第十节　如何查询期货手续费 ……………………………… 32

第二章　价格波动的常见规律 …………………………… 37

- 第一节　多空交替，涨跌循环 ……………………………… 38
- 第二节　涨跌周期等长特性 ………………………………… 43
- 第三节　量能一致，收益相似 ……………………………… 49
- 第四节　常态盈利幅度的测量 ……………………………… 55
- 第五节　子波段的重要意义 ………………………………… 67
- 第六节　一鼓作气，再而衰，"三而套" …………………… 74
- 第七节　调整与反弹幅度的两大关键点位 ………………… 80
- 第八节　指标极限回归 ……………………………………… 90
- 第九节　期货市场多久会有一次大行情 …………………… 96

第三章　如何正确抄底摸顶 ················ **103**
　　第一节　底好抄，顶难摸 ················ 104
　　第二节　V形底与A字顶宜放弃 ············ 106
　　第三节　底部与顶部形成的前提 ············ 111
　　第四节　底部与顶部形成的周期 ············ 119
　　第五节　底部与顶部的基本结构 ············ 125
　　第六节　底部与顶部量能技术特征 ··········· 132
　　第七节　底部与顶部常见K线特征 ··········· 137
　　第八节　常见风险性K线信号 ·············· 142
　　第九节　底部与顶部常见指标技术特征 ······· 151
　　第十节　最稳妥的抄底摸顶技术形态 ········· 157

第四章　日内投机常用操盘绝技 ············ **163**
　　第一节　反向角度大，盈利定稳拿 ·········· 164
　　第二节　有此三技术，大幅涨跌出 ·········· 170
　　第三节　越调量越小，机会别放跑 ·········· 176
　　第四节　放量而不倒，价格会更高 ·········· 183
　　第五节　0轴上金叉，机会易拿下 ··········· 189
　　第六节　价格若一横，财至又运亨 ·········· 196
　　第七节　红盘不做绿，险避盈利聚 ·········· 202
　　第八节　回马一枪扎，价格直往下 ·········· 209
　　第九节　分则必然合，合则拍手乐 ·········· 215
　　第十节　压力与支撑，收益藏其中 ·········· 221

第一章 对期货市场的正确认识

进行期货投资时投资者需要拥有两类能力：一是各种实战必需的操作技巧，二是对期货市场的正确认识。实战必需的操作技巧很形象、很具体，人们都有直观的感受，也容易学习与掌握。但是，对期货市场种种正确的认识有时候却无法形象化，也不能带给投资者直观感受，从而增加了学习与提高的难度。同时，由于每位投资者的成长经验不同、学历不同、生活阅历不同，同样一个理念可以在投资者之间产生完全不同的理解，这就会变得非常可怕了，有的投资者找到了正确的方向，有的投资者却把错误的认识当成正确的，从而始终无法踏上成功的道路！

实战操作方法有明确的知识标准，不受投资者经验、学历、阅历的影响，让小学生与大学生分别学习这些实战操作方法，操作的结果都是一样的。正确的实战操作方法是保证投资者获利的关键，对投资市场的认识可以决定投资者的获利上限；对投资市场认识不到位，拥有了错误的交易理念，就算拥有了正确的方法也无法发挥其稳定赢利的威力。这也就是许多投资者明明懂得许多操作方法，但却始终无法获利的根本原因。认识提升不上去，就犹如通往成功的道路被阻断，这一道天堑越不过去，便与持续赢利无缘。

对于绝大多数投资者而言，需要先学习的并不是实战操作的各种技术，而是先要接受期货市场中各种正确的交易理念、交易认识。

第一节 日内投机操作合理的交易次数

在进行日内交易的时候，有的投资者一天只做一两次交易，而有的投资者则是一天交易十几次甚至是几十次，交易次数相差极大。从实际交易效果来说，交易次数少的投资者往往有所赢利，而交易次数多的投资者，则很难赢利。

交易次数少往往说明耐心十足，在强大耐心的促进下，很难出现情绪化的交易，同时还很容易保持冷静的交易状态，如此一来，交易的结果自然是好的。过低的交易次数也有不足，那就是很容易丢失许多大好的操作机会。假设价格在当天波动时提供了 8 次明确的交易机会，但由于投资者刻意压抑交易的次数，当天只进行了 2 次交易，这就意味着将会主动丢掉 6 次交易机会。如果仅是丢掉一两次机会这倒正常，但若丢失掉大量的交易机会，就显得有点极端了。虽然交易次数过少有利于保持心态的平稳，但它却是用丢失大量机会换来的，不能说是错，毕竟结果是可以赢利的，只是略显不足。

交易次数少只是丢机会，绝对不会产生亏损，但交易次数过多则很难赢利，甚至越是无法赢利越是容易情绪化。在过多的交易次数的影响下，资金一天就亏损超过 20% 真不是什么难事，日内的大亏往往就是由此造成的。因此，交易次数过多是绝对不可取的！

交易次数过多的投资者往往是没有耐心可言的，不知道该在什么时机做多，也不知道该在什么时机做空，所以，见到价格上涨便去做多，见到价格下跌便去做空，从而不由自主地增加了交易次数。这种情况下，每一次操作的进出都不会有统一的技术依据，操

◇ 第一章　对期货市场的正确认识 ◇

作行为是盲目混乱的。

　　交易次数过低把握不住应当捉住的机会，交易次数过多则意味着交易混乱地进行，所以，交易次数少了不好，多了更不好，那么，怎样的频率才是最合适的日内交易频率呢？合理的交易次数不能人为去设定限制，必须要以数据说话，因此，笔者分别使用MACD、KD、移动均线三个指标来论述怎样的交易次数才是合理的。

　　MACD指标不做任何条件限制，只以金叉或死叉为开仓信号测试合理交易次数的数量。

　　燃油2209合约2022年4月29日分时走势图见图1-1。

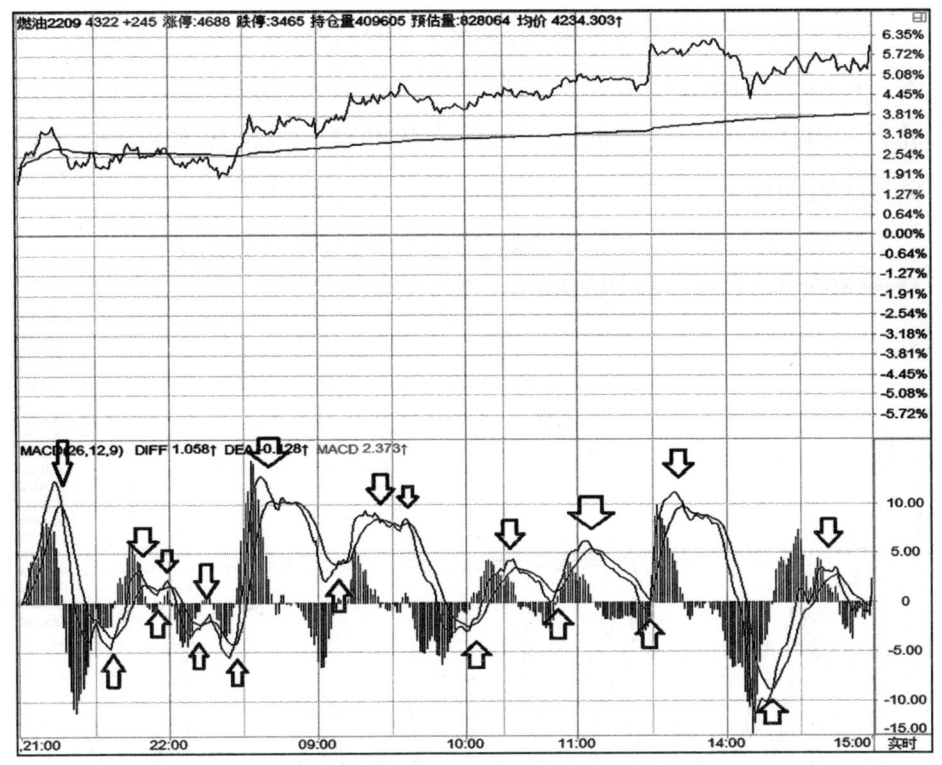

图 1-1

　　燃油2209合约2022年4月29日分时走势图中，MACD指标共形成了9次做多的金叉信号（用向上的箭头表示），形成了11次做空的死叉信号（用向下的箭头表示）。由此可见，一天6个小时的时

3

间内投资者最多只有 11 次的交易机会，这也就意味着平均约半小时才有一次机会。若是投资者的交易次数远超过 11 次那就是错误的，因为市场根本没有提供这么多的机会而偏要去进行这么多次的操作，其中肯定有不少交易是没有理由的胡乱操作。

在具体交易过程中，投资者是不可能一会儿做多，一会儿又做空的，在某一个阶段只可能保持一个方向的操作，比如根据本书后面章节讲解的"红盘不做绿"的方法进行操作，燃油这一天就是应当只做多不做空的。这样一来，在不筛选交易信号的前提下，最多只有 9 次交易的机会。

如果进行一番技术上的筛选——分时线在均线下方不做多，那么，可以交易的信号全部发生在早 9 点之后，并且只有 5 次交易的机会。由此可见，就燃油这一天的走势而言，符合技术要求合理的交易次数为 5 次。

尿素 2209 合约 2022 年 4 月 29 日分时走势图见图 1-2。

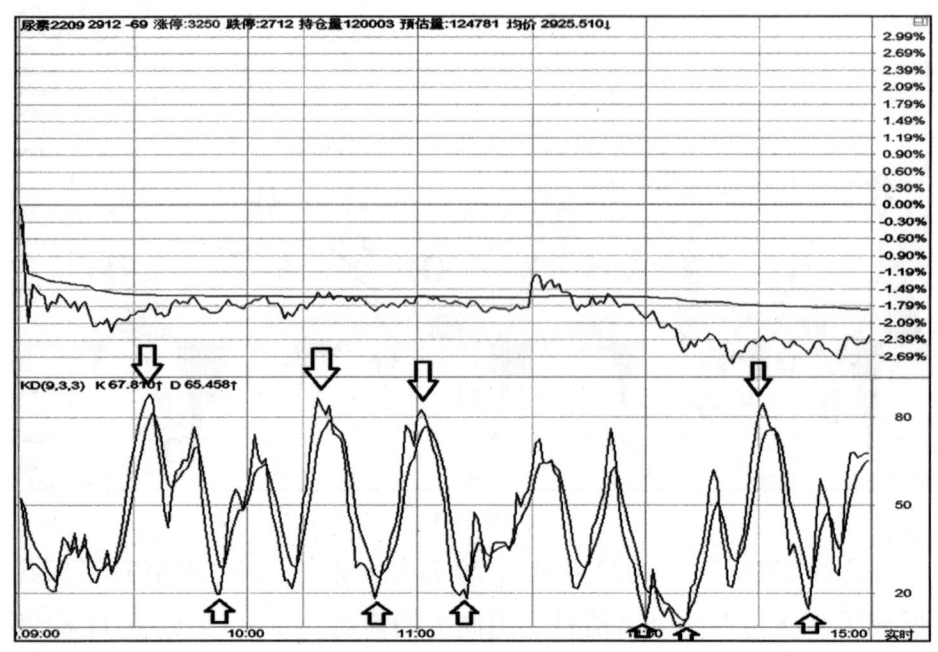

图 1-2

◇第一章　对期货市场的正确认识◇

尿素 2209 合约 2022 年 4 月 29 日分时走势图中，使用 KD 指标高数值做空（80 数值以上）以及低数值做多（20 数值以下），共有做多机会 6 次，做空机会 4 次。无须再进行筛选，这样的交易次数是非常适中的，请各位读者朋友们牢记这个数值范围：4～6 次是每天日内交易最适中的操作次数。这样的交易次数既不是很少，不会主动放弃过多的机会，又不会很多，使得心态变得急躁。

由于这一天价格是空头态势，并且分时线整体在均线下方，且 KD 高数值形成时，分时线空头性质的波动非常明显，因此，这四次高数值的信号都是符合技术上的操作要求的。由此可见，在这一天进行了十几次及以上的操作可能是对的吗？

沪镍 2206 合约 2022 年 4 月 29 日分时走势图见图 1-3。

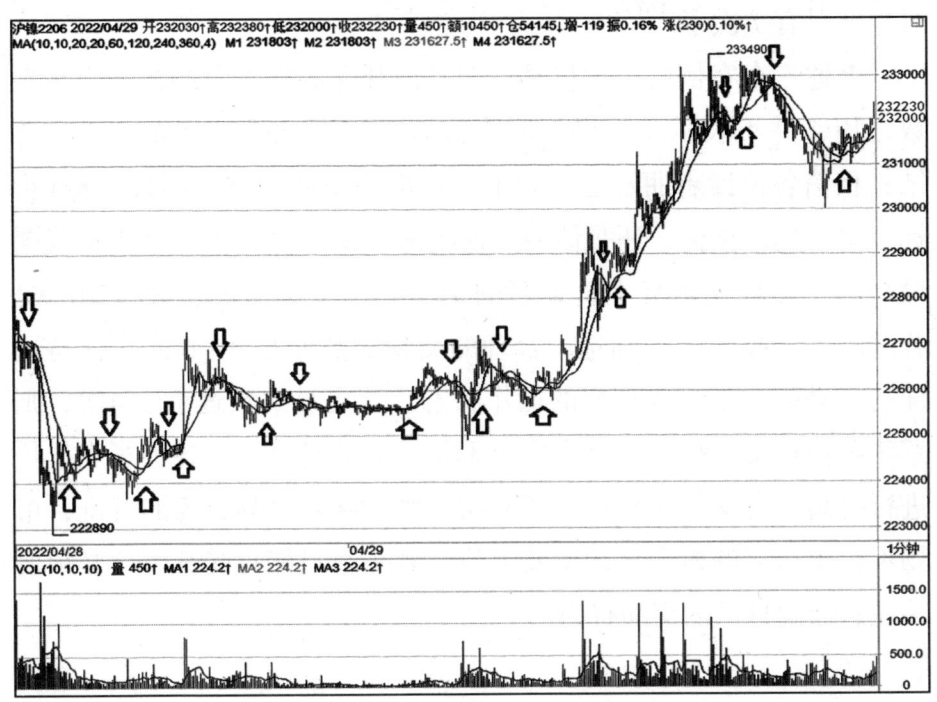

图 1-3

沪镍 2206 合约 2022 年 4 月 29 日分时走势图中，使用移动均线金叉做多、死叉做空，夜盘加日盘共计 8 个小时的交易时间，其中金叉做多信号 10 次、死叉做空信号 10 次。这意味着什么？差不多五十分钟才有一次交易信号的出现。

如果当天是多头市场，那就需要坚定做多；如果是空头市场，则需要坚定做空。投资者不可能左摇右摆，一会儿做多，一会儿做空，这样算来，满打满算夜盘加日盘也总共只有 10 次机会。若超过 10 次，那肯定是胡乱操作了，否则多出来的交易信号从哪里来？又是按什么理由进行的操作？

这还是 8 个小时交易时长且不筛选信号前提下的总操作次数，若是筛选一下不符合要求的技术信号，比如，价格上涨到高位时的金叉是不是要主动放弃，夜盘和日盘临近收盘时的金叉是不是在做日内的时候要主动放弃，且不计算其他的筛选，剩下的做多交易信号也就只有 7 次了。

上述三个案例的讲解仅是以金叉或死叉为样本总结合理交易次数之用，并不表示实际操作时直接就可以照此执行操作。通过总结，相信各位读者朋友也看到了，无论是使用 MACD 指标、KD 指标、移动均线指标，还是使用其他指标，在分时图或 1 分钟 K 线图最短的交易周期走势上，最多的交易机会也绝对不会超过 10 次！若进行一番技术上的筛选，合理的交易次数便是 4～6 次，保持这样的交易频率是最为理想的操作状态。若交易次数远小于 4 次，则意味着捕捉交易机会的能力略显不足，应通过多学习各种买卖技巧进行提高。若交易次数远多于 6 次，则意味着交易行为的混乱，市场不给那么多的机会你却偏要去争，到头来只能自受其害，必须要多注意控制自己的交易行为。

第二节 核心是形态，与品种、周期无关

经常碰到一些投资者有这样错误的认识与说法：我喜欢做某品种，我觉得这个品种更容易赚到钱，或者是我喜欢在某个时间周期的 K 线图中进行操作，因为觉得这个周期的 K 线走势比较规范。这样的认知其实是错误的，如果您有这样的想法，请一定要转变一下。

做交易，不管是做期货还是做股票，抑或做其他交易品种，我们做的其实是技术形态本身。能够赚到钱，是因为这个技术形态走成功了，因此实现了赢利。亏了钱，是因为这个技术形态走失败了，从而产生了亏损。比如做突破，在价格创出新高时买进，之所以赚钱，是因为突破是成功的，创新高之后价格不断上涨，从而赢利。之所以亏损，是因为突破之后价格便掉头向下，形成了一次假突破，从而引发止损。赢利与亏损的形成，和什么品种、在哪个周期上操作是没有任何关系的，只与形态本身的成功与失败有直接关系。

不管操作股票还是期货，所有的个股与期货品种都有向上创新高或向下创新低的突破走势吧？这意味着：突破这种走势，在所有交易品种上都会出现。这也就意味着：不管是什么品种，都会形成突破形态。这个技术形态绝对不是某个品种所特有、独有的，而是所有品种都必然会出现的。

同样，不管是在 1 分钟 K 线图上操作，在 3 分钟 K 线图上操作，在 5 分钟、15 分钟、30 分钟、60 分钟 K 线图上操作，还是在日 K 线、周 K 线、月 K 线图上操作，都有突破这种技术形态吧？突

破这种技术形态并不是某个交易周期独有的,并不是只有1分钟K线图中才有突破,而其他周期K线图中没有突破走势。这就说明:技术形态与某个固定的交易周期无关,任何交易周期都会形成操作方法完全一样的技术形态。

讲到这里,可能还有个别读者朋友觉得我说得不对。没关系,我们来做个测验。请先不要看答案,说一下图1-4中的四个品种是什么:是期货还是股票?它们都是什么周期的K线走势?

猜猜看。

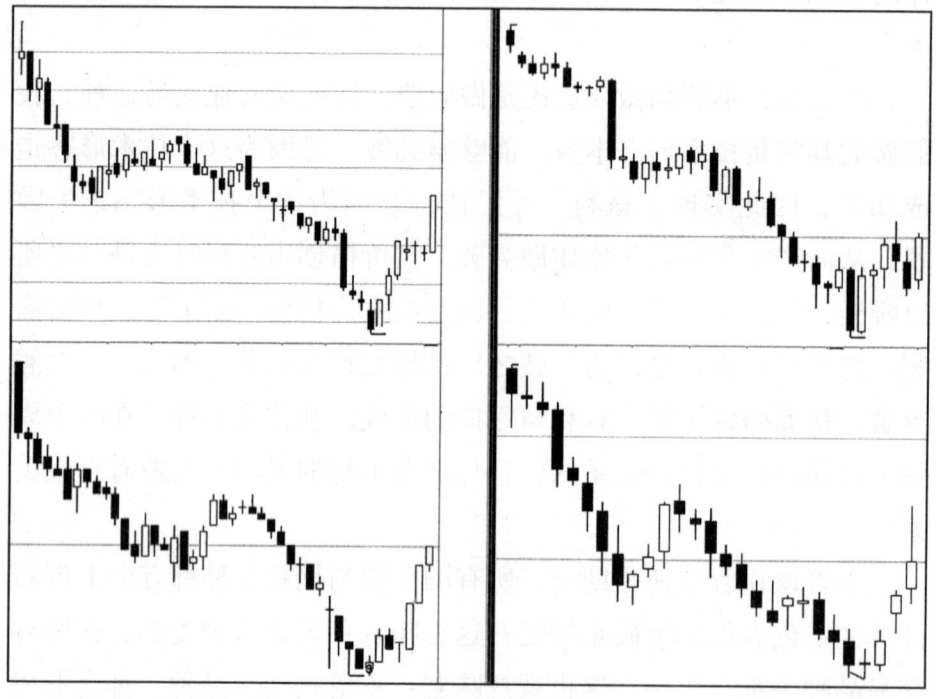

图1-4

笔者相信,无论是谁,都不可能猜出来图中的四个品种是什么,以及分别是什么周期的K线走势。感兴趣的读者朋友不妨不看答案猜猜看。

唯一可以看到的就是这四个不同品种、不同周期的K线走势中,有着超过90%相似度的走势,价格都是形成了下跌、反弹、再下跌、再次反弹的走势。无论是在第一次反弹的高点处做空，还是在向下创新低的点位用突破手法做空，其操作思路与细节都完全一样。这足以证明：所采用的技术方法绝对不会受到交易品种以及交易周期的限制。我们需要重视的是技术方法的运用，而不是与之无关的交易品种到底是谁或是到底是几分钟 K 线图。

答案见图 1-5。

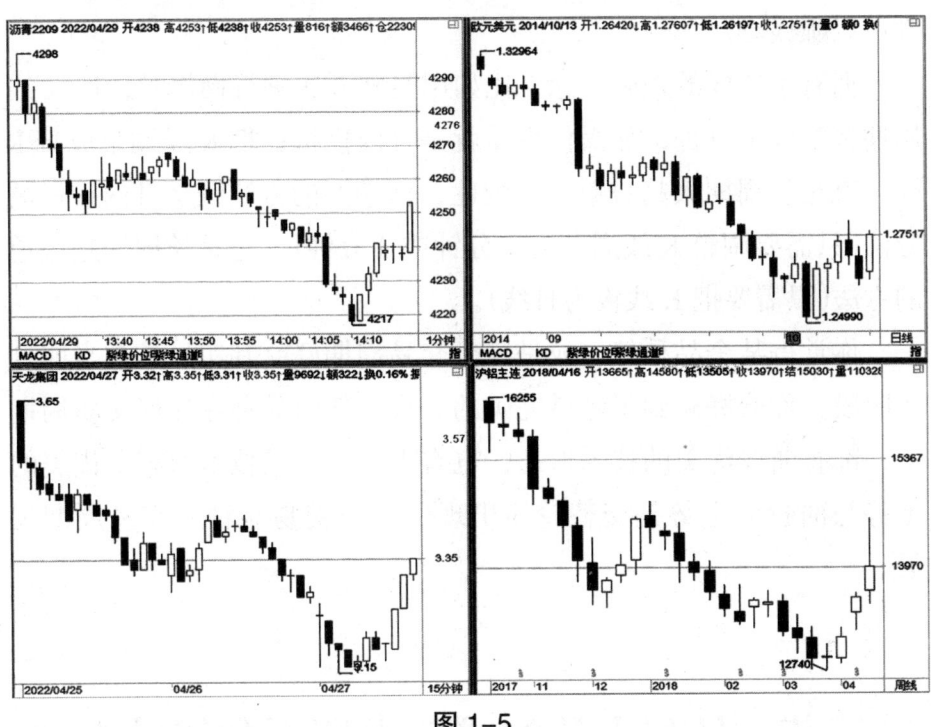

图 1-5

其实看不看答案是次要的，因为主要问题已经解决，那就是这四幅图中相似度极高的走势该如何操作。揭晓答案只是为了满足一下各位读者朋友们的好奇心，除此，起不到任何作用。

四个案例中，一个是商品期货沥青的 1 分钟 K 线走势图，一个是天龙集团 15 分钟 K 线走势图，一个是欧元美元的外汇日 K 线走势图，一个是沪铝主力连续合约周 K 线走势图。从这四幅走势图中可以看到，下跌、反弹、再下跌、再反弹是价格波动的常态规律，不管是1分钟K线还是周K线，全都会出现这样的技术形态，并且其操作手法也是完全一样的。

这对于大家有什么样的启迪呢？从今往后，您只需要将注意力放在技术方法上就可以了，不要纠结于交易品种是谁，不要纠结于该在什么周期上进行操作这些小事。技术方法学好了，不管做期货还是做股票都能赚钱，不管是在1分钟K线图上还是在日K线图上都可以赚钱。

拥有了这样的正确理念，比如用突破方法进行操作时，把K线周期调整成1分钟，那操作性质就是日内投机；把K线调整成日K线，就是长周期大趋势单了。因此，你学习的方法既是日内投机的方法(只需要调整K线周期为1分钟或3分钟)，也是长周期趋势单的方法(只需要把K线设为日线)。

你觉得某个品种好，或是某个交易周期好，其实只是在当前这一阶段，你恰好碰到了它最完美的表现。任何品种在任何交易周期上，都有曲线优美的技术形态，也有歪七扭八的技术形态。优美的走势与曲折的走势是交替轮换出现的，与交易品种、交易周期无关。

第三节　任何方法的成功率都不会超过50%

这是一个残酷的现象，但又不得不说！

任何操盘方法的成功率都不会超过50%。如果这句话您理解并完全接受，那么，恭喜你，就算你暂时还没有赢利，也已找到了通往成功的正确方向。你也可能暂时不理解，甚至怀疑与否定，没关系，毕竟在投资的道路上无论是谁都难免要走弯路。我相信，等你能完全认可这个理念之时，便是你失败与成功的转换之际。

价格的波动不是上涨就是下跌，虽然有横盘这一说，但横盘之后还是得上涨或下跌，所以，价格的波动其实只有上涨和下跌这两种方向。这样一来就跟抛硬币一样了，抛出正面与反面的概率基本上都是无限接近50%的。这对于价格的波动来说便意味着：价格不管处于什么位置，上涨与下跌的可能性都是50%。但因为有手续费的存在，所以，上涨或下跌的概率只能是无限接近50%，而不会超过50%。既然价格在任何位置上涨或下跌的概率都是无限接近50%的，而一种操作方法是否可以获利建立在价格波动基础之上，取决于价格是否按操作方向进行波动，那么又怎么可能会有超过50%的高成功率的方法存在？所以，那些张口闭口说什么百分之八九十成功率的人其实都是在忽悠人，因为价格上涨或下跌50%的可能性上限就封死了高成功率的道路。

成功率只有50%甚至由于手续费的原因还低于50%，这还怎么赚钱呢？的确，在任何位置上价格上涨或下跌的概率都是50%，但是，上涨或下跌的幅度可是有极大差别的啊！比如一波行情中价格要上涨100个点，不管是刚刚起涨20个点的位置，还是价格涨到90个点很高的位置，继续上涨与转为下跌的概率都是50%，但是，在上涨20个点的位置做进去，如果价格下跌了，在做好止损的情况下只会亏几个点，但若形态成功，便可以实现80个点的盈利，80个点的盈利到手便可以覆盖差不多10次甚至更多次的亏损，这不就实现赢利了吗？假设每次只亏8个点，而一旦赢利便可以获得80个点，包含手续费的因素只要成功率超过15%便可以赢利，莫说50%的成功率，就是40%的成功率也是高得惊人了。

进行做多操作时，虽然低位和高位价格上涨与转为下跌的概率都是50%，但由于获利幅度有很大不同，便使得操作的结果有了极大的差异。好的位置上涨概率50%，不好的位置上涨概率也是

50%，而不管好位置还是不好的位置，止损的幅度基本都一样，但是，好的位置有可能赚80个点，不好的位置可能只赚10个点，你说，该在哪里操作？而要放弃哪里的操作呢？

由此可见，正确的操作强调的绝对不是什么成功率，而是合理、合适的位置，因为在这些技术点位容易赚大钱，很容易实现小亏换大赚。投资者学习的种种操盘方法，其目的也正是如此：在合适的点位以较小的亏损为代价，追求有可能实现大收益的机会。所以，与其迷信虚无缥缈的高成功率，不如追求实实在在技术上的好点位。

抛硬币正反面概率分布图见图1-6。

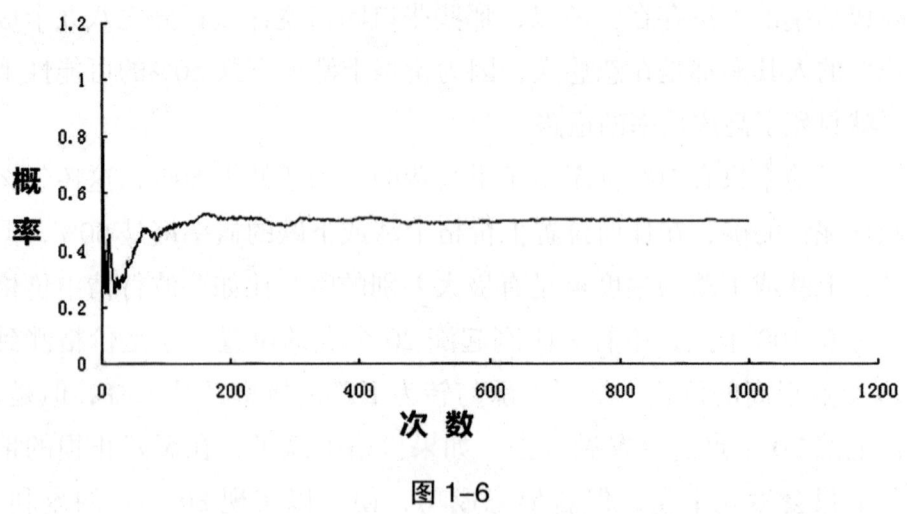

图 1-6

从这幅图来看，随着抛出的次数不断增多，抛出正面的概率无限接近50%。这个分布情况其实也基本等同于价格在任何位置上涨的概率情况。随着交易次数越来越多，赢利与亏损的次数会无限接近但概率必然小于50%。

这个市场就真的不存在高成功率的操作结果吗？也并不是这样的，毕竟任何人都会有好运气爆棚的时期，可能在这周、这个月的局部操作因为市场行情或是运气的加持成功率很高，就像抛硬币刚开始可能抛出正面的概率高达 70% 以上一样。但若以一年或五年为周期再看的话，任何人的长期操作成功率都不可能突破 50%。

赌神类的电影电视相信各位读者都看过，赌神是怎么赢钱的？是靠高成功率、每把牌都赢吗？非也。牌不好时就不跟，然后只输一次最低下注额；牌一直不好就一直不跟，虽然几十把牌都不跟，但只亏了一点点的小钱。这就如同交易时的止损一样，技术形态失败就认赔出局，就算亏钱了，但因为严格的风控，只会亏小钱。而一旦牌好了，下注十万、百万、千万、一亿，一把牌定乾坤。若看赌神的成功率，可能连 1% 都不到，但一晚上人家却赢了许多钱。这才是市场赢利最真实的一面——三年不开张，开张吃三年，这也是期货市场中真正的赚钱之道。张嘴闭嘴说高成功率的人，很可能就是那些赚不到钱的人。

第四节　实战操盘综合成功率的问题

硬币只有正反面，价格的波动也只有上涨与下跌，所以，在任何时间，在任何位置，价格上涨或下跌的概率都是无限接近 50%。由于交易时涉及手续费，所以，价格实际的上涨或下跌概率都是接近但必然小于 50% 的，这是上一节内容所重点论述的。

可能会有读者朋友问了：既然价格在任何位置上涨与下跌的概率都接近 50%，那为何我的操盘成功率这么低，只有百分之一二十，总是赔钱呢？

这里就涉及另一个重要的概念了：综合操盘成功率。综合操盘成功率由两部分构成：价格自身的涨跌概率、投资者研判概率。综合操盘成功率是两者相乘的结果。

价格自身的涨跌概率是死的，按 50%计算就可以。但是，投资者研判概率却有很大的差异，这是造成各投资者之间盈亏差别的唯一因素。

研判概率类似抽扑克牌比大小的游戏，K 最大，A 最小。正常情况下，抽到 6 以下的牌时，直接放弃就行了，因为这种小牌输的概率是很大的。这就好像是市场是绝对的空头市场，目标品种波动性质趋空，方向也向下，却非要做多。虽然任何位置的涨跌概率都是 50%，但此时做多的研判概率却非常低，完全与市场反着，做多的研判概率按 20%计算，两者相乘，综合操盘成功率只有 10%，以这么低的综合操盘成功率，想赚钱就有很大难度了。

当然，并不是说综合操盘成功率 10%就赚不到钱，如果盈亏比巨大——亏 1 千却能赚 2 万，那还是可以赢利的。但是，在全面偏空的情况下，价格出现大幅上涨的可能性大吗？所以，在全面偏空的情况下做多并且做出大盈亏比是很难的。因此，抽到小牌直接放弃，不去下注才是正确的。

抽到了 6~10 的中间牌，这就比较尴尬了。不下注吧，这牌不大不小；下注吧，又不是很大。面对这类尴尬牌的做法是可以试着做一下。这就好像市场是多空对峙市状态，一半涨一半跌，涨的幅度也不大，跌的幅度也不大，多空力量都不强。此时，如果价格所处的位置比较好，就可以试着做一下；如果价格所处位置不好，则放弃。

而如果抽到了 JQK 这种大牌，那肯定是要积极下注的，因为赢的概率很大。这就好像是：盘面全面偏多并且多头上涨力度很大，目标品种涨幅居前且处于一个非常理想的位置处。这个点位肯定是要积极进行交易的，在价格位置较好且环境配合的情况下才更容易赚到大钱，就算形态失败也只会亏小钱，赚得多亏得少自然就赢利了。

研判概率就是这个意思，结合当前整体市场状态、目标品种的走势状况，多方面衡量一下是否值得操作，以及是否存在赚大钱的可能性。而这些判断，由于每个投资者的经验不同、处理手段不同，因此，得出的结论就各不相同了，不一样的结论便意味着彼此的研判精准度是不同的，自然研判概率有高有低。

就算研判得很准，成功率达到100%，也不一定次次都赚钱，因为综合操盘成功率是涨跌50%的概率与研判概率的乘积。研判概率高达100%，但与涨跌50%概率一乘，综合操盘成功率仍然是50%的顶格上限。这就意味着实际操作一半可能赚，一半可能亏，但此时，只要略加一些应对策略，亏损时亏得少一些，赢利时赚得更多一些，赢利也就基本上是必然的事情了。

如果分析能力差，懂的方法不多，对市场分析的精准度只有40%，两者相乘，综合操盘成功率便只有20%了。这样低的综合操盘成功率，如果再没有正确的持仓方法与策略能够赚到大的收益，必然会出现持续性的亏损。

任何人都无法改变价格涨跌50%的概率，但是，投资者却可以尽力提升研判概率的数值。高手与新手的差异就在于此：高手会的方法多，新手会的少；高手经验多，新手经验少。所以，高手对当前局势的判断更全面，而新手则很难做出全面的判断，因此，高手的研判概率高于新手，自然综合操盘成功率会远大于新手，更容易实现赢利。

由此可见，影响综合操盘成功率的关键并不是价格的波动形态，而是投资者依据波动形态所制定出来的操作方案，而周全的操作方案则是可以通过学习掌握的。各位读者朋友勤奋地看书学习、看视频或者是参加高手们的内部培训提高自己，其实最终的目的就是提高自己的研判概率数值。

影响研判概率的因素主要有以下几方面：①对市场多空环境的

判断；②对价格波动性质的识别；③价格介入位置的确定；④具体介入点细节；⑤止损的处理方式；⑥持仓赚取大收益的方法以及周全的策略。投资者只要从这六方面入手进行提高，全面地学习这六大方面的操盘要点，研判概率自然就会大幅提升，而这也是通往成功实现持续赢利的根本保障。

第五节　实战必胜术——操盘四统一

　　交易行为的混乱是大多数投资者亏损的主要原因，其实不仅在投资市场中，在任何行业里混乱的行为都是错误的。弹钢琴的时候，若是指法混乱错误，那进步将会受限；在健身的时候，运动姿势错误，则身体很容易受伤……因此，想要让投资获得好的结果，必须对交易行为进行管控，交易行为必须始终如一。

　　交易行为混乱的根源其实就是交易方法的缺失，因为不懂得该如何正确地去执行操作，因此，只能盲目地进行开仓与平仓。若一名司机不懂交通法规就上路了，开一圈车下来驾驶证上的分很可能就会被扣光。投资者不按照规矩交易，口袋中的钱自然会被其他遵守规矩的人抢光。但是，学习交易方法并不是一朝一夕的事情，有没有什么简便的方法可以尽快让投资者的交易行为规范起来呢？方法是有的，那就是操盘四统一。只要投资者严格遵守操盘四统一的四项纪律要求，错误的交易行为必将会得到很好的改善。交易行为不混乱了，头脑也就更加容易保持冷静；头脑冷静下来了，决策的周全性也就越容易得到保障，从而使得一整套的交易流程进入到良性循环状态之中，胜算自然就大！

　　操盘四统一方式简单，效果较好，无论是有经验的老手，还是

◇第一章　对期货市场的正确认识◇

刚接触期货的新手都适用。但操盘四统一是要建立一种行为模式，所以，它绝对不可能一两天就可以做到。知道怎么做很容易，阅读完本节内容你就懂了，但想彻底养成习惯并始终在日常操作中按此执行，没有一两个月的时间是做不到的。如果你爱抽烟喝酒，请自问一下需要多长时间能彻底戒掉；如果你习惯了每天画上精致的妆容，那能不能试着连续一个月每天都素颜？所以说，无论是错误交易习惯的改变，还是正确交易习惯的养成，一两个月的时间并不长。

操盘四统一的第一个统一便是：交易周期统一！

有许多投资者在操盘的时候，1分钟K线要看，3分钟K线要看……，各种周期的K线都要看，看来看去却把自己看糊涂了。1分钟K线向上，3分钟K线横盘，30分钟K线向下，到底是该做多还是做空心里不仅没有了准主意，反而彻底不知道该如何操作了，这就是同时查看多种周期K线所带来的问题。

这些投资者为什么要同时查看多种交易周期K线呢？美其名曰：周期共振。的确，周期共振真的是一种正确的操盘方法，但是，若你连在一个周期上操作都赚不到钱，在多个周期上就更不可能了。一心一意都做不好，眼观六路，耳听八方，同时兼顾多种周期，将精力分散开来，又怎么可能做好？

周期越多，矛盾越多，投资者需要调和好多种交易周期之间的各种方向不同的问题，调和不好，不仅无法操作，还会带来各种烦恼。周期共振是那些经验丰富、操盘手法老练的高手才可以处理好的操盘方式，你在经验不多、操作方法不够周全的情况下又怎么可能处理得好？

就算想多周期操作，也必须要先彻底搞定一个交易周期，在这一个交易周期上稳妥地实现持续赢利之后，可以再加上一个交易周期。在两个交易周期上可以稳定持续赢利后，则可以再加上第三个周期……循序渐进才可以。在经验与操作能力不到位的情况下，交易周期看得越多，钱赔得越快。这就好比如果你连一个员工都管理不好，又怎么可能同时管理好3个、5个、10个、成百上千个员工？

如果自己经验略多一些，在进行日内交易选定交易周期的时候可以看得短一些，因为有一定的应对能力，交易周期越短，机会越多，此时，1分钟K线就比较适合了。若是经验较多，下单时需要一定的时间仔细思考，那在进行日内操作时可以把交易周期放长一些，3分钟K线或是5分钟K线都可以。任何一个交易周期都可以指导操作，重要的不是具体某个周期，而是选定之后必须长期盯着它看，切不可一会儿看1分钟，一会儿又看3分钟，来回切换着看，这是最不可取的。

操盘四统一的第二个统一便是：仓位统一！

有一些投资者在交易非常顺利的时候胆子很大，开仓时仓位都比较重，以满仓或是八九成的仓位操作。而一旦亏钱以后，由于自信心不足，马上便调低了仓位，只敢以十分之一仓或五分之一仓操作。小仓位操作带来的压力肯定是比较小的，在低压状态下任何人的心态都会是比较稳定的，从而将会再度给投资者带来连续赢利。随着赢利次数的增加，自信心又重新回来，胆子又壮了起来，于是，仓位又随之变大。可惜，再度遭受重创，产生亏损，胆子又变得小了起来，从而再次降低仓位……如此循环之下，投资者的交易结果变成了：大仓位造成大亏损，小仓位带来小盈利，亏大而赚小，如此反复，又怎么可能赢利？

仓位统一就是对该现象进行的管理，通过统一一个仓位，来避免盈亏不均衡现象的出现，不管是亏还是赚，都是同样的仓位造成的，如此一来，亏大赚小的情况便完全杜绝了。若是再进一步严格执行止损纪律，便可以将亏大赚小扭转为赚大亏小，从而为最终的赢利打下基础。

每个投资者的风险承受能力是不同的，以笔者为例，我在进行日内操作时都是满仓干，因为风控不会出任何问题，并且风险承受能力又很强，小仓位没有意义。但对于经验少的投资者来说，半仓就可能称得上重仓了。所以，仓位统一并不是要求所有投资者的仓位都保持一致的状态，而是要求投资者一旦确定出自己能接受的仓位数值，在未来较长一段时间操作时，无论赚还是亏，都必须以该仓位数量开仓。

具体的仓位数量可以根据自己的操盘经验进行合理设定，如果经验少，正处于学习期，笔者建议日内操作仓位不宜超过30%，什么时候彻底学好了，仓位再逐步增加。若经验较丰富，对于交易行为管控较好的投资者，则可以50%以上的仓位进行操作，没有必要轻仓做，因为我们的目的是赢利，在经验与方法达标的情况下，仓位越大，盈利越大。

具体仓位设定后，后期不管还是亏损，全都按此百分比执行开仓操作，如此一来，在不考虑盈亏比的情况下，一笔交易的盈利便可以完全覆盖一次止损带来的所有损失。若用正确方法压缩止损幅度，扩大止盈额，一笔交易的盈利便可以覆盖数次止损带来的损失，交易也就算是走上正轨了。

操盘四统一的第三个统一便是：目标统一！

有一些投资者在操作时心猿意马，一会儿看看这个品种，一会儿看看那个品种，一天恨不得把所有的品种都看个遍、做个遍，这样导致的结果就是看着A品种却错过了B品种的介入点，看着B品种又失去了C品种的操作机会，恰到好处的交易机会在来回切换品种的过程中不断地错过，心里一着急，交易行为便很容易失控。

来回切换交易品种，一是说明耐心缺失，没有足够的耐心等待原本关注的目标一步步地形成标准的形态；二是抵制诱惑的能力差，原本的目标品种一直不动，别的品种一涨一跌，略一挑逗，马上就把魂勾走了，没有定性，又如何能做好交易？而目标统一就是专门解决这个难题的。

任何行业都有淡季旺季，任何期货品种都有波动活跃的时期与波动呆滞的时期，这两天波动累了就休息一下，休息够了再重新折腾，如此不断地循环反复。如果投资者能固守一个或是几个品种，每天都死盯着它们，只要它们出现介入信号，便绝对不会错过，因为你所有的精力全部集中在它们身上，又怎么可能会放跑机会？没有机会就等，一旦机会到来就必然能捉住，这就是死盯几个品种最大的好处。

目标统一对于经验少的投资者来说，死盯一个品种就可以了，千万不要多盯，随着交易经验不断增多，应变能力不断提升，可以一步步地增加关注的目标品种数量。但所盯的目标品种数量不得超过六个，最理想的状态就是盯四个品种，因为期货市场有四大板块——黑色系板块、有色金属板块、能源化工板块、农产品板块，每个板块各选一个自己喜欢的品种作为目标对象就行了。若是盯六个品种，除了上述四个品种外，再额外增加当天涨幅第一和跌幅第一的品种就可以了，谁符合市场多空环境，谁有好的介入点形态，便对谁进行操作。

可能会有读者朋友问：你还提倡多头市场盯涨幅前五名的品种，空头市场盯跌幅前五名的品种，可是涨跌前五名的品种每天都不一样，这岂不是要来回切换交易品种了吗？其实并不能这样理解，因为我的择强而入的观点就是：涨跌前五名，这是永远不变的。我要的并不是某个具体的品种，而是涨跌前五名这个现象。虽然具体品种每天都不同，但涨跌前五名的要求却每天都一样，这也是固定盯几个目标品种的意思，并没有矛盾之处，但是如果今天多头市场盯涨跌前五名，明天多头市场盯涨幅落后的品种，这就不对了。

第一章 对期货市场的正确认识

目标统一有利于培养投资者主动抵制诱惑的能力，任何其他品种怎么涨怎么跌都跟我无关，不受其诱惑，达到这一步，心态的稳定性就不可动摇了。拥有一颗坚如磐石的心，无论做什么事，都会成功。

操盘四统一的第四个统一便是：交易方法统一！

这对于经验较少的投资者来说是优势，因为懂的操作方法少，没有过多的选择，不可能一会儿用这个方法操作，一会儿用那个方法操作，就是想这么干也不会，看似操作方法少是缺点，但其实这却是一个极大的优势！

反而那些懂了许多操作方法的投资者，因为知道的方法多，用这个方法赚不到钱便马上换另一个方法，再赚不到钱就又换方法，一天下来，交易周期不停地换，仓位不停地换，目标不停地换，操作手法不停地换，结果账户里的钱在这来回切换之间变得越来越少。看似懂不少方法是这类投资者的优点，但其实却在此时成了巨大的缺陷。

必须要懂得更多操作方法的原因是：会得越多，面对价格各种各样波动的时候，获利的方法便越全面，越不会不知所措、难以应对，无论价格如何波动，自己都随时有周全的应对方案。但懂得多不是说这些方法要全拿出来用，武林高手都会许多兵器的使用方法，但只是拿着最趁手的兵器行走江湖，你见过有谁把刀枪剑戟斧钺钩叉全背身上的？看似带的兵器多，其实反而成了沉重的负担！

普通投资者只是运作自己的资金，一种方法就绝对够用了，而没必要像笔者的操作模式——多周期、多品种、多模式一样，这是大资金的运作手法，是为了化整为零，便于顺利进出而采取的操盘方法。单看一名下单员的操作便可以发现，他也是只在一个周期、只用一种方法、只用一种仓位、只对固定盯的几个品种进行操作，但多个操盘员组合在一起，便形成了整体资金的多周期、多品种、多模式。所以，普通投资者根本用不着多种方法同时上阵。

　　为什么投资者会多种方法同时操作呢？根本原因就是所有的机会都想捉在手里，一个都不想放过。越是想捉住所有的机会，便越是无法捉住机会，因为贪念太重了。市场中唯一不缺的就是交易机会，但是，属于我们自己的交易机会一天只有那么4~6次，强求不来，只能耐心等待。这个道理明白不了，便无法压制心里的贪念，任由欲望侵蚀自己，操作行为必将混乱。

　　孙悟空取到真经之前，错误的行为不管不行，所以，必须要戴上紧箍咒。而取到真经之后，紧箍咒自个就消失不见了。普通投资者也是如此。在交易行为混乱的情况下，必须要采取必要的手段进行管控；当交易的好习惯完全养成并彻底代入到日常操作时，便可以逐步放开约束条件的管控。当然，笔者也相信，若你尝到了操作四统一带来的持续赢利效果之后，就会心甘情愿地被这些约束要求管着了，因为，服管就能赚钱。

第六节　如何盯盘才不累

　　有这么一类人给投资者灌输这样一种错误的观念：开盘时要两眼聚精会神地看盘，不能分神，只有这种高度集中注意力的行为才可以捕捉到机会，为此这些投资者经常熬得两眼通红，见风流泪。最早时笔者曾被这种敬业的精神感动，也曾在为自己做不到这样的专注而懊悔。两眼因看盘熬得通红，这该是怎样的一种看盘境界啊！

　　但是后来，笔者越来越觉得这样的观点不对劲。别说一整天盯着电脑一动也不动了，就是一上午盯着电脑一动也不动也极难做到。为什么做不到呢？我寻找了很久的答案，后来在一些心理学方面的书籍中找到了答案：人类的大脑不可能长时间保持注意力高度集中的状态，这违反人性。就跟动物一样，它们必须要一会儿看看这，一会儿看看那，需要随时留意四周所有的情况，而不可能只盯着一个地方看，只有这样做才可以确保安全，一直盯着一个地方看的动物是注定要被吃掉的，这是刻进 DNA 的天性。

人类的大脑在高度集中注意力时，数百万个神经元会相互传递信息，人体各器官会向大脑传递数据，大脑会解析数据并返回数据等等。这一系列的工作，会消耗掉 70% 左右的血糖、20% 左右的氧气，在积极思考的时候大脑会消耗掉全身能量的 30% 左右。这种消耗持续时间一长，能量便会跟不上供应，大脑就会疲劳，于是开启自我保护机制，让你分神，因为大脑必须要休息一下，这不是以人的意志为转移的。就像汽车没油了一样，还怎么跑？再怎么踩油门，车也前进不了一米。

休息一下之后，人体储藏的能量得到释放，大脑被加满油后就又可以再次集中注意力了。所以说，这是天性、是本能，人力不要与之抵抗。因此，人类是绝对不可能在开盘时间眼睛一直盯着电脑动也不动的，千万别信这种鬼话，这是不符合生理学的。显得好像挺敬业，现实中不可能做到。

既然大脑每隔一会儿就必须强制休息一下，那怎么才可以做到既不丢失机会，又可以让大脑充分休息一下呢？其实并不难，只要你对价格波动性质有了深刻的理解就可以了。

本书第三章第二节就有一个方法讲的是价格调整与上涨周期具有时间一致性的特点，也就是说，上涨用时 30 分钟，那调整出现后不会 5 分钟就结束，往往调整也会保持 30 分钟左右的时间，或长一些，或短一些，很少会在时间周期上相差极大。知道了这一特点，在价格刚刚调整的时候，是不是就意味着可以放松一会儿了呢？涨了30分钟，调整就算没达到30分钟，但20分钟总是会有的，这样一来，休息10分钟的时间是完全有的。此时可以闭目养神，冷静地想一下自己刚才的决策有没有漏洞。

菜油2209合约2022年4月29日1分钟K线走势图见图1-7。

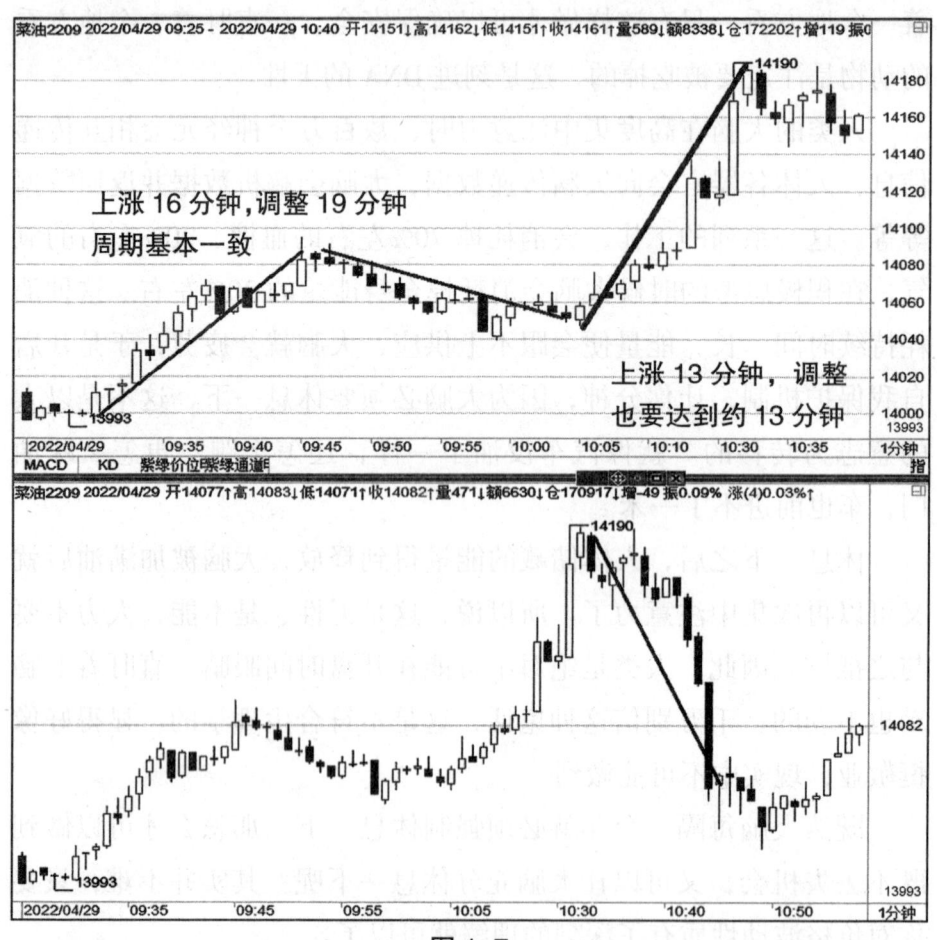

图1-7

菜油2209合约2022年4月29日1分钟K线走势图中，上图中第一轮上涨用时16分钟，形成了16根K线，随后调整用时19分钟，形成19根K线，此时上涨与调整的周期基本一致。上涨与调整周期完全一致的情况较少，大多会有一点儿误差，但这种误差肉眼观察很难明确地发觉，只要周期性质类似就达到了要求。

调整后价格再度上涨，从低点到高点用时13分钟，这意味着后期的调整用时预计10~15分钟。因为需要提前做好准备，所以，投资者不能完全休息10分钟，但是，休息5分钟的时间总是有的吧？

如果不遵守周期一致的原则进行操作，在价格刚刚调整8分钟的上图处进行操作，那就入场早了。如果能够坚守周期不到位便不轻易做，价格后期深幅调整的风险便不会给资金带来损失。

在调整没有到位时，两眼紧盯着盘面有意义吗？盯得再紧也没有机会下手。这就好像外地的朋友开车来见你，两人相距600千米，高速上每小时只能跑120千米，你接到信儿后就跑到高速口去等朋友。这有意义吗？你完全可以休息4小时以后，再出发去高速口等待。

知道了价格的这些波动特征，该集中精力的时候集中精力，该休息的时候就休息，这样操盘的效率才会是最高的。你看那些钢琴大师，弹到一些指法简单的乐曲时，往往会随着音乐扭动身体，跟着舞动，而当弹到指法难度大的乐曲时，就会摆出端正的姿势认真地弹奏，这就叫松弛有度。知道了价格波动运行的规律，踏准了价格运行的节奏，紧张与放松交替进行，一天的操盘结束后，其实一点也不累。不累的背后是找到了省力的诀窍，它是有技术做支持的，绝对不是你想休息就休息，你想紧张就紧张。技术不仅可以解决赚钱的问题，更可以解决诸多交易时的心态问题与劳逸结合问题。

看了本节内容之后，如果以后再有人和你说看盘一定要两眼死盯着屏幕之类的看似挺敬业的话，你也就知道是怎么一回事了。说这种话的人，其实连最基本的踏准市场节奏都不懂。列宁说过：谁不会休息，谁就不会工作。

第七节　为何短周期K线毛刺现象较多

什么是毛刺现象？它是指价格波动时的干扰性走势——快速击穿投资者的止损点位或止盈点位后，又重新恢复之前波动方向的走势。比如在5000元做多开仓，4990元止损，价格快速跌到4988元触发了止损，投资者止损之后价格很快重新涨了起来。这个瞬间跌破止损位（或止盈位）又回来的现象就称为毛刺。

毛刺现象会对交易产生干扰，不管是对开仓、止损还是持仓止盈，都会产生负面影响。毫无办法的是，毛刺现象又是一种讨厌的常见现象，任何品种、任何交易周期之中都会出现毛刺现象，无法回避。千万不要想着彻底回避毛刺现象，这是不可能做到的，只能抱着打掉了止损或止盈就打掉了，重新找机会入场就行了的心态应对。

有许多读者朋友与我们交流时都说，感觉短周期K线上毛刺现象好像更多一些，从而使这些朋友不太喜欢在短周期上做，因为害怕过多的毛刺干扰。那到底是不是这么一回事呢？

假设225根K线中会有5次毛刺现象，如果在1分钟K线图中进行操作，那么，一个白天就会碰到5次讨人厌的毛刺现象。一天就碰到5次，这的确太频繁了，对不对？如果看的不是1分钟K线图，而是日K线图呢？那就相当于一年的时间碰到了5次毛刺现象，平均两个月才会碰到一次毛刺现象，是不是就感觉毛刺现象少了很多？毕竟两个月一次的干扰任何人都承受得了。

此时就会发现，一样多的225根K线5次毛刺现象，放到日线中就不觉得干扰太频繁，但放到1分钟K线中就显得太频繁了。其实，并不是1分钟K线或是短周期K线毛刺多，只是时间周期缩短了以后，同样的频率便显得很频繁了。而同样的频率拉长时间周期就显得不频繁了。

无论在什么周期的K线图中，每100根K线出现毛刺现象的次数其实是差不多的，只不过K线周期时间的长短变化给了投资者完全不同的感受而已。当然，虽然说任何周期上毛刺现象的比例几乎都是完全一样的，但是，短周期上的毛刺现象更容易出现也是有原因的。

主力资金想改变价格的波动，在1分钟K线上需要花费的资金很少，几百万的资金就可以轻松地打出一根长长的上影线或下影线。但是，想在日K线图中打出一根长长的上影线或下影线，若不集中至少十几亿资金是办不成事的。从这个角度来说，短周期K线带给了投资者更容易出现毛刺现象的错觉。

其实对毛刺现象不必过于在意，这是市场中必然见到的正常波动，投资者只要严守纪律，该开仓就开仓，该止损就止损，该持有就持有，临时的干扰并不会产生过大的影响。止损或止盈位受到毛刺现象干扰平仓后，再重新等待机会入场就可以。价格若走出持续性的行情，上涨中途将会遍布介入点，绝对不愁没有中途入手的机会。

第八节　交易要想做得好，必须得有俩账号

许多投资者都应当有过这样的经历：夜盘或是上午做得不错，赚了不少钱，心想着下午继续做，争取再多赚一些钱。可结果却是，运气好的，利润大幅回吐，虽没有亏损，但之前赚的钱已经基

本上所剩无几了；运气差的，不仅之前赚的钱全部还给了市场，还亏了不少钱。此时，心中的懊悔别提多严重了。

　　作为投资者，身处到处是机会的市场，怎么可能不去操作呢？若是不按技术胡乱做，那必须要约束住自己的交易行业，但若每次的交易都严格执行纪律与要求，在标准形态形成时又有什么道理不做？谁都知道见好就收，但是，这话说起来容易，做起来却挺难的。笔者之前也曾劝告许多读者朋友，实现赢利就关掉电脑不看盘，也就好了。可说实话，这也不容易做到，因为重新打开电脑，重新打开交易软件太简单了。于是到后来，笔者终于找到了一个彻底解决这个问题的好方法。

　　意志坚定的投资者能够主动抵制绝大多数不符合要求的机会的诱惑，但不可能抵制所有机会的诱惑，说不定哪一波行情就把人心中的欲望给调动起来了。这是人性，要理性面对，要想办法疏通，而不是拼命地去回避。

　　投资者赚钱之后还想继续做，是因为盈利没达到预期吗？很多时候并不是这样的，收益是得到了绝对满足的，只是交易的瘾想要好好地过一过。虽然赚到了钱，但收盘时间还早，就在那一直干看着，想必许多投资者都很难接受。那如何在赢利之后确保利润不回吐与彻底过足交易的瘾之间找到平衡呢？这个方法就是：一定要开立两个期货账户，一个账户多放一些钱，管它叫："赚钱账户"；另一个账户只放最多一两万块钱或是够开一手的钱就可以了，管这个账号叫："解闷账户"。

　　赚钱账户的职责就是赚钱，开盘之后先在这个账户上操作，赚到了钱，达成了目标之后，当天就关闭该账户不再进行操作。此时可能离收盘的时间还早，肯定会有想继续操作的想法，毕竟个人操作不可能像团队一样，交易风控员可以随时关掉账户，强行停止操作。个人操作中，就算你关了电脑，很可能下一秒就打开手机进行交易了，很难管控。既然不做心里就难受，那只要能保证一切都按技术要求执行操作，尽管去做就可以了，何必自己为难自己？赚钱就应当在轻轻松松、愉快的状态下进行。

只是，此时继续操作的目的并不是赚钱，因为已经用赚钱账户达到了赢利的目的。赚钱并不是当前第一要紧的事，要紧的是怎么满足想操作的瘾。所以，这个时候解闷账户就派上大用场了，就跟烟瘾酒瘾上来之后抽什么牌子的烟、喝什么牌子的酒都是次要的一样，重要的是要有烟抽着、有酒喝着！解闷账户里放一点儿钱就行，不用多，够开一两手的足矣。这点钱，就算运气不好做赔了又能赔多少？赚钱账户今天赚了一万块，解闷账户撑死赔个千把块，这一天还能落下九千块利润，既赚到了钱，又过足了交易的瘾，这多舒坦。但若用赚钱账户做呢？很可能一万的盈利到最后一分钱都不剩了。

这样一来，赚钱的目的达成了，想交易的瘾也过了，到了收盘时落得一个心里痛快、斗志昂扬，岂不美哉？所以，各位读者朋友不妨从现在起，再开立一个新账户，体验一下既赚钱又过瘾，还不会大幅度回吐利润的完美操盘效果。

第九节　如何识别期货公司是否正规合法

在网络上有许多人或公司冒充期货公司坑骗了许多投资者，在这些非法平台上开户进行期货交易，除了有着与正规期货交易一样的操作盈亏风险之外，自己的本金还要承受可能被骗走的风险。从网上搜索出来的那些公司，莫说经验少的普通投资者，就是笔者这个老江湖，很多时候也很难辨认出它们到底是真是假。所以，笔者认为有必要为各位读者朋友们介绍一下如何判断期货公司是否合规合法。

大家首先不要随意在网上搜索，因为这些非法的平台都会花钱买排名，而正规的期货公司却很少花钱买排名。这就造成了骗子公司全在排名前列，而正规合法的期货公司却在不起眼的后排。那些非法期货平台看着好像比正规的期货公司还正规，这真是让人挺无奈的。

识别期货公司是否合规合法，有两种方法：一是在中国证券监督管理委员会官网上查询，这是最靠谱的！二是查询期货公司营业执照上的名称，这也是比较靠谱的方式。

一、证监会官网查询方式

一定要记住这个唯一对证券及期货市场进行管理的国家机构——中国证券监督管理委员会，通常将它简称为"证监会"。证监会负责证券与期货所有事宜的管理工作，所有涉及证券与期货的事情都归该国家机构管理。

证监会官方网址为：www.csrc.gov.cn。

想了解你所知道的期货公司是不是合规合法，在进入证监会官网之后，在主页右上角的搜索框中输入"期货公司名录"便可。至2022年4月证监会最新公布的全国期货公司数量为150家，这150家期货公司都是经国家批准成立的合规合法的期货公司，只存在评级或规模大小的不同。

请各位读者朋友一定要记住：凡是中国证券监督管理委员会官网搜索不到信息的公司，一律是非法的期货公司，一律是黑平台，千万不要在此开户交易。

同时，我国还有期货业协会和证券业协会两大自律组织，也可以在这两个组织的官网上查询相应的信息，方法同上。只要期货业协会官网上没有某公司信息，同样为非法的期货公司或是黑平台。

期货业协会官网：www.cfachina.org。

证券业协会官网：www.sac.net.cn。

二、查看该公司营业执照上的名称。

证监会规定：未经中国证监会批准，任何公司或个人不得注册带有证券、期货字样的公司（这是期货从业资格考试题目之一）。用大白话讲就是：不管是谁，只要没有经过证监会批准，在注册公司时，公司名称之中不能带有"期货""证券"这样的字样。无论是谁想注册带有"期货"或"证券"两字的公司名称，市场管理部门都会驳回。

各期货公司的官网都会公示其营业执照正本或副本照片，看一下名字就知道真伪了。如果你准备开户的公司叫×××投资公司、×××交易中心之类的，没有"期货"这两个字，一律为假平台、黑平台！

公司名字中有"期货"二字的，那它就是合规合法的期货公司，读者朋友们可以放心地办理开户及进行期货交易。

最后，说一下期货公司的评级问题。跟银行一样，工行、建行、农行、中行四大行的评级肯定高于地方性银行，因为四大行规模更大。但不能说四大行规模大就是正规的，地方性银行规模小就不正规，因为一家银行的成立，必须要经过银保监会的批准，满足一系列银保监会规定的条件，在合法合规这个问题上银保监会已经替我们把好关了。

期货公司、证券公司也是如此，在合法合规问题上，证监会早就替投资者们把好关了，不满足条件的期货公司是不可能成立的。期货公司成立时，从高管到普通员工，都要向证监会及期货业协会备案，得到批准后方可履职。所以，不管是头部的大期货公司，还是评级倒数第一的期货公司，都是合规合法的，仅是规模等方面有所差异，这些差异并不会对投资者造成任何资金安全上的影响。

只不过评级高的期货公司的手续费相比而言较高，评级一般的期货公司为了更好地生存，往往只能通过降低手续费来吸引客户。

既然这 150 家期货公司都是正规合法的，公司的评级也不会对我们的资金造成影响，为什么不在低手续费的期货公司开户，偏要去高手续费的期货公司开户呢？笔者认为，既然国家级的管理机构证监会替我们把好关了，那么，谁的手续费低，咱们就去谁家开户，才可以实现个人投资者利益的最大化。

别说期货公司要满足证监会的各项要求才可以设立，就是投资者操作使用的交易软件的出品公司，也必须要从软件的架构、服务器的设置等方面满足证监会的要求。也就是说，凡是与期货或证券相关的所有公司，都必须要满足证监会的各项要求，受证监会的监督与管理，证监会的种种要求对于普通投资者来说就是最大的保障。

在这个特殊的行业里，是不允许这些干不下去的期货公司或证券公司破产的，只能合并。比如国泰君安、申银万国分别是国泰与君安、申银与万国两个公司合并在一起形成的。这是因为期货或证券公司直接破产会对客户产生影响，而合并不会产生影响。所以，大家不要担心所在的期货公司或证券公司破产。真到了破产那一天，必然有其他公司过来接手，对于个人投资者，不管是在资金上还是在交易上，都不会受一丁点的影响。

第十节　如何查询期货手续费

就像销售商品一样，同样的商品在不同地方售价是不一样的。期货公司给投资者的手续费也是高低不同的，如果你的资金非常

◇第一章　对期货市场的正确认识◇

多，比如拿着一千万资金开户，期货公司绝对会给你一个超低的手续费报价。但若你只拿着一万块钱开户，那手续费可能就是默认的高标准了。批发价肯定跟零售价是不一样的，这一点投资者心里也不要不得劲。在银行里也一样，普通储户得排队，VIP就可以优先。每个期货公司给投资者的手续费报价都是不同的，因此，为了降低自己的交易成本，大家要尽可能地找费率低的期货公司开户。毕竟，一样的交易，不一样的手续费成本，别人做了10手，30块手续费，自己做10手，却要100块手续费，别人价格跳三下就回本了，自己得捉到一波行情才能回本，累积下来的差别就非常大了。

账户开立之后，手续费的模板一经确认就不会再更改了。但手续费模板都是以交易所标准手续费为基准的，比如期货公司给你定的手续费标准是交易所的1.5倍，那账户的交易费率就永远是这个标准了。期货手续费的调整，在跟随交易所标准同步上调或下调的情况下，是不需要通过客户同意就可以直接做出调整的，这是国家赋予的权力。但若交易所手续费没有变化，任何期货公司在未经客户允许的情况下，是不会私自调整客户手续费的，否则，就是违规行为，投资者一旦投诉公司，公司将会被处罚，且要退还多收投资者的手续费，所以，绝对不用担心期货公司会私下调整你账户的手续费费率。但是，若哪天发现自己账户手续费不对劲了，无须置疑，必然是交易所做出了调整，期货公司也随之上下浮动了。

期货手续费包含两项内容：①交易所收取的费用；②国家规定征收的投资者保障基金，基本上一手就是一两分钱。但是像我们合作的期货公司，手续费本身就是交易所标准，期货公司0加收。由于没有额外加收，所以，这两项就都必须要向投资者收取了，比如沪锌，我方合作的期货公司的手续费是3.01元，3元是交易所收取的，0.01元便是投资者保障基金。若你的手续费比较高，比如是交易所标准的1.5倍或更高，因为利润足以覆盖投资者保障基金，所以，就没有后边的 0.01 元了。

期货手续费的收取有两种方式：①固定金额手续费，比如沪锌交易所收 3 元，无论沪锌现在的价格是多少，手续费都是 3 元钱；②万分比费率收取，这种方式最容易让投资者犯迷糊。下面介绍一下万分比费率手续费的计算方式：

万分比费率手续费 = 价格 × 每手吨数 × 万分比费率

保证金 = 价格 × 每手吨数 × 保金率（即做一手需要的钱数）

万分比费率手续费是按一手的总成交市值计算的，不是按照期货价格的万分比计算的，一定要搞清楚这一点。比如沥青手续费是成交额的万分之 1，假设现在价格是 3000 元，它一手合约量是 10 吨，一手的总市值就是 3 万元，3 万元的万分之 1 就是 3 块钱，所以，沥青开仓手续费是 3 元。它是双边收取的，开仓平仓都收费，所以交易一手沥青的手续费总共是 6.01 元（交易所收取的费用及投资者保障基金）。当然，这是我方合作的期货公司手续费，不代表其他期货公司的，您现在账号的手续费十有八九会比我方的高不少。

手续费会在价格大幅波动的时候大幅变化。一旦你发现某个品种最近涨得挺猛或跌得挺狠，想都不用想，交易所必定会用提高手续费、提高保证金两种手段抑制投机。所以，当你发现此时账户的手续费好像不对劲的时候，肯定是交易所提高了。

那投资者该如何查询交易所最新的手续费标准呢？大家请通过以下交易所官网，于任何时候查询上一个交易日的手续费，或于 18 点以后查询当天的最新手续费。进入期货交易所官网后找到"结算参数"，便可以看到当前各品种最新的手续费情况。若某品种手续费做出了调整，交易所也会提前在首页发布公告。

上海期货交易所结算参数查询网址：www.shfe.com.cn。

大连商品交易所结算参数查询网址：www.dce.com.cn。

郑州商品交易所结算参数查询网址：www.czce.com.cn。

上海能源交易中心结算参数查询网址：www.ine.cn。

中国金融期货交易所结算参数查询网址：www.cffex.com.cn。

记下以上五个交易所的官网网址后，每天就可以自行查询最新的手续费以及保证金变化情况了。下面再为大家介绍一下我方合作的期货公司的各品种手续费明细，大家可以对比一下，若比您的期货手续费便宜，您可在我方合作的期货公司开立账户，降低自己的交易成本。

以下各品种手续费均为期货交易所收费标准，期货公司0附加，数据取自2022年5月1日。

上海期货交易所活跃品种手续费（成交稀少品种不列出）：铜0.5‰(双边，平今2倍)、国际铜0.1‰(单边)、铝3元(双边)、锌3元(单边)、铅0.4‰(单边)、镍及锡3元(双边)、金2元(单边，主力10元)、白银0.1‰（双边，主力0.5‰）、螺纹及热卷1‰(双边)、不锈钢2元(单边)、原油20元(单边)、燃油0.1‰(双边，主力0.5‰，平今5倍)、沥青1‰(双边)、橡胶3元(单边)、纸浆0.5‰(单边)。股指期货0.23‰(双边，平今3.45‰)。

大连商品交易所活跃品种手续费(成交稀少品种不列出)：豆一2元(双边)、豆二1元(双边)、豆粕1.5元(双边)、豆油2.5元(双边)、棕榈油2.5元(双边)、玉米1.2元(双边)、淀粉1.5元(双边)、鸡蛋1.5‰(双边)、生猪2‰(双边,日内4‰)、聚乙烯1元(双边)、PVC 1元(双边)、聚丙烯1元(双边)、苯乙烯3元(双边)、焦炭1‰(双边，日内1.4‰)、焦煤1‰(双边，日内1.4‰)、铁矿1‰(双边，主力4‰)、乙二醇3元(双边)、液化气6元(双边)。

郑州商品交易所活跃品种手续费（成交稀少品种不列出）：苹果5元(双边，主力10元，平今20元)、棉花4.3元(单边)、红枣3元(双边，主力15元)、玻璃6元(双边)、甲醇2元(平今6元)、菜油

2元(双边，主力6元)、短纤3元(双边)、花生4元(双边)、菜粕1.5元(双边，主力6元)、纯碱3.5元(单边，主平10元)、硅铁3元(单边，主平9元)、锰硅3元(单边)、白糖3元(单边)、PTA 3元(单边)、尿素5元(双边，主平10元)、动力煤150元(双边)。

第二章 价格波动的常见规律

价格有时会呈现无明显规律的波动形态，此时操作难度较大，价格稳定性较低，而且很容易形成方向上的反转。对于这种无明显规律的波动形态，投资者应当尽量避免对它们进行操作。

除了这些没有明显规律的波动形态之外，还有许多形态有着种种非常明显的规律性变化。这些规律性的变化将会长时间地重复出现，并且每天都会出现在投资者面前，属于常见且不断重复性的走势。笔者所出版的四十余部著作中的技术方法都具有此特征，您可以将笔者十几年前出版的著作翻开来看，就可以发现，十几年前书中列举的案例走势在当前市场中依然会经常出现，并且相似度还都在90%以上。这其实也不奇怪，因为技术方法的一大特征就是历史的走势总是会不断地重复。

对于这些规律性明显并且经常重复出现的技术形态，投资者一定要好好研究，并将其技术要点牢记心中，形成定式。如此一来，一旦这些技术形态再度出现在面前，马上就知道该如何去操作了。

第一节　多空交替，涨跌循环

许多投资者看到价格上涨之后，由于没有及时入场做多，便会非常着急，看着价格进一步上涨，又很担心错过更多的行情，从而头脑一热便入场。不料，介入点却是当前上涨行情的最高点，随后价格出现的回落又打掉了止损，一次稀里糊涂的错误操作经历再次上演。还有一些投资者一见价格上涨就做多，一见价格下跌就做空，频繁来回操作，却被市场来回打耳光。其中最重要的原因就是对价格波动性质不了解，不知道价格下一步将会如何演变，从而只能看到上涨就做多，见到下跌就做空，一旦错过，又非常不甘心，从而盲目地追进场中。要想改变这种错误的操作状态，必须要深入了解价格最基本的波动性质。

人在呼气之后必须要吸气，吸气之后必须要呼气，只有进气没有出气，或只有出气没有进气，那都是要命的事情。价格的涨跌就如同人的呼吸，涨完了必须要跌，跌完了就必须要涨。这就好像下棋一样，白方行一手棋，黑方走一步棋，这才是对弈。因此，当价格上涨形成以后，没有做到的时候千万不要急，下跌是必然要出现的，绝对不可能不出现，而跌完了之后，上涨也必然会再度出现，多与空一定要以交替出现的方式进行循环。

上升趋势当中，多方会追涨得多一些，空方会杀跌得少一些，从而价格整体趋势向上。处于震荡区间时，多方与空方的波动幅度基本一样，所以整体方向不涨也不跌。而价格下跌的时候，会涨得少一些，跌得多一些，从而使得趋势向下。多空必然交替出现，只是幅度上的差异使得价格形成了不同方向上的变化。

◇ 第二章　价格波动的常见规律 ◇

知道了这一点以后，再碰到价格上涨而没有做到的情况，心里也就不会着急了，因为你知道，价格上涨后必然下跌，如果跌得少，那就意味着空方力量弱，下跌结束后必然会上涨，而且涨的幅度可能会比较大，在下跌出现的时候入场去做就可以了。如此一来，便不会急躁地胡乱操作了。

纸浆 2209 合约 2022 年 4 月 27 日 1 分钟 K 线走势图见图 2-1。

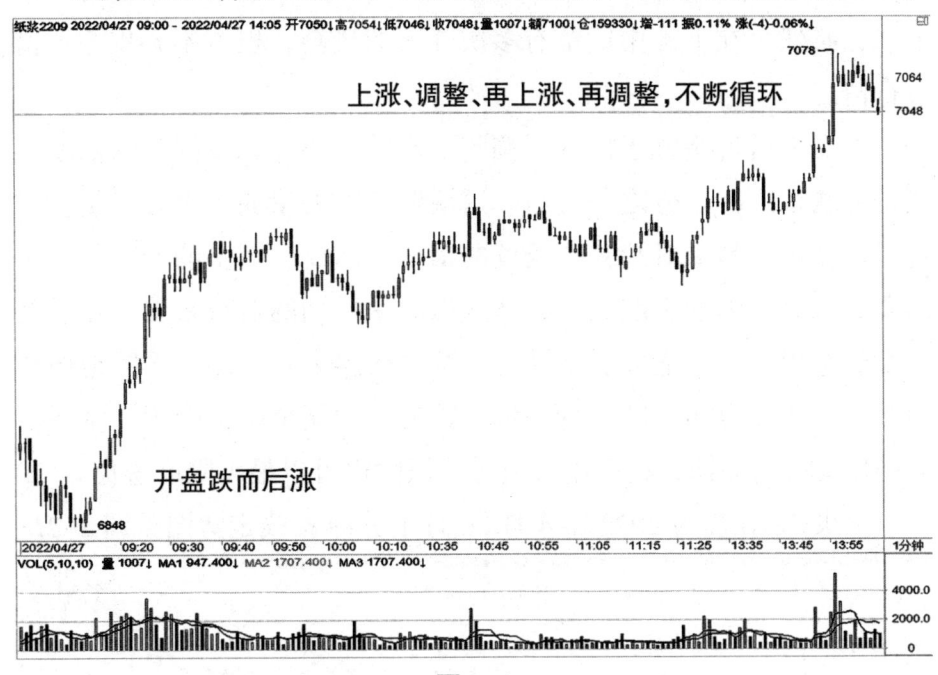

图 2-1

纸浆 2209 合约 2022 年 4 月 27 日 1 分钟 K 线走势图中，价格开盘之后出现了下跌。这种情况下，有一些投资者很容易不顾一切地去进行追空操作。一旦真这样做了，随后价格的放量上涨必然会导致不同程度的亏损发生。根据多空必然会交替出现的规律，此时该如何面对下跌呢？下跌之后别着急做，等一次上涨走势出现后再做决定。如果反弹上涨力度弱，那就表示价格还会继续下跌，趁反弹的高点做空最合适了。但若价格后期放量上涨，做空也就可以放弃了，如此一来，空单机会不会错过，并且还可以回避掉有可能的风险。

价格放量上涨之后又该如何操作呢？此时也可以遵循多空交替的规律进行操作，上涨时别着急入场，都说"知己知彼，百战不殆"，多方涨得猛是"知己"，空方力量如何却不知道，因此，必须要通过一次调整见到下跌之后再做打算。第一波猛烈上涨虽然没有做到，但也不必着急，如果价格只是这一波上涨的话，那做不做也没什么关系，后期等待做空的机会就行了。如果价格后期会持续性上涨，必然会在上涨中途留有多次介入的机会，根本不必担心会错过行情。

上涨之后价格终于出现了调整下跌的走势，调整回落的幅度仅仅是上涨幅度的三分之一左右。这说明空方力量弱于多方力量，涨得多、跌得少是上升趋势要延续的信号，因此，调整的低点就是好的介入机会，因为下跌之后必然上涨。从后期的走势来看，在震荡上涨的过程中，上涨之后下跌，下跌之后再上涨，多空不断地循环向上。只要涨得多、跌得少，那下跌带来的便全是机会了。掌握多空必然交替的规律，机会不会错过，风险也可以最大限度避免。

苹果2210合约2022年4月26日1分钟K线走势图见图2-2。

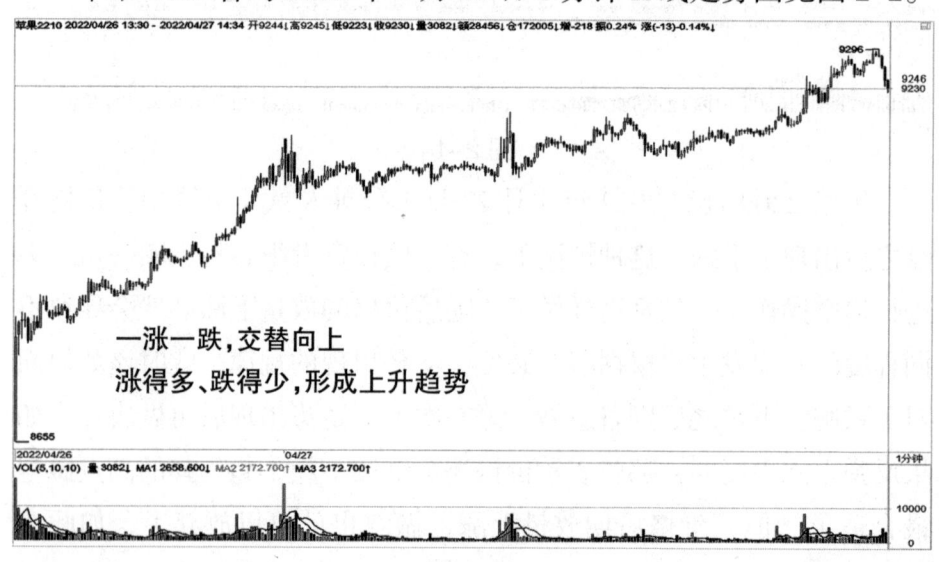

图 2-2

◇第二章　价格波动的常见规律◇

苹果2210合约2022年4月26日1分钟K线走势图中，价格在开盘之后出现了一轮持续性上涨的行情，从图中的整体走势来看，可以发现一个明显的规律：价格上涨时的波段幅度要大于下跌时的波段幅度。这种技术形态就是市场中常说的进三退一的技术形态，也只有这样，上升趋势才可以不断延续。什么时候价格的波动转变成跌得多、涨得少时，就需要留意风险了。

虽然整体趋势不断向上，但也并不是一直收阳线涨上去的，而是上涨与调整走势交替出现。每一次上涨之后，就会出现不同幅度、不同周期的调整形态，只不过上涨时涨得多，调整时价格回落的幅度小而已，但是，一涨一跌的波动规律却是在不断延续的。

这是价格波动时最基本的规律，一涨一跌是价格波动时的最小单位，行情就是在这一涨一跌之中产生的。就多头行情而言，上涨带来的是盈利，下跌带来的则是又一次逢低做多的机会。明白了这个基本规律，错过了价格上涨之后便不会再着急了，因为你知道，必然的价格下跌在等着你。下跌做进去之后，价格必然会涨。下跌是必然，上涨也是必然，只有幅度上的差异而已。

黄金2206合约2022年4月27日1分钟K线走势图见图2-3。

黄金2206合约2022年4月27日1分钟K线走势图中出现了一轮持续性的下跌行情，价格下跌的过程中最明显的规律之一就是：下跌波段的幅度都大于上涨波段的幅度。这是下跌行情可以延续的基础所在。

另一个明显的规律就是：价格下跌结束后就必然会有上涨走势的出现，只不过因为上涨的幅度都小于下跌幅度，所以将其称为反弹。从整体来看，下跌与上涨交替出现，如果再从每一次细小的波段形态来看，同样也是保持着下跌之后再上涨的技术形态。无论是宏观大形态的波动，还是微观小级别的波动，一涨一跌，多空交替循环是打不破的铁律。

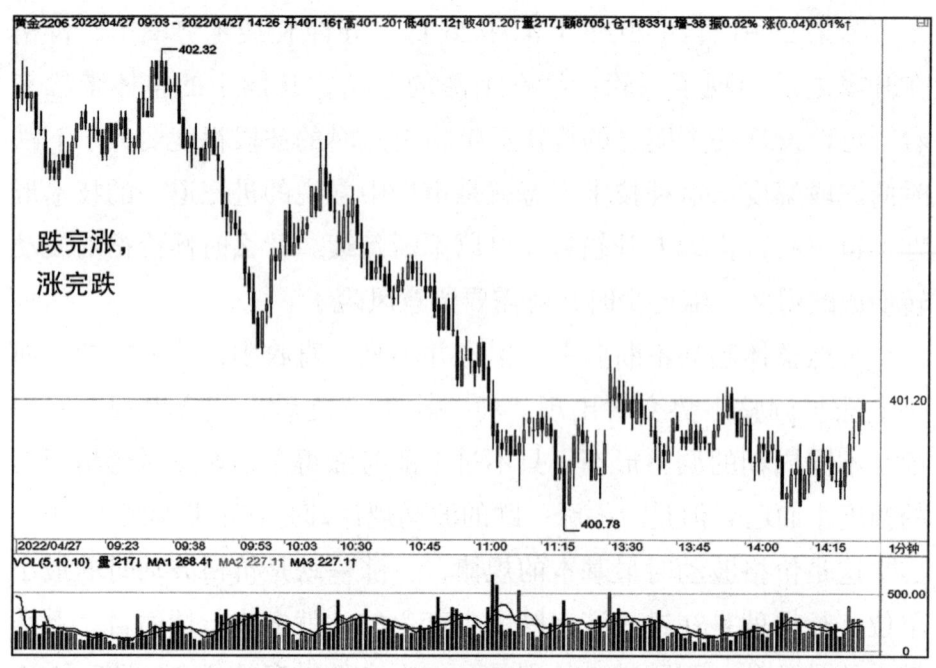

图 2-3

当然，请读者朋友们也要正确理解，这里的多空交替指的是波段行情，它可以是三五根 K 线组成的非常小的波段，也可以是几十根 K 线组成的大波段，但绝对不是一根阳线对应一根阴线的循环。

甲醇 2209 合约 2022 年 4 月 27 日 1 分钟 K 线走势图见图 2-4。

甲醇 2209 合约 2022 年 4 月 27 日 1 分钟 K 线走势图中，价格出现了一轮单边下跌的行情，在下跌过程中成交量连续放大，这说明资金操作的积极性非常高，这也是价格持续下跌的动力所在。

从价格单边下跌的过程中可以看到，每一次下跌的幅度都比较大，而每一次出现反弹时的上涨幅度却都非常小，跌得多、涨得少是下跌趋势能够延续的原因。同时，每一次价格下跌一定的幅度后都迎来了必然的反弹走势，或时间略长一点儿，或时间很短，但上涨都在下跌之后得到了体现。

价格多空交替是不可撼动的铁律，知晓这个规律便可以轻松地把握住价格上涨或下跌中的介入机会。上涨虽然错过了，但是调整

◇第二章 价格波动的常见规律◇

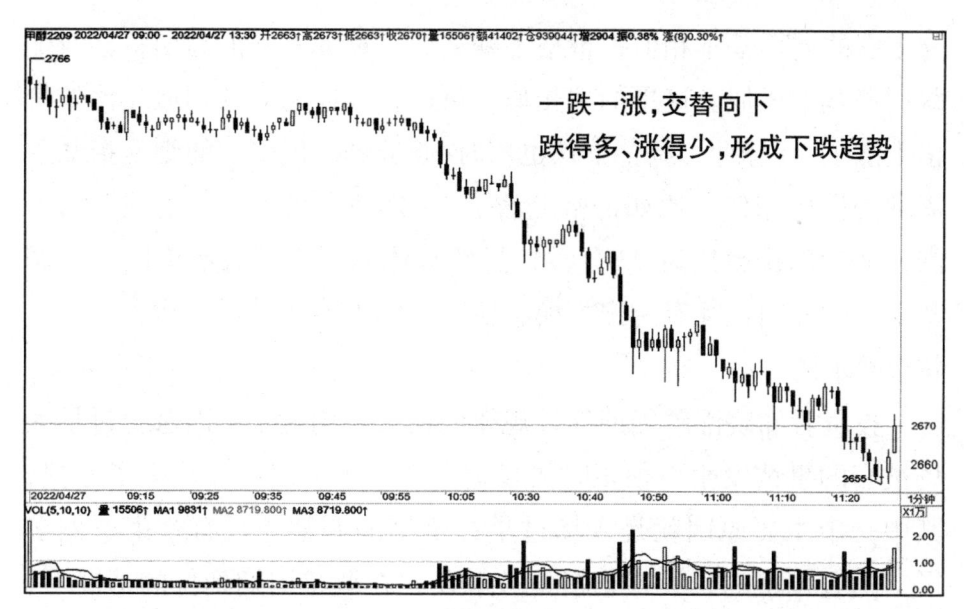

图 2-4

下跌的必然出现带来了逢低做多的机会，因为调整下跌结束后价格又将必然上涨；下跌虽然错过了，但必然出现的反弹上涨提供了逢高做空的机会，因为反弹上涨结束后价格又必然会下跌。

不懂得价格必然会保持的多空交替规律，错过价格上涨或下跌行情时，心态就会失衡，从而导致情绪化操作的出现。懂得并彻底信服这条规律之后，将会发现机会真的是无处不在。

第二节 涨跌周期等长特性

价格的多空交替是必然出现的技术走势，而涨跌周期等长则是常见现象，并非必见现象。必见现象是必然要见到的走势形态，常见现象是经常遇见，但并不一定必然发生的现象。这点区别要注意理解。

涨跌周期等长的意思是：价格上涨之后，调整下跌的周期将会与上涨的周期基本相似；价格下跌之后，反弹上涨的周期将会与下跌周期基本相似。这里的"相似"可以指具体时间的相似，比如价格上涨了 30 分钟，调整下跌也用时 30 分钟，但更多的则是指涨跌周期的性质相似，比如价格上涨了 30 分钟，属于有一定规模的上涨，而后的调整用时 23 分钟，虽然具体时间周期有所不同，但调整所用的时间也算有一定规模，所以，两者性质基本一致，这也是符合要求的。

投资者知晓涨跌周期等长规律的最大作用就是可以避免过早入场被套的事情发生。很多时候投资者看对了方向，却产生了亏损，其中一个主要原因就是入场过早：价格的调整还没有结束就做多了，随着调整的延续，止损位被触及；在调整周期到位的情况下，价格虽然再度上涨，但却已与投资者无缘，虽然方向看对，但细节处理失误，从而产生亏损。若懂得了涨跌周期等长特性，在价格调整没有到位的情况下，坚决不提前入场操作，便可以极大地避免该种情况的发生。

尿素 2209 合约 2022 年 4 月 25 日 1 分钟 K 线走势图见图 2-5。

尿素 2209 合约 2022 年 4 月 25 日 1 分钟 K 线走势图中，开盘之后价格便出现了一轮连续性上涨的走势，根据上涨之后价格必然调整的规律，后期价格也必然会出现一轮与之规模相当的调整走势。

在随后的调整过程中，成交量始终保持着萎缩的态势。这说明没有资金愿意在此进行积极的做空操作，再加上价格回落的幅度非常小，意味着价格未来继续上涨的概率将会是极大的。既然知道价格有很大可能继续上涨，那该在什么情况下入场操作呢？

价格的波动有空间与时间两种概念，空间上无法准确预估，但时间却可以较为容易地做出判断，此时只需要测量上涨所花费的时间，便可以得知后期何时入场才最稳妥。通过测量得知，此时上涨

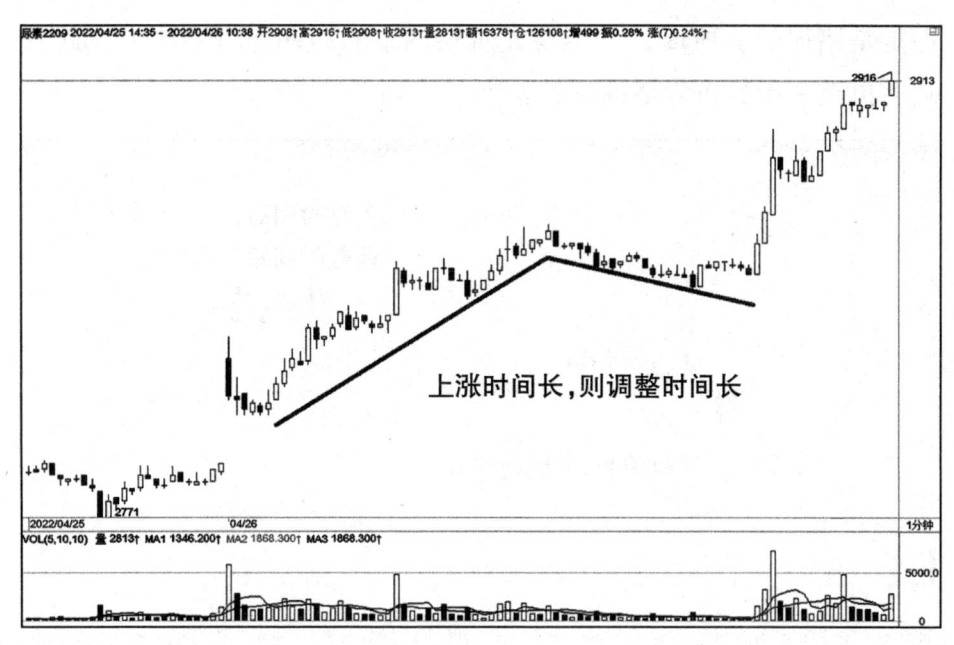

图 2-5

收出 36 根 K 线，而调整彻底结束时共收出 26 根 K 线，调整时间略短于上涨时间，但是，两者的性质就当天的日内行情来讲，都属于中等规模的波动，具体时间虽不对等，但周期性质大致对等。在已知上涨出现 36 根 K 线时，也就不会在价格刚刚调整 10 根 K 线时过早入场。入场晚了可以用突破手法进行操作，但入场早了便只能面对不知大小的亏损风险。因此，只要掌握了价格上涨与调整周期的等长特性，入场早的风险也就可以轻松地化解了。

沥青 2209 合约 2022 年 4 月 26 日 1 分钟 K 线走势图见图 2-6。

　　沥青 2209 合约 2022 年 4 月 26 日 1 分钟 K 线走势图中，开盘之后一轮中等规模的上涨行情结束后，又形成了一轮中等规模的调整走势，一涨一跌，两者的周期性质完全对等。在这个案例中，由于价格并没有连续下跌，所以，就算入场早了，好像也没有什么风险，但万一价格加大调整回落的幅度又该如何？一旦入场早了，会不会亏就完全取决于市场，而不是自己所能控制的了，这样的操作肯定是错误的。所以，一定要先观察调整的周期是否到位，在此基础上再进一步分析价格的调整幅度是否到位。

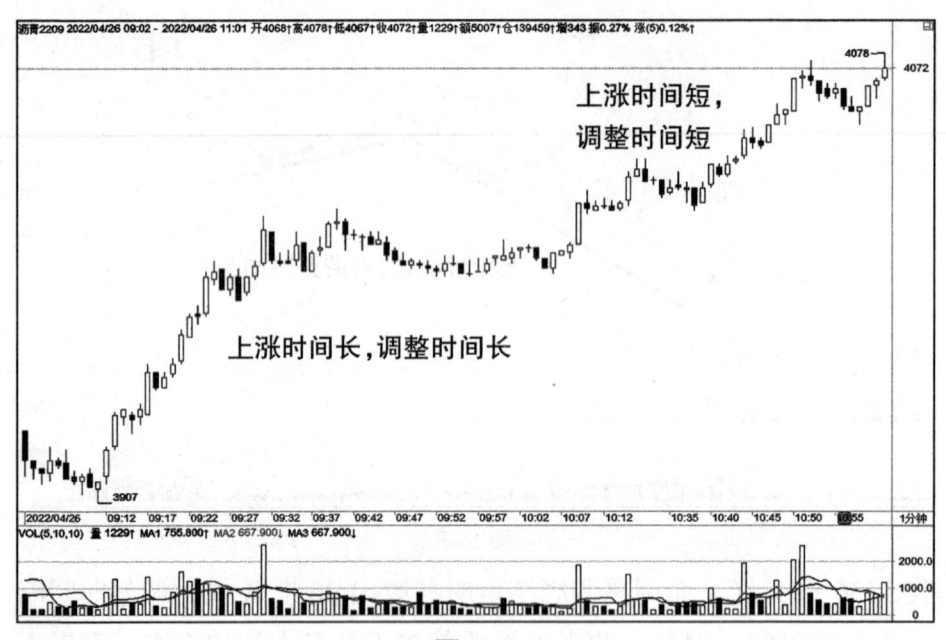

图 2-6

调整结束，价格进一步上涨的过程中，再度出现了二次调整的走势，这两次调整的时间就短了很多。此时之所以形成短时间的调整，就是因为价格上涨所花费的时间也是比较少的。大规模的上涨对应大规模的调整，小规模的上涨则对应小规模的调整。由于上涨周期短，所以，只要价格的调整时间与上涨所花费的时间差不多，便可以入场进行操作了。

一多一空是价格波动的铁律，上涨完成之后价格必然调整，此时调整的时长便可以使用周期等长特性进行判断。虽然周期等长并不是必见现象，但也是一种常见现象。的确偶尔价格略一调整马上就涨了上去，也会丢失一些机会，但大多数的时候，周期规模等长还是比较常见的，如此一来，机会大致将在什么时间形成，便可以轻松地做出判断。

◇第二章　价格波动的常见规律◇

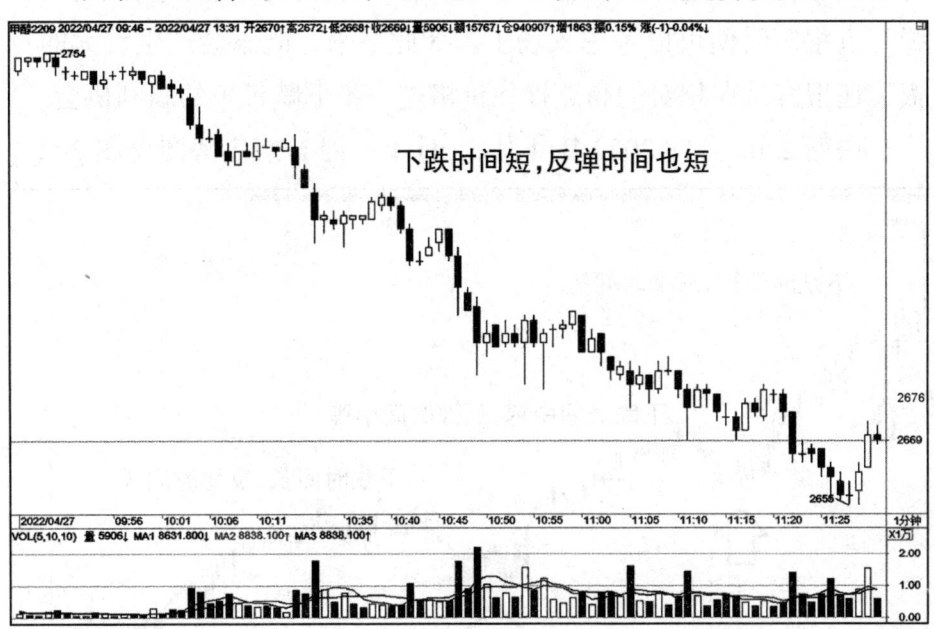

甲醇2209合约2022年4月27日1分钟K线走势图见图2-7。

图 2-7

甲醇2209合约2022年4月27日1分钟K线走势图中，价格形成了一轮持续性下跌的走势。这一轮下跌行情由多个小的下跌波段组成，这一个又一个的小下跌波段便称之为子波段。它是价格涨跌幅度的基本构成单位，再大的行情也必然是由一小波一小波的行情累积而成的。

在价格下跌的过程中，出现了多次反弹的走势，但是每一次反弹时间都很短。这是什么原因造成的呢？为什么不能够出现规模大一些的反弹呢？主要原因就是在价格下跌过程中，每一次下跌的子波段所用的时间都是比较短的。常态情况下，短时间的下跌是很难引发长时间反弹走势出现的，短时间下跌往往对应短时间的反弹。因此，在下跌时间较短的时候，投资者不宜预期较长时间反弹的出现，否则将会很容易丢失机会。

在操作时，若发现价格下跌周期较长，那就应当等同等规模反弹出现后再操作，而不必急于入场。若下跌周期较短，只要连续反弹三五根阳线便可以考虑入场了。如此一来，既不会产生较大的亏损，还很容易在相对的高点捉住价格进一步下跌带来的赢利机会。

白糖2209合约2022年4月25日1分钟K线走势图见图2-8。

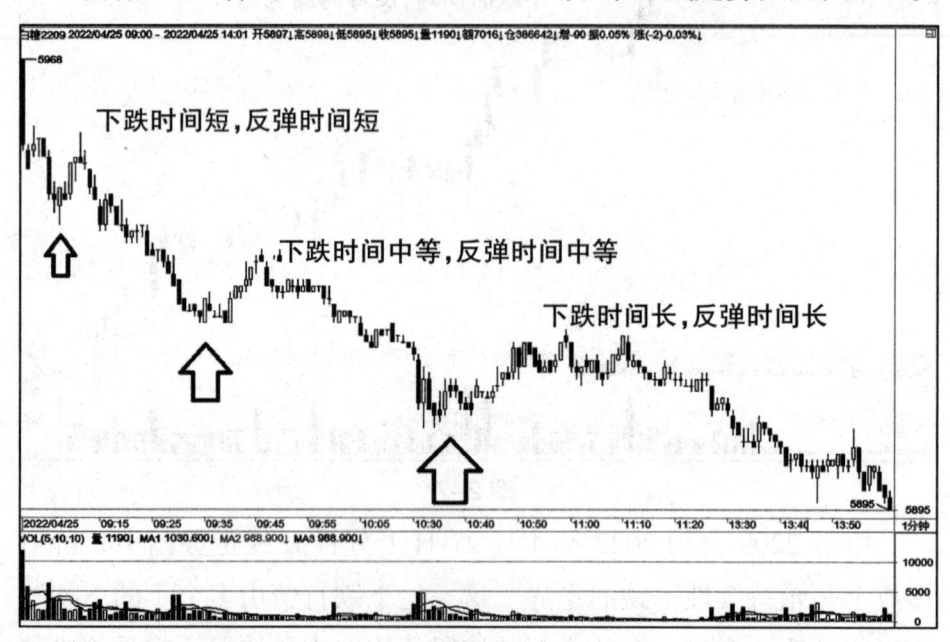

图2-8

白糖2209合约2022年4月25日1分钟K线走势图中，开盘后价格出现了短线下跌的走势。由于下跌延续的时间很短，所以，随后反弹时间也非常短，完全符合上涨调整周期等长的规律。这样一来，只要价格有了三五根的阳线反弹，便可以考虑入场做空了。

第一次反弹过后，价格出现了一轮中等规模的下跌行情。根据周期基本等长的规律进行分析，价格再度反弹时就绝不可能是较短的周期了，投资者一定要耐心等到价格反弹形成相似规模时再考虑入场操作。如此一来，便可以彻底回避入场过早、价格有可能进一步反弹向上的风险。

第三轮下跌的时候，持续的时间进一步变长。毫无疑问，后期价格反弹时，一定要在反弹上涨周期与下跌周期基本一致时再考虑入场。从第三轮反弹的时间来看，从低点上涨到高点的时间与下跌时间基本一致。在下跌与反弹周期相等时再入场做空，风险就会减小很多，并且还很容易出现一开仓便产生盈利的完美操作效果。

周期等长的基本规律就是：短时间上涨（下跌）对应短时间调整（反弹），中等时间上涨（下跌）对应中等时间调整（反弹），长时间上涨（下跌）对应长时间调整（反弹）。若形成长时间上涨，却形成短时间调整，可以用突破操作手法拦截机会，完全可以回避因入场过早被套场中的惨剧发生。因此，机会不容易错过，风险却可以回避，这便是周期等长特性带来的最大帮助。

第三节　量能一致，收益相似

进行股票操作时，任何周期的 K 线都可以结合成交量进行分析，并且在任何周期的 K 线上，成交量的规律性都非常明显。但在进行期货操作时，越长周期的 K 线成交量的变化规律便越不明显，周期越短，则成交量的规律性越明显。所以，在进行期货操作时结合成交量进行综合分析，必须要在 1 分钟、2 分钟、3 分钟、5 分钟 K 线图中进行，超过 5 分钟周期的 K 线不建议结合成交量进行分析，只单独对价格技术形态进行分析就可以了。

价格在波动过程中，上涨或下跌都是资金推动的结果。同样一个品种，1000 万资金能够导致的波动幅度必然比 100 万资金导致的波动幅度大，资金数量越大，则价格的波动幅度也将会越大。但是，如果之前的行情与当前行情的成交量基本一致，那就表示入场资金的数量大致一样；入场的资金数量一样，则价格波动的幅度也往往是高度接近的。

根据这一特征，便可以得出一个规律，若从历史行情中可以找到与当前行情相似成交量的走势，便可以测量历史上类似行情的波动幅度，而后将当前行情的波动幅度与之比较：若并未达到一致的幅度，则可以继续持仓；若前后行情的波动幅度基本一致，则需要随时留意平仓信号的出现，一旦有出局信号，便要及时离场，不宜再继续持仓。

原油 2206 合约 2022 年 4 月 12 日 1 分钟 K 线走势见图 2-9。

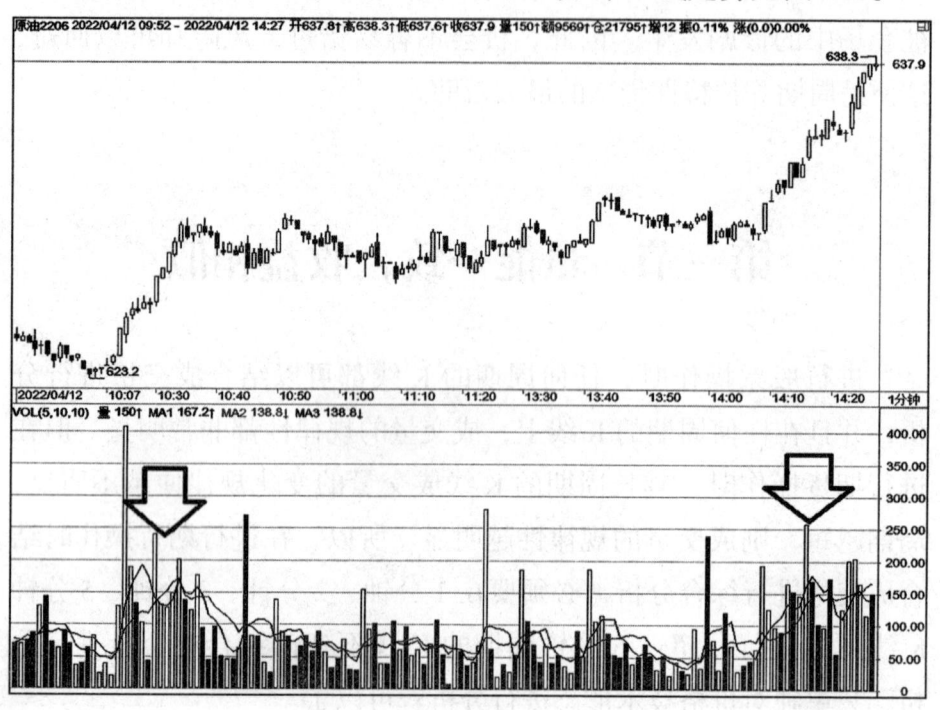

图 2-9

原油 2206 合约 2022 年 4 月 12 日 1 分钟 K 线走势图中，上午价格出现了一波放量上涨行情。这一波放量创下了近一段时间最大的成交量以及密集程度。这种量能非常突出的行情，都可以作为后期行情幅度测量的参考。而对于成交量并不突出的量堆，则没有前后对比参照的意义。

◇ 第二章 价格波动的常见规律 ◇

经过较长时间调整之后，下午价格再度上涨，上涨的过程中，成交量的整体密集程度与上午时的行情基本一致。这一点由均量线高点处的位置也可以做出判断：当前放量堆均量线的高度与之前放量堆均量线所处的位置大致一样，这说明整体量能的规模是高度一致的。

成交量密集程度一致意味着入场资金数量基本一致，相同数量的资金对价格的推动力度也将会是一样的，因此，前后行情的涨幅将会高度一致。这个时候便可以测量一下之前行情的涨幅状况，一旦当前行情的涨幅与之前行情的涨幅基本一致，投资者便可以做好随时出局的准备了。

乙二醇 2209 合约 2022 年 4 月 18 日 1 分钟 K 线走势图见图 2-10。

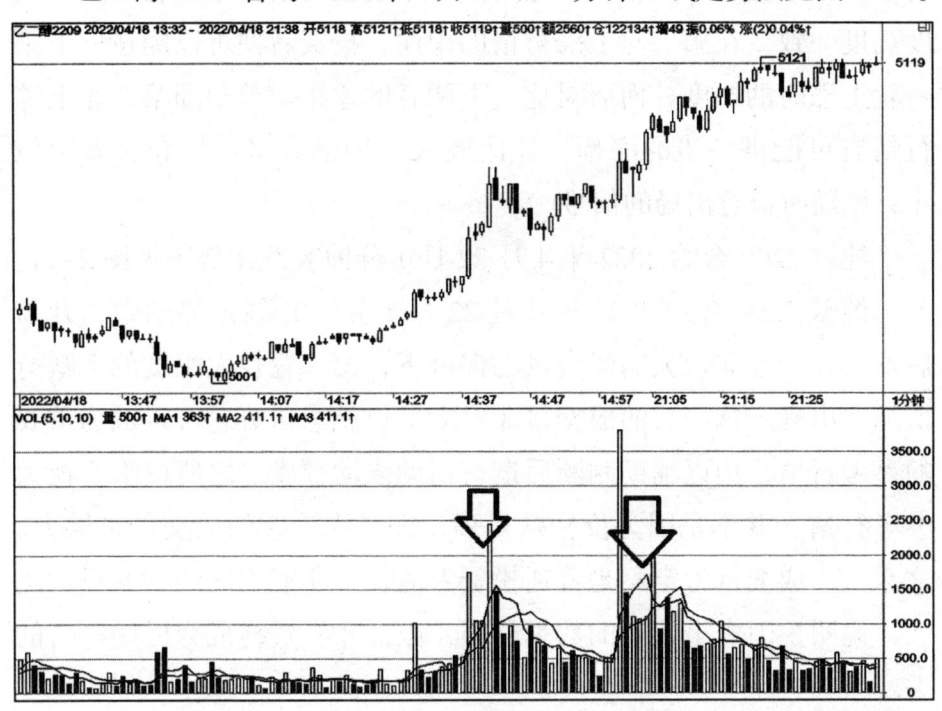

图 2-10

乙二醇 2209 合约 2022 年 4 月 18 日 1 分钟 K 线走势图中，价格见底之后经过一段时间的无量缓慢上涨，在量能加大的情况下，一轮快速上冲的行情随之出现。由于这一轮的成交量创下了近一段时间的最大量，因此，这次第一波的放量便可以成为后期行情中重要的参照量能。

若后期的成交量小于第一堆的放量，则意味着入场的资金数量在减少。这样一来，价格后期上涨的幅度也必然会低于第一轮放量时的涨幅。若后期成交量大于这一轮放量的幅度，则意味着入场资金数量增多了，那后面价格上涨幅度将会超过这一轮行情的涨幅。

经过调整之后，价格继续上涨。在第二轮上涨行情中，成交量的密集程度与第一轮放量基本一致。这一点由均量线所到达的高度便可以对比出来。量能基本一致意味着入场的资金数量是基本一样的，正常情况下，价格第二轮的上涨幅度也将会与第一轮的上涨幅度高度一致。在第二轮上涨行情的中途，投资者便可以测量一下第一轮上涨时的幅度，而后对比一下两者的差距。差距即第二轮上涨行情有可能进一步的涨幅。差距较大，则继续坚定持仓；差距较小，则随时留意出局的信号。

纯碱2209合约2022年4月22日1分钟K线走势图见图2-11。

纯碱2209合约2022年4月22日1分钟K线走势图中，开盘后不久在一波非常大的成交量的促进下，第一轮较大幅度的下跌行情随之出现。这一波的成交量非常大，也就意味着它可以成为重要的参考行情，用以辅助判断后期行情的波动幅度。之所以将它视为参考行情，并不是因为价格跌得多，而是因为它的成交量足够大。这么大的成交量肯定不是普通投资者的资金所能引发的，成交量越大，说明主力资金入场的数量越多，因此才有资格成为后期行情的重要参考。

经过一段时间的反弹之后，价格再度下跌，此时的成交量略微大于之前的成交量，那么，价格的波动幅度又将会如何呢？成交量略大于之前的下跌行情，意味着下跌幅度不可能小于之前的下跌幅度，只能相等或略微大一些。在能看到K线数据的时候，第二轮下跌行情的跌幅已经略大于之前行情的了，在跌幅基本到位的情况下，就要跟随止盈信号的出现而平仓出局了。

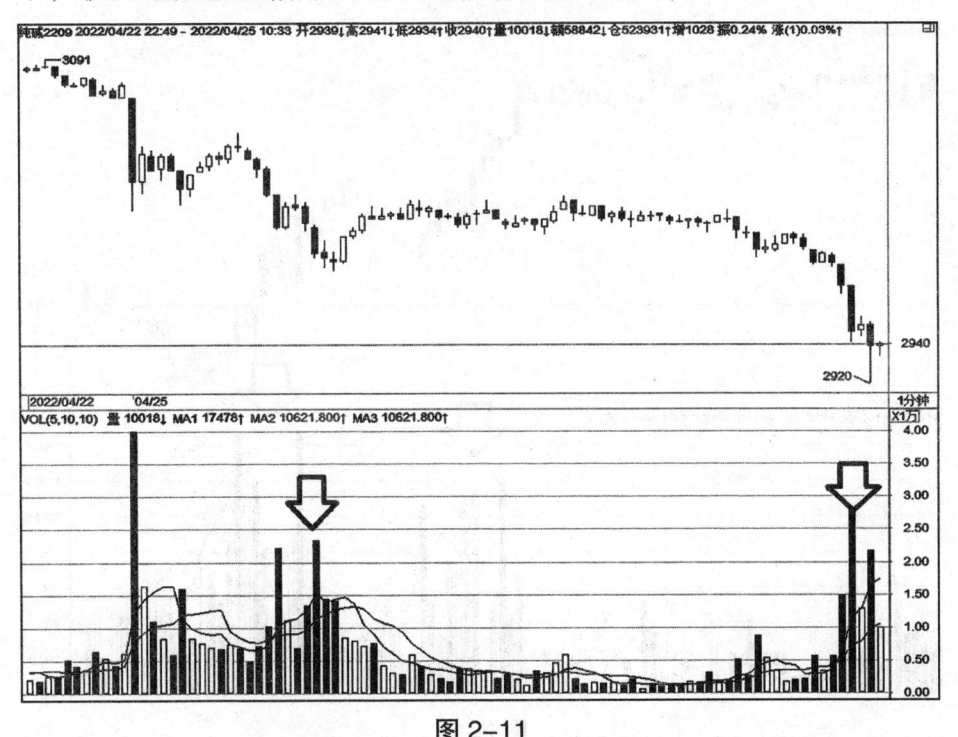

图 2-11

玉米淀粉 2207 合约 2022 年 4 月 26 日 1 分钟 K 线走势图见图 2-12。

玉米淀粉 2207 合约 2022 年 4 月 26 日 1 分钟 K 线走势图中，出现了一波下跌行情。从跌幅的角度来说，这一波下跌行情并没有什么突出的，下跌的整体幅度也并不是非常大，并且下跌的时间也并不是很长。但在这一波下跌行情出现时，成交量却形成了非常密集的放大，显然，这是主力资金入场操作所为。这么大的量自然也就使得这波行情成了重要的行情，有资格成为后期行情的重要参考。

放量下跌、缩量反弹之后价格继续下跌，在下跌的过程中成交量再度放大，整体量能的密集程度与前一轮的放量基本相当，并且

※期货高手的日内短线绝技※

长周期的均量线也到达了前一轮放量堆一致的高度。量能前后一致便意味着价格前后的跌幅也将会基本一致。无需测量，仅用肉眼便可以识别出前后二轮行情形成了高度一致的跌幅。

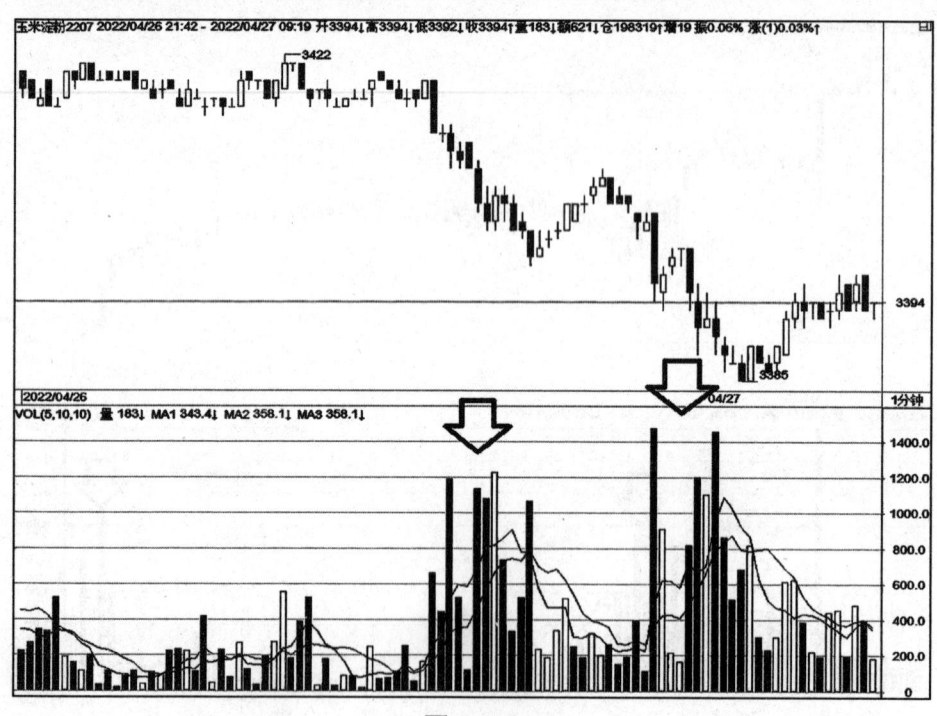

图 2-12

在对成交量进行分析的时候，一是要看最大量能柱体的情况，从这一点来看，第二轮的放量略大一些；二是要看整体放量堆的密集程度，从这一点来看，虽然第二轮的量仍然略大一些，但相差并不是很大；三是要看一下长周期均量线所处的位置，这是最简洁的判断量能是否一致的方法。毕竟完全一样的成交量是很少出现的，第二轮放量略大一些或略小一些，只要整体并不是呈倍数级别的差异，都可以视为前后量能基本一致。量能一致则意味着入场资金的数量一致，相同资金所造成的推动力度也将会基本一致，从而就会使得前后两波行情的波动幅度高度一致。

第四节　常态盈利幅度的测量

常态盈利幅度是价格波动时的重要规律性变化，也是市场中绝大多数投资者所忽视的一大规律，不管是普通投资者还是高手均是如此。这是笔者原创首发的操盘技巧，至今从未在任何地方看到有人谈论过该方法。常态盈利幅度通过统计方法来研判价格波动时幅度上的规律，从而提前提示投资者价格波动的常态极限。在进行波段式操作时，一旦进入常态极限状态，便应当密切留意随时出现的出局信号。

常态盈利幅度的技术原理如下。就好像人们跑步一样，通过测量发现，一个人平均可以跑 5 千米，状态好一些时，可以跑 6 千米，如果状态差了一些，则可以跑 4 千米，这是这个人的体能极限区间。如果这个人现在跑了 4.8 千米，通过测量的数据便可以得知，基本上快没有体力了。知道了这样的数据，在他刚开始跑步时便可以知道，他能跑下来 5 千米是没有太大问题的。

放到价格身上就形成了这样的规律，通过对价格的波动幅度进行测量，发现某一种幅度的波动在最近的走势中经常出现。一旦达到这样的幅度，价格上涨或下跌的行情就基本结束了，那么，这样的幅度便是投资者可以在开仓时便提前预算出的常态盈利幅度。知道了可以大致赚多少钱之后，一旦价格波动幅度到位，便可以提前做出出局的计划。这样既可以回避风险，又不会在下跌的中途过早离场。下面结合具体案例，讲解笔者原创首发的操盘技巧常态盈利幅度应当如何测量。

螺纹 2210 合约 2021 年 10 月 20 日至 2022 年 4 月 27 日的日 K

线走势图见图 2-13。

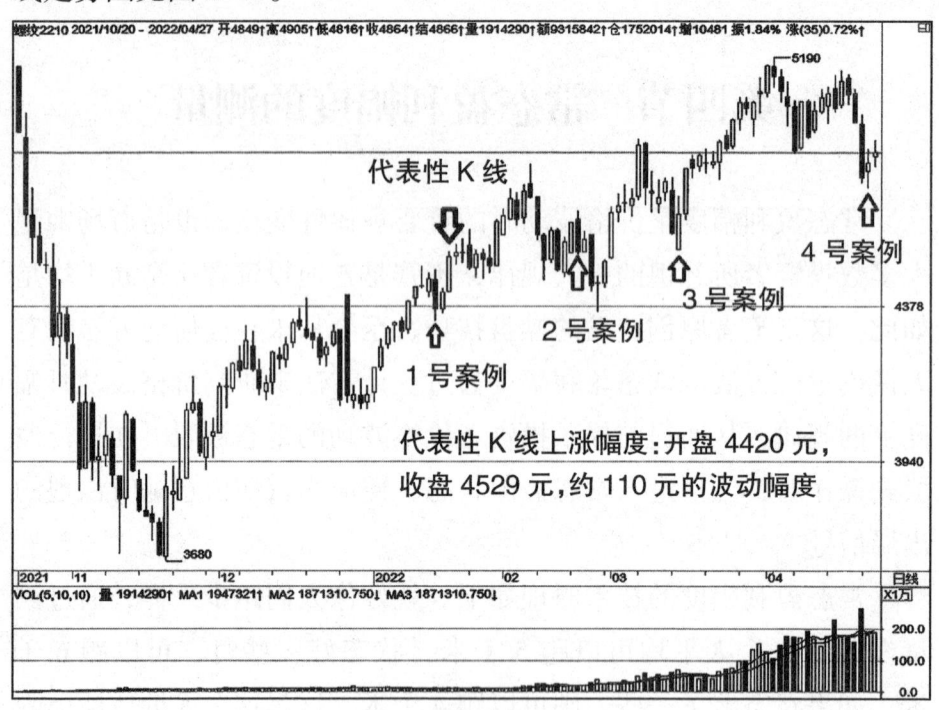

图中标注：
- 代表性 K 线
- 1 号案例
- 2 号案例
- 3 号案例
- 4 号案例
- 代表性 K 线上涨幅度：开盘 4420 元，收盘 4529 元，约 110 元的波动幅度

图 2-13

螺纹 2210 合约 2021 年 10 月 20 日至 2022 年 4 月 27 日的日 K 线走势图中，价格出现了一波常态的震荡上涨行情。这一波行情并不属于极端行情，因此，可以用于测量价格的常态盈利幅度。

在测量常态盈利幅度时，需要先找到代表性 K 线。要求代表性 K 线的实体在最近几个月的行情中不是最大的，也不能是最小的，而是大小比较适合且在最近行情中经常会见到的实体阳线。相似实体的 K 线数量越多，代表性 K 线也就越有代表性。除了实体相似以外，上下影线到实体的范围相似也可视为达标。

从螺纹 2210 合约的走势来看，箭头处便是代表性 K 线。有一些 K 线大于它，这不会影响操作，因为这只会带来更多的收益，还有一些 K 线实体远小于它，对于这些实体很小的 K 线，没必要去进行分析，而是要将目光放在那些大量的跟代表性 K 线实体一样的阴

◇ 第二章　价格波动的常见规律 ◇

线与阳线上。

验证了代表性 K 线的实体得到了走势上的共鸣之后，便可以测量这根代表性 K 线实体的波动幅度。经过测量之后发现，螺纹 2210 合约这一阶段代表性 K 线的波动幅度为 110 元。这 110 元代表了价格近一段时间波动的极限数值：如果价格要形成一轮连续的上涨行情，其涨幅将会在 110 元左右；如果要形成一轮持续下跌的行情，跌幅将会在 110 元左右。

常态盈利幅度并不是固定不变的，它会受到日 K 线行情的影响，在不同的时期有不同的数据表现，所以，投资者应当经常去测量。这个工作放在闲暇时进行就可以。

螺纹 2210 合约 1 号案例 2022 年 1 月 17 日分时走势图见图 2-14。

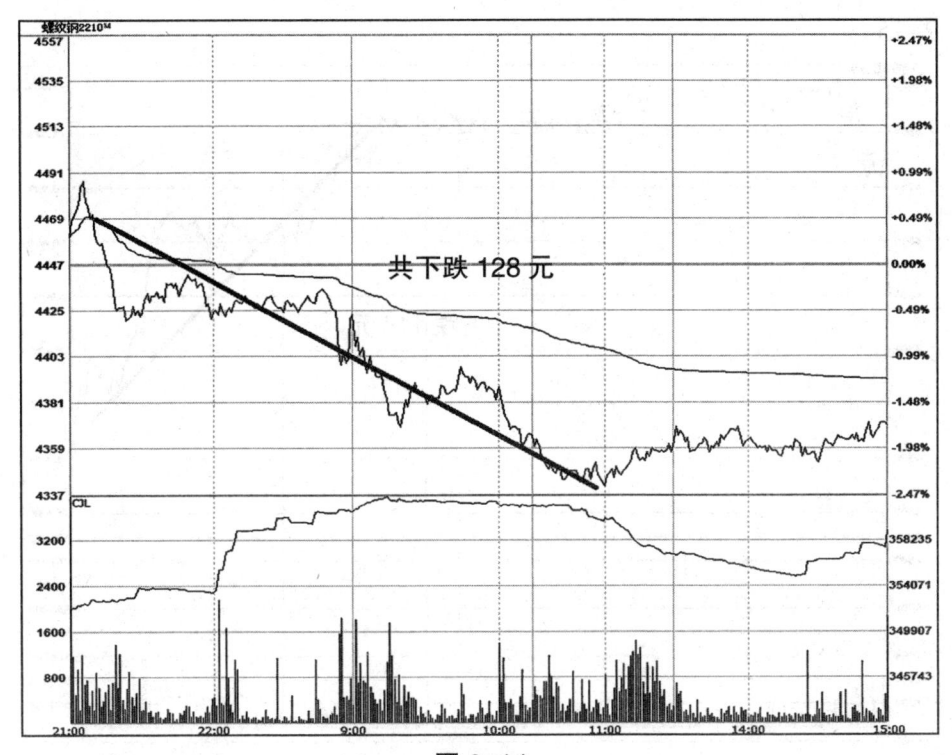

图 2-14

螺纹 2210 合约 1 号案例 2022 年 1 月 17 日分时走势图中，价格形成了一轮震荡下跌的走势，从明确跌破了均价线进入到空头性质波动的点位开始计算，至价格下跌的低点，这一轮连续的震荡下跌行情共下跌了 128 元，相比于代表性 K 线提示的 110 元的常态盈利幅度，差异并不是很大。

在实际测量时，代表性 K 线的幅度可以视为一个中心值，价格实体的跌幅略大一些或略小一些都在合理范围内，比如螺纹 2210 合约代表性 K 线提示的常态盈利幅度是 110 元，那么，价格的波动在 100～120 元都是正常的。毕竟在开仓时就能知道一轮行情差不多能赚多少钱，有点误差又怎么了？一定要允许与接受幅度不大的误差出现，不宜死扣具体的数值。

螺纹 2210 合约 2 号案例 2022 年 2 月 22 日分时走势图见图 2-15。

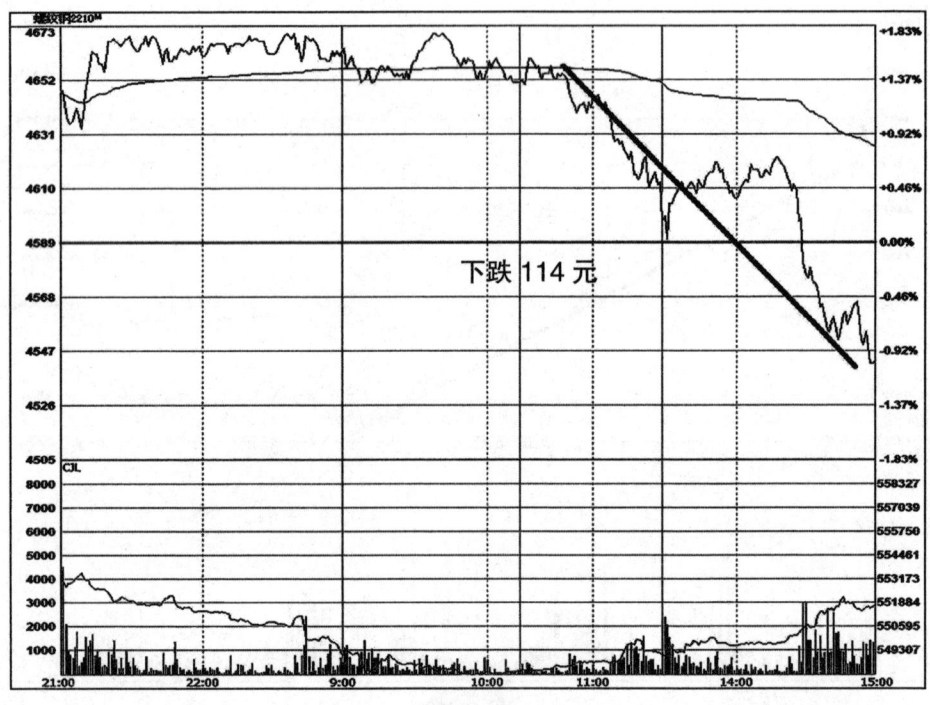

图 2-15

螺纹2210合约2号案例2022年2月22日分时走势图中，价格震荡结束之后转为了下跌的走势，经过两个多小时的震荡下跌，当天以最低点收盘，好巧不巧，这一轮下跌行情从图中的数据来看共下跌了114元，与代表性K线提示的110元的常态盈利幅度极为接近。

这绝对不是巧合，而是大数据下的必然结果，是数据统计魅力的体现。当然，也是绝大多数投资者所忽略的市场事实，因为极少有人会想到统计的方法还可以用于期货交易。

知道了价格形成了明确的下跌行情，此时便要意识到，螺纹2210合约的一轮行情的幅度通常是110元左右。一旦跌幅达到这个数值区间时，便要随时做好出局的准备，极限数值达到后，就算价格想要继续下跌，恐怕也得经过一番大震荡才行。

螺纹2210合约3号案例2022年3月15日分时走势图见图2-16。

螺纹2210合约3号案例2022年3月15日分时走势图中，开盘后价格一直保持着宽幅震荡的状态，由于没有确定行情的出现，所以，操作也只能随行就市。随着一堆密集性放量的出现，价格快速上涨，形成了一轮凌厉的大幅单波上涨行情。那么，针对这种快速上行的行情，常态盈利幅度还能发挥提示的作用吗？

从这一轮上涨行情起点至上涨行情的高点，价格总共上涨了119元，再次与代表性K线提示的110元常态盈利幅度高度接近。如果此时没有入场进行操作，错过了这一波行情，在测量出价格已经出现了常态盈利幅度的涨幅时，进一步地做多操作就一定要暂停下来，不见到价格经过一轮彻底的调整不要轻易入场操作，否则，在上涨行情到位的情况下，将很难再给出第二次的机会。

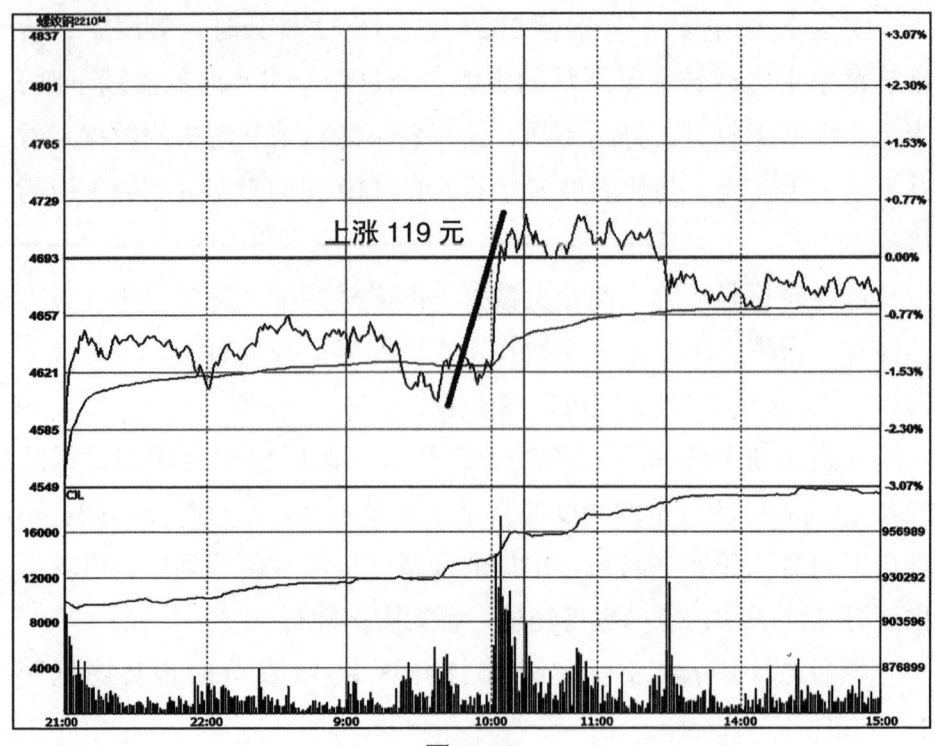

图 2-16

螺纹 2210 合约 4 号案例 2022 年 4 月 26 日分时走势图见图 2-17。

螺纹 2210 合约 4 号案例 2022 年 4 月 26 日分时走势图中，价格的上涨是从夜盘开始的，一直延续到第二天日盘的下午，虽然横跨两个时段的波动，但是，上涨行情的幅度依然与代表性 K 线的常态盈利幅度相匹配，从低点到高点价格上涨了 123 元，略多于常态盈利幅度 110 元的数值。

其实不必惊奇为什么常态盈利幅度准确率这么高，因为这是市场波动的客观事实。什么都有个极限，价格也必然有一个合理的波动区间，超过常态的波动肯定会有，但常态就是常态，它是经常会见到的现象，是大概率重复的现象。常态盈利幅度的价格波动规律一直都存在，只是除了笔者没有人从统计的角度入手进行深入的研究。只要明白了这个技术原因，对于任何品种、任何时期价格的常态盈利幅度，投资者都可以准确地测量出来，从而用以指导盘中的获利，这样就不会在收益相差很远时过于谨慎地提前出局，也不会在收益即将达到时仍抱有过于乐观的态度进行持仓。

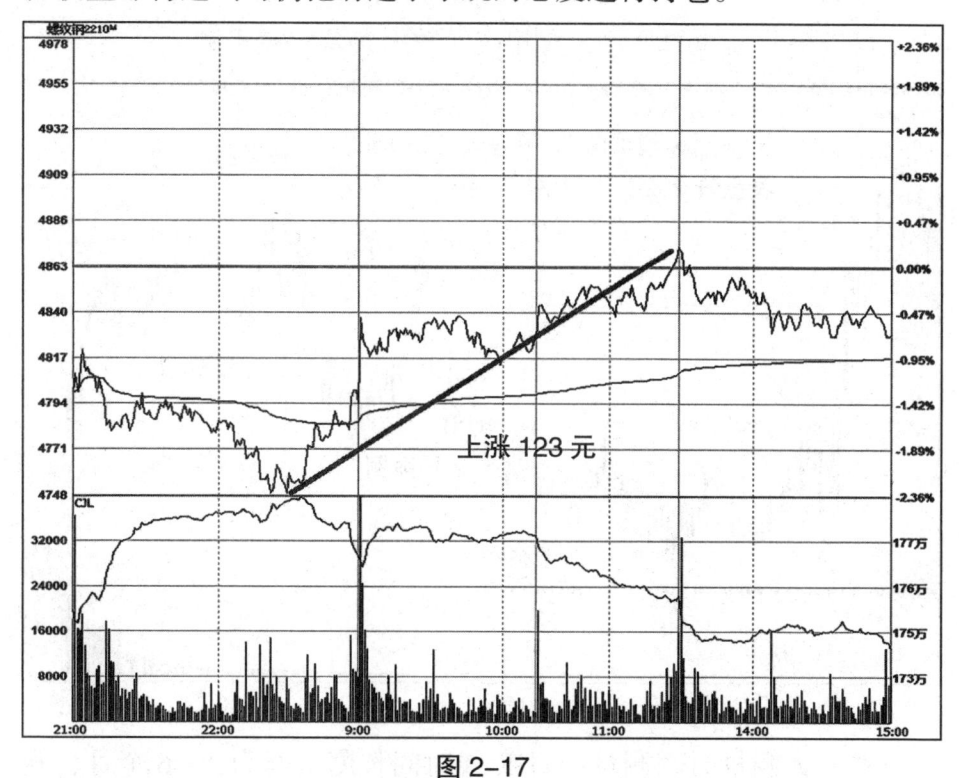

图 2-17

甲醇 2209 合约 2021 年 9 月 30 日至 2022 年 4 月 27 日的日线走势图见图 2-18。

甲醇 2209 合约 2021 年 9 月 30 日至 2022 年 4 月 27 日的日线走势图中，价格形成了一轮震荡上涨而后回落向下的走势，从底部涨起来的行情属于常态震荡上涨，并没有极端的行情出现，因此，这一时期的行情便可以视为有效行情，用以测量价格的常态盈利幅度。

我们通过对比 K 线实体，便可以轻松地找到箭头所标处的代表性 K 线。从这一时期的 K 线实体来看，有大量的 K 线实体或是影线到 K 线实体的幅度都与之高度相似。代表性 K 线的确具有广泛的代表性，相似波动幅度的 K 线数量越多，分析得到的结论便会越精准。这一根代表性 K 线的波动幅度为 96 元，在允许一定误差的情况下，其幅度区间可以定为 85～110 元之间。毕竟这是在还没操作时就可以提前预知的收益，有相应的数据误差实属正常。

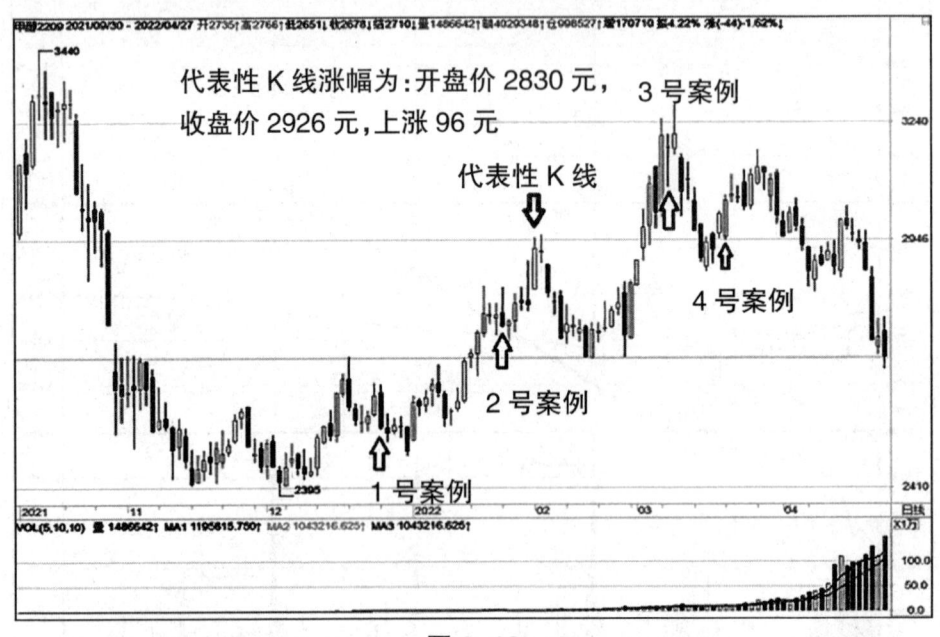

图 2-18

在具体测量时，测量的日 K 线时间长度最好为 3～6 个月，观察的时间不宜太短，也不必过长，因为这个测量工作是需要经常进行的。可能最近半年行情冷淡，常态盈利幅度的数值较小，但接下来行情就有可能进入到剧烈波动状态，常态盈利幅度会突然变大。所以，绝对不要有一劳永逸的想法。当前测量的数据仅能用以指导最近一两个月行情中的获利幅度。

甲醇 2209 合约 2021 年 12 月 27 日分时走势图见图 2-19。

甲醇 2209 合约 2021 年 12 月 27 日分时走势图中，价格开盘后略做上冲后便在盘中连续下跌，并且当天以最低点收盘。这一天从

◇第二章 价格波动的常见规律◇

高点至下跌低点的跌幅数据为 88 元，虽与代表性 K 线提示的 96 元略有误差，但也在可接受范围之内。

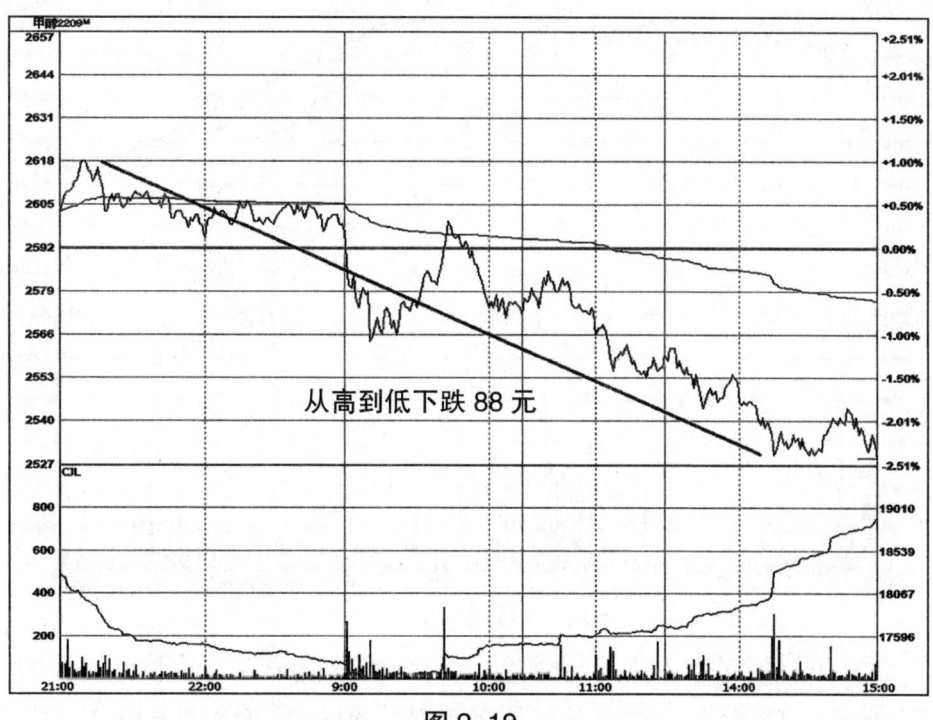

图 2-19

虽然实际跌幅小于代表性 K 线提示的 96 元，但拥有了这样的方法，在赢利 36 元、46 元、56 元的时候，是不是仍然可以坚定地持仓？因为这些数据距离常态盈利幅度还相差很远，自然不能过早地出局。这样一来，就算没有赚到 96 元的常态盈利幅度，赚七八十个点还是非常轻松的，这就使得常态盈利幅度的测量工作有了实际的应用价值。

甲醇 2209 合约 2022 年 1 月 24 日分时走势图见图 2-20。

甲醇 2209 合约 2022 年 1 月 24 日分时走势图中，夜盘始终保持着震荡的状态，没有明确的方向。日盘开盘之后，快速上探之后价格便出现了连续震荡下跌的走势，在下跌趋势明确形成之后，投资者要做的事就是在达到常态盈利幅度前坚定地持有手中的空单。

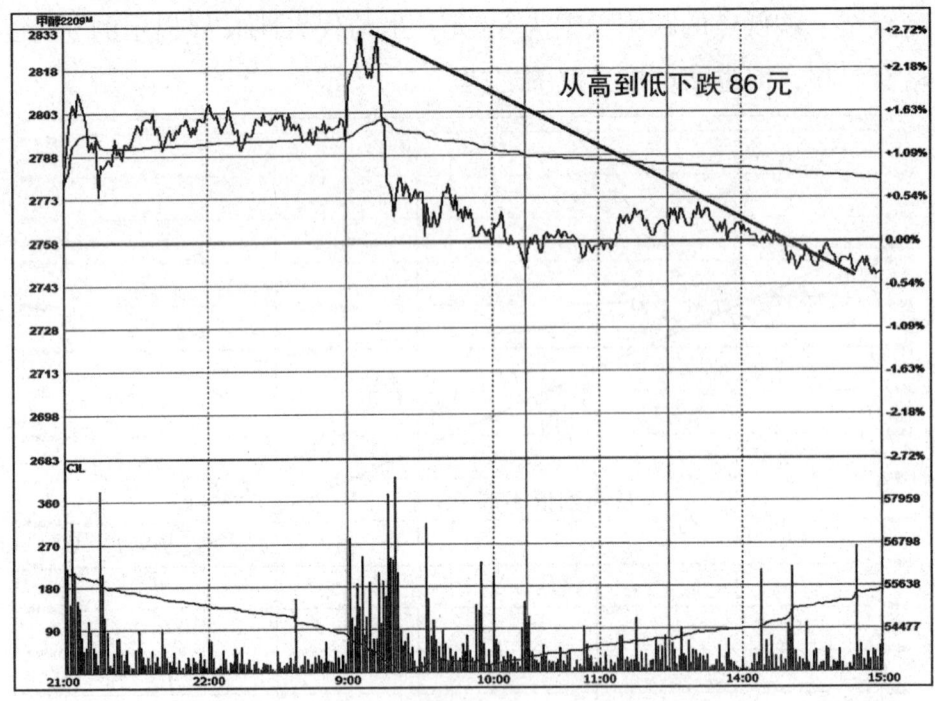

图 2-20

从下跌时的高点到收盘前低点的跌幅数据来看，价格一共下跌了 86 元，略小于常态盈利幅度的数值，但误差并不是很大，在正常的容错范围之内。此时，哪怕只是在中途入场，也可以知道这一轮行情剩余的盈利空间还有多大，如此一来，便可以在刚开仓时把盈利目标精确下来了。

假设在下跌中途反弹的高点 2775 元处做空，自高点 2832 元计算，价格应当跌到 2736 元的标准目标位，这时便可以看到距对应的目标位还有 39 元的标准跌幅，加上容错的范围，在 2775 元处做空，预计会有 30~50 元的盈利空间。这样一来，便不会只赚十几个点便匆匆离场了。

甲醇 2209 合约 2022 年 3 月 8 日分时走势图见图 2-21。

◇第二章 价格波动的常见规律◇

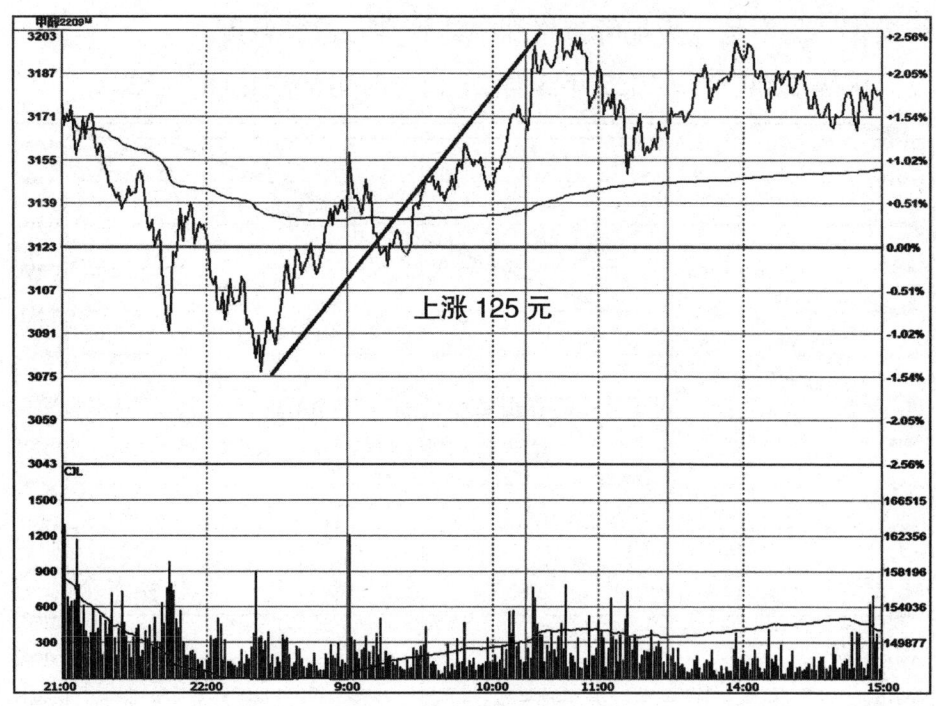

图 2-21

甲醇 2209 合约 2022 年 3 月 8 日分时走势图中，价格下跌到低点之后开始上涨，到了盘中的高点处，价格总共上涨了 125 元，远超过常态盈利幅度提示的 96 元的标准涨幅。对于这种情况，又该如何解读呢？

进行操作的时候，不怕实际涨幅超预期，因为这只会带来更大的收益，带来更大的好处，怕的是价格的涨幅远低于常态盈利幅度。一旦涨幅减小，必然会导致实际收益的减少，因为投资者需要在此时赶紧调整持仓的方式，从而受价格的影响，使交易结果失准，这也就是为何必须要留有一定的容错空间。

在价格达到了常态盈利幅度时，如果没有任何出局的信号出现，投资者则可以继续持仓，什么时候有了出局信号，什么时候再出局。出局信号的优先级是高于预测数值的，如果价格涨幅还没有接近常态盈利幅度就出现了出局信号，那也必须要按照出局信号执行操作，而不是死板地等价格涨幅达到常态盈利幅度。

甲醇 2209 合约 2022 年 3 月 21 日分时走势图见图 2-22。

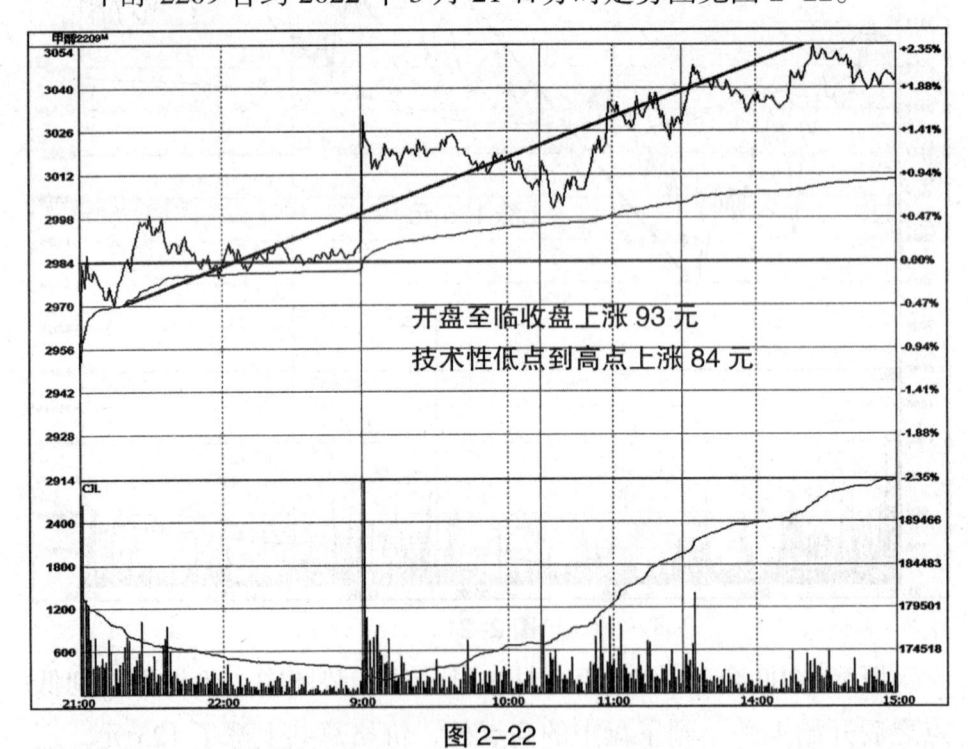

图 2-22

甲醇 2209 合约 2022 年 3 月 21 日分时走势图中，价格开盘之后便形成了一整天的震荡上涨走势，上升趋势非常明确，这样我们就可以使用测量过的常态盈利幅度来指导目标位所在了。

下午临收盘时，价格上涨到了盘中的最高点处，此时，自开盘价测量，价格共上涨了 93 元，与常态盈利幅度的数值极为接近；从技术性低点开始测量，这一天价格有效涨幅为 84 元，略低于常态盈利幅度数值，虽然有些误差，但让投资者轻轻松松将多单拿到赢利七八十个点的位置还是完全没问题的，绝对不会在赢利十几个点时便过早地离场。这样一来，常态盈利幅度也就发挥了巨大的作用。

常态盈利幅度是价格的一项重要的规律性变化，通过对日 K 线进行测量，便可以得知价格盘中常态情况下一般可以获得多少收益，有利于投资者确定盘中大波段的盈利目标，有利于投资者较为准确地计算出价格剩余波动的空间大小，以此衡量值不值得入场，更有利于在常态盈利幅度到位的情况下，及时锁定收益，回避风险。

未来的操作过程中，希望各位读者朋友一定要经常性地在周末进行测量。掌握了这个方法之后，一定要把您常做的品种都测量一下，了解它们的波动特点，从而让这些自己熟悉的品种更好地为自己创造预期中的收益。

第五节　子波段的重要意义

与常态盈利幅度一样，子波段也是笔者的原创性内容，虽然对价格进行深入细致的研究可以得出这样的结论，但同样绝大多数投资者并没有发现这个价格波动的常见规律。对日 K 线中的代表性 K 线进行测量，可以得知每个期货品种常态盈利幅度的大小。常态盈利幅度针对的是整体大波段，是当天一轮持续性上涨行情或一轮持续性下跌行情的总盈利。但是，由于投资者的盈利目标各不相同，对持仓方法与策略的掌握程度不同，因此，并不见得所有人都可以将当天的整个大波段全部拿下，多数投资者可能只能拿下常态盈利幅度的一半左右。所以，投资者还必须知道：如果不针对整体的大波段，只针对一两波盘中涨跌波动进行操作，那获利幅度又该是多大呢？这个时候，就可以对子波段进行测量分析了。

子波段可以帮助投资者正确预期最小的盈利幅度，不需要走出连续性的大行情，只需要这一轮大行情中的其中一个子波段就可以了，这就是进行实战操作时最小的盈利幅度。在不触及止损的情况下，如果常规子波段的幅度都没有赚到，那是根本没有必要止盈出局的！学习了笔者独创的子波段操作规则以后，盈利目标必须大于或等于子波段的幅度！

除了可以为投资者提示最小的盈利幅度之外，应用子波段，还可以科学地设定止损位。止损的幅度并不能想当然地去设定，必须要结合价格的具体形态以及具体波动幅度，并且必须要遵循不低于3∶1的盈亏比，这样得出的止损幅度才是科学的。若对子波段进行测量之后，发现某品种日内有代表性的波段涨跌幅为50元，按照3∶1的盈亏比计算，这个品种的止损幅度最大不能超过16元，凡超过这个数字的都是不合理的。这样一来，哪怕技术形态失败，连续止损三次，只要一次技术形态成立，便可以只通过一波上涨就扭亏为盈，子波段出现二次，则完全可以实现净盈利。这是笔者一直提倡的"小亏换大赚"的基础所在！

那么，子波段又该如何测量呢？在分时图中压缩几天的分时走势，然后从中寻找出一波有代表性的波段，要求这一波上涨或下跌的幅度既不是很大，又不是很小，而是比较适中，并且最近几天的时间内，可以轻松地找到许多与之类似幅度的子波段，那么，这一子波段就具有了绝对的代表性，然后测量它的幅度便可以了。其上涨或下跌的幅度就是操作该品种最小的盈利幅度，子波段幅度的三分之一即对该品种进行日内操作的最大止损幅度。

螺纹2210合约2022年4月21日夜盘至4月26日日盘分时走势图见图2-23。

螺纹2210合约2022年4月21日夜盘至4月26日日盘分时走势图中，依据常态盈利幅度的思路找出某一种经常出现的波动幅度，对这一波动幅度有着这样的要求：它是单一的上涨或下跌走势，不能是上涨、调整、再上涨或是下跌、反弹、再下跌的综合走

◇第二章 价格波动的常见规律◇

势；波动幅度不能是非常大的，也不能是非常小的，必须是适中的，有着绝对的代表性；要在连续压缩几天的分时图中经常出现，波段幅度重复的概率极高，哪怕当天也可以找到十几次重复性的波动幅度。满足这些要求的波段就可以称为子波段。

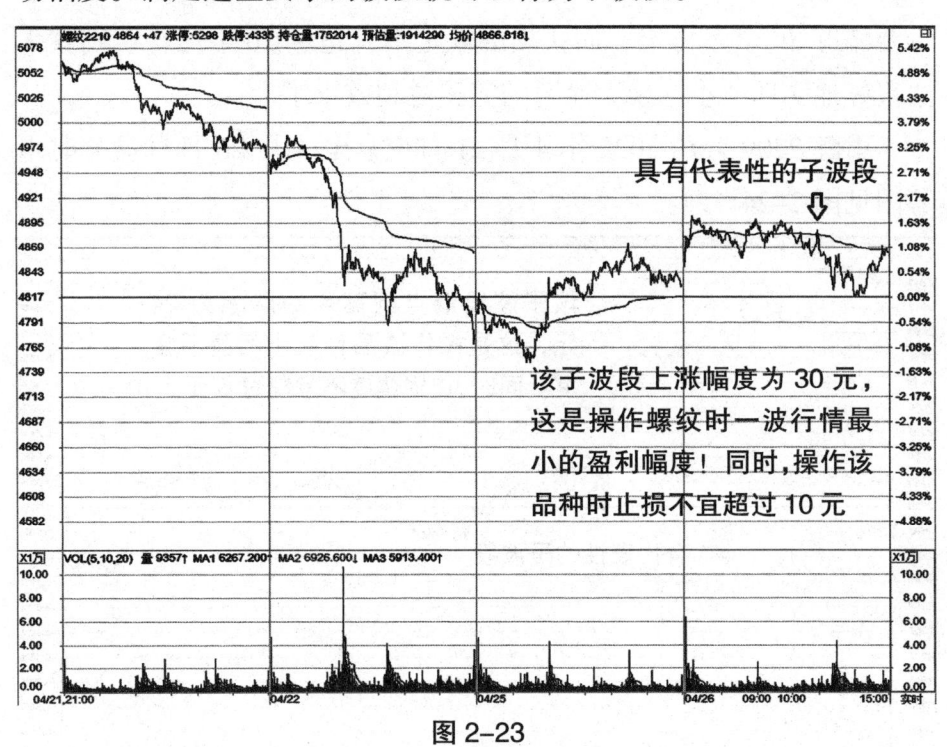

图 2-23

子波段是价格波动过程中的最小波动幅度单位，它代表了投资者入场之后最小的盈利幅度。在介入点符合技术要求的情况下，投资者只要没有赚到子波段的盈利幅度，便没必要考虑出局，否则十有八九就会平仓早了。这是因为很多时候，行情会由两三个子波段构成，如果连一个子波段都没赚到便平仓，那就太可惜了。

除了可以提供一波行情最小的盈利幅度提示外，子波段另一大作用是帮助投资者合理地制定日内交易的止损幅度。市场中许多投资者都是凭想象设置的止损，如设定为30点或50点等，也没有什么技术上的原因，这就大错特错了。止损幅度的设定必须要与价格的波动紧密关联，并且必须做到3∶1的盈亏比。这样设定，哪怕连续出现三次亏损，只要技术形态成功一次，就完全回本了；如果价格能走出两个子波段行情，便可以直接实现赢利。从螺纹的数据来看，适合的子波段幅度为30元。这就意味着投资者每次操作至少要赚够30个点再走，而止损的设定不宜超过10个点，否则就无法很好地实现"小亏换大赚"的完美盈利效果了。

甲醇2209合约2022年4月21日夜盘至4月26日日盘分时走势图见图2-24。

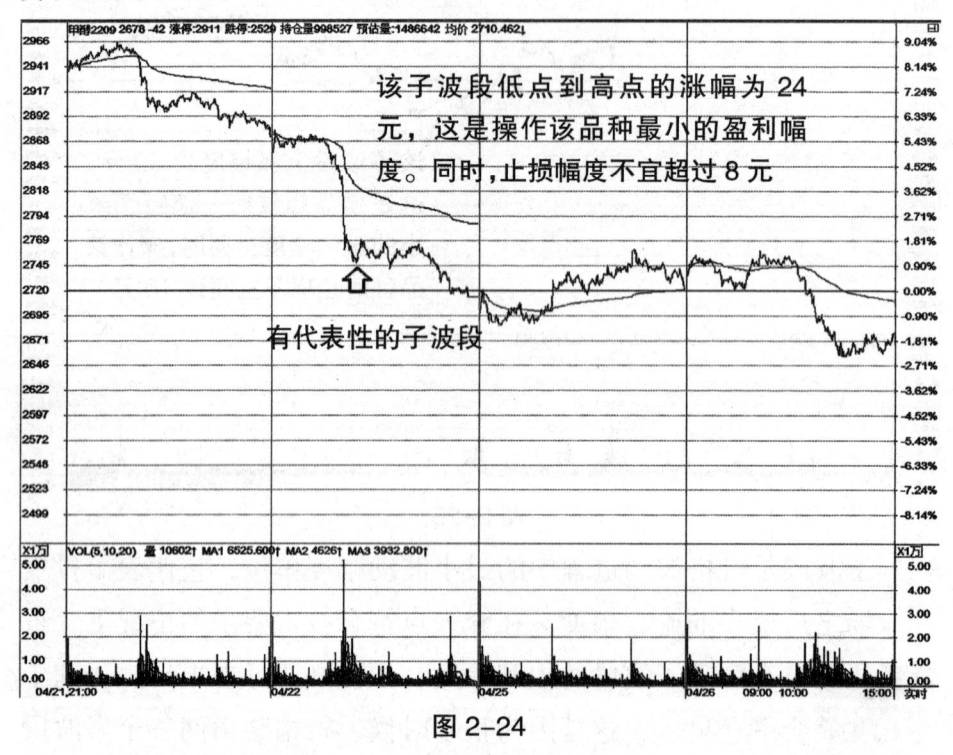

图 2-24

甲醇2209合约2022年4月21日夜盘至4月26日日盘分时走势图中，出现了多次幅度比较大的波段，但这些大幅快速波动的走势并不具有广泛的代表性，因此，不能将其定义为子波段。子波段的波动幅度必须是价格很容易达到，并且非常常见的合理波动幅度，既不能太大，也不能太小，否则将不具备很好的代表性。

◇ 第二章　价格波动的常见规律 ◇

　　通过对比连续几天的分时走势，我们可以轻易地找到代表性的子波段，通过测量得知这一子波段处价格上涨了24元。这就意味着：①投资者进行操作时至少可以赢利24点，但由于价格的一波行情会由多个子波段构成，所以，介入的点位非常理想，才可以捉住两三个子波段，这样一来，大致的盈利便会是48~72点；②若操作甲醇，止损幅度不宜超过8元，如此设置便不必考虑会有大亏的风险了，哪怕连续亏损好几次，只要一波行情走起来，立刻扭亏为盈，但若没有技术理由地设置为30点或50点，便很难做出大的盈亏比，无法实现小亏换大赚。

　　子波段幅度的测量要求每周必须进行一次，因为价格的波动随时可能会进入到高度活跃状态，也随时有可能进入到低波动率的状态，所以，有空就测量是非常有必要的。

　　苹果2210合约2022年4月22日至4月27日分时走势见图2-25。

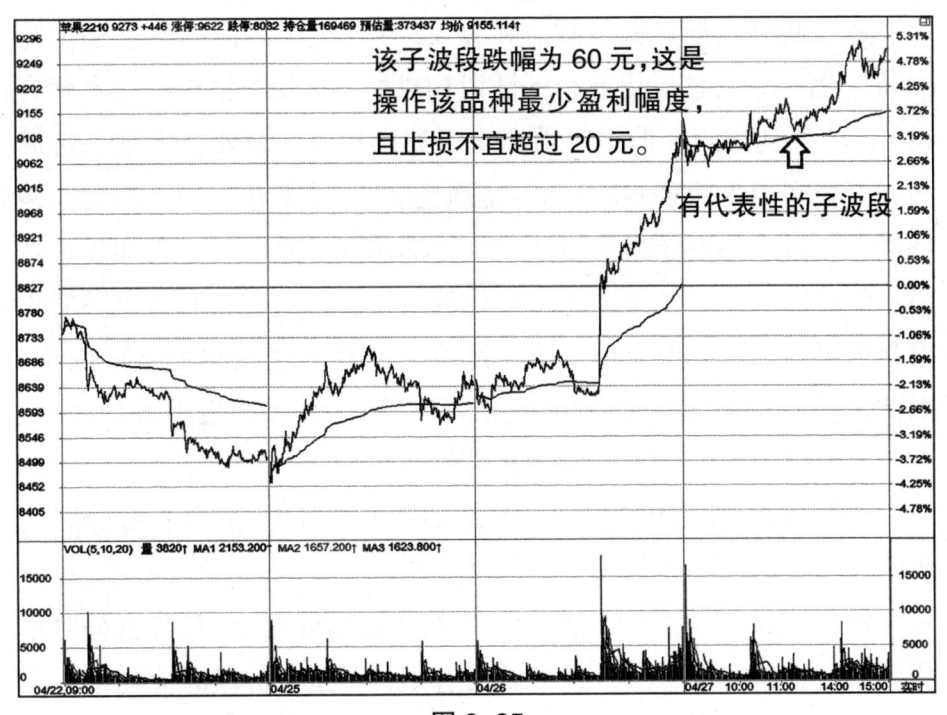

图 2-25

从苹果 2210 合约 2022 年 4 月 22 日至 4 月 27 日分时走势图中可以看到，一轮行情并不只是一波直线式的上拉或回落就结束，一轮行情是由多个上涨、调整、再上涨或下跌、反弹、再下跌构成的，时间延续长的可能会有六七次上涨、调整、再上涨或下跌、反弹、再下跌，时间短的也会有两三次上涨、调整、再上涨或下跌、反弹、再下跌。这期间的上涨、再上涨以及下跌、再下跌的细微波动就是子波段。任何一轮行情基本上都是由多个子波段不断延续引发的，所以才说子波段是行情的基本构成单位。

我们通过对比苹果 2210 合约连续几天的分时走势便可以找到具有代表性的子波段，这样的子波段真的是每一天都会出现十几次，不管是上涨行情还是下跌行情，都很容易见到与子波段一样幅度的涨跌走势。越是具有广泛的代表性，便越说明子波段波动幅度的意义重大。

通过测量我们可以发现，苹果 2210 合约子波段的波动幅度为 60 元。若一轮行情是由三个子波段构成的，这轮行情中投资者就有 180 元的盈利空间，但不管由几个子波段构成，只要技术形态走成功，投资者至少能赚 60 点，若是赢利 25 点就平仓出局，那就大错特错了，这也是不懂得价格波动规律的体现。除了可以告知投资者最小的盈利幅度，子波段还可以告诉投资者日内交易时最合理的止损设置幅度，只需要将子波段幅度的 1/3 作为止损幅度就可以了，因此，只要苹果 2210 合约的止损幅度超过 20 点都是不太合理的，不容易做出大的盈亏比，实现小亏换大赚。

沪锌 2206 合约 2022 年 4 月 21 日夜盘至 4 月 26 日日盘分时走势图见图 2-26。

沪锌 2206 合约 2022 年 4 月 21 日夜盘至 4 月 26 日日盘分时走势图中，价格有涨有跌，行情有大有小，测量子波段时应当抱着宁可量小了，也不宜量大了的原则进行。量小了没有任何影响，因为

◇第二章　价格波动的常见规律◇

价格的涨跌幅度都将会超过预期，只会存在多赚的问题。若量大了，价格始终达不到目标位，便会使得预期的收益次次落空，就容易引发未知的风险了。当然，在测量时也不宜刻意在过小的波段上进行，一定要遵循价格波动的合理性与广泛的代表性原则。

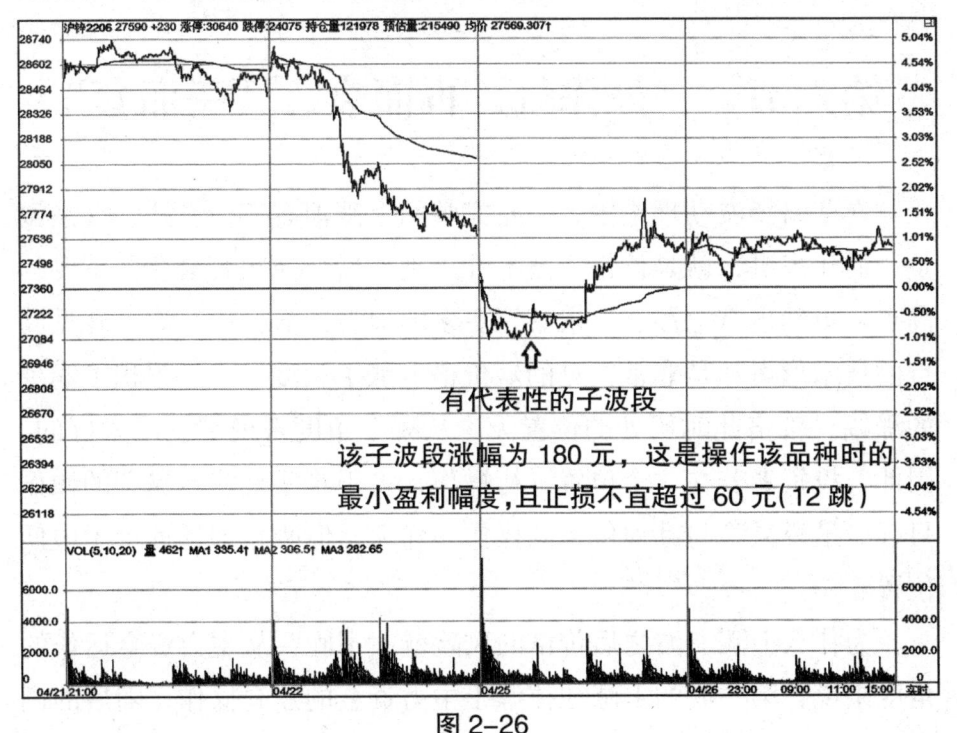

图 2-26

我们通过观察找到了具有广泛代表性的子波段后，经过测量得出以下数据：子波段的波动幅度为180元（36跳），这将意味着按规定的开仓技术操作沪锌2206合约最少的盈利是180元，介入的位置越理想，能捉住的子波段的次数就会越多。而在进行止损幅度设定时，则应当取子波段的1/3，即对沪锌2206合约进行操作时每次止损不宜超过60元（12跳），如此设定便可以保证在最少盈利的情况下也可以实现3∶1的盈亏比，这将是实现小亏换大赚的根本保障。

具有代表性的子波段是很容易找到的，当天就可以找出十几个类似的波动幅度。连续压缩几天的分时数据只是为了进一步验证数据的结果，只要有三五天的数据相互验证，这个子波段的幅度就是值得信任的。在测量子波段的时候，尽量在分时图中进行，因为K线图上的上下影线会造成一定的干扰。

第六节　一鼓作气，再而衰，"三而套"

在艾略特波动理论中，一轮完整的上涨浪有三浪上涨、二波调整，简化来讲，就是价格三波上涨出现之后，便很容易形成重要的高点。虽然也有七浪、九浪甚至更多的浪型走势，但三波上涨见高点的技术形态却是非常常见的。价格上涨了三波，已经累积了不少的涨幅，价格此时所处的位置无论从哪个角度来说都是不太好的，因此，投资者若在这个位置进行操作，将很难实现稳定赢利的操作目标。虽说风险与其他位置的操作一样大，但收益却远远小于中低位置。

为什么上涨三波之后价格的风险就大了呢？从主力资金运作的角度来说，第一波的上涨往往源于主力资金的建仓操作，随后的调整则是震仓洗盘；第二波的上涨则是拉高价格，打开获利的空间，这是实现创收的行情，随后的调整则是进一步震仓，同时也为后期的出货打下基础，让投资者再次适应价格的回落；第三波的上涨则往往是主力的拉高出货行为，为的是进一步吸引接盘投资者跟进，以及开拓出货时足够的震荡空间。因此，三波上涨之后，价格就进入了主力的出货区间，在这个位置再入场操作风险自然会比较大。

我国有句古话：一鼓作气，再而衰，三而竭。在投资市场中，"一鼓作气"是肯定的，"再而衰"倒不一定，因为有时候第二波的上涨也会挺猛的，"三而竭"则是一件大概率的事情，在这个位

◇ 第二章　价格波动的常见规律 ◇

置做投资只能赌价格出现七浪甚至更多浪的走势，若没有如此波动，便很难赚到钱。但这个市场中，哪有那么多七浪、九浪等更多的浪型啊？所以，"三而竭"不如说是"三而套"。

燃油 2209 合约 2022 年 4 月 20 日至 4 月 22 日 1 分钟 K 线走势图见图 2-27。

图 2-27

燃油 2209 合约 2022 年 4 月 20 日至 4 月 22 日 1 分钟 K 线走势图中，价格见底之后，形成了一轮持续时间较长的大行情。这期间价格的运行规律非常明显，完全符合艾略特波动理论的形态要点。

见底后的第一轮上涨不会有任何争议，妥妥的第一浪，一浪之后的调整也必然是第二浪。经过充分的调整之后，价格再度上涨创出新高，这意味着三浪的到来。而三浪有一个最大的特点——绝对不会是最短的一浪，因为已经有了一浪做参照，所以，三浪的涨幅正常情况下将会至少与一浪等长，而不会变小，而从后面的实际走势来看，三浪也的确不是最短的一波上涨行情。三浪结束之后就是四浪长时间的调整,二浪形态简单,四浪形态复杂,也符合波浪理论中的调整浪的交替原则。四浪之后的上涨便是第五浪。至此,一轮完整的五浪上涨全部形成。

经过这三波上涨之后,价格也到达了高位区。虽然之后价格继续大幅波动,但再也没有更好地向上创出新高,凡是在第三波上涨的高点区间介入的人,都必将会出现不同程度的亏损。价格的走势很好地体现了:一鼓作气能赚,二波延续也能赚,三浪见高点要套人。

沥青2209合约2022年4月26日1分钟K线走势图见图2-28。

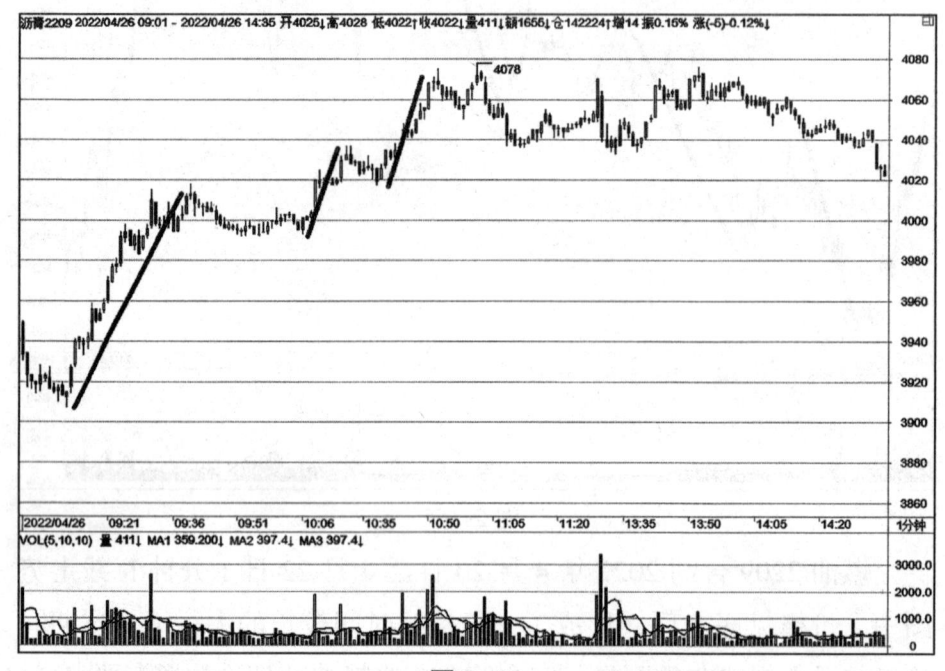

图 2-28

沥青2209合约2022年4月26日1分钟K线走势图中,开盘后略做下探,价格便出现了一轮大幅上涨的行情,而后价格再次经过二波上涨,到达了盘中的最高点区间。沥青的走势很好地体现了一鼓作气,再而衰,"三而套"的行情演变。但是,为什么这个案例中三浪却成了最短的一浪呢?

如果严格按照波浪理论的说法,那肯定就是浪数错了,应当重新来判断浪型的性质。从盘后分析的角度笔者也支持这么干，但站在实盘的角度，价格会让你在那一遍遍地数来数去吗？所以，实战操作讲究实用，就算三浪是最短的，那它也是三浪，一浪完了就是二浪，二浪之后创新高那就是三浪的性质。没必要非要把本浪当成新一轮大浪的子一浪，把随后的五浪当成子三浪，浪里套浪最终扰乱的只能是投资者自己。所以，直接就用实战最干脆的方式——一浪最长，三浪衰竭，五浪见高点，既直观又不浪费精力与时间，同时还能直接指导操作。

至于三浪为何短，根本原因是一浪涨得过多，占用了三浪与五浪的空间。比如一波行情涨 100 个点，一浪 30 个点，三浪 50 个点，五浪 20 个点，这样走很标准，但如果一浪直接就涨了六七十个点，占用了三浪与五浪的空间，那必然会导致后面两浪的变形。但不管怎么变，一鼓作气，再而衰，"三而竭"还是非常具有实战指导意义的。

菜油 2209 合约 2022 年 4 月 22 日至 4 月 25 日 1 分钟 K 线走势图见图 2-29。

菜油 2209 合约 2022 年 4 月 22 日至 4 月 25 日 1 分钟 K 线走势图中，开盘略做上冲之后，价格便形成了持续的震荡下跌走势。对于这种一开盘就下跌的走势，其性质肯定是一浪下跌，随后三根阳线的小反弹则必然是二浪，二浪过后再一次下跌则必然是三浪，三浪过后长时间的调整必然为四浪，而后日盘开盘之后的下跌则必然是五浪。日内行情的数浪其实很简单，找出涨跌的起点很容易，起点就是一浪，一浪结束往往有三浪，三浪结束可能还有五浪。

一浪与三浪的下跌幅度基本相似，三浪并没有明显衰竭现象，五浪则出现了正常的下跌波幅衰竭的现象。下跌幅度减小说明资金做空的积极性降低，在较低的位置资金不再做空，积极性大降，这不是好现象，将很容易使得价格停止下跌，陷入长时间的低位震荡，或是直接见底，逆势为上涨。

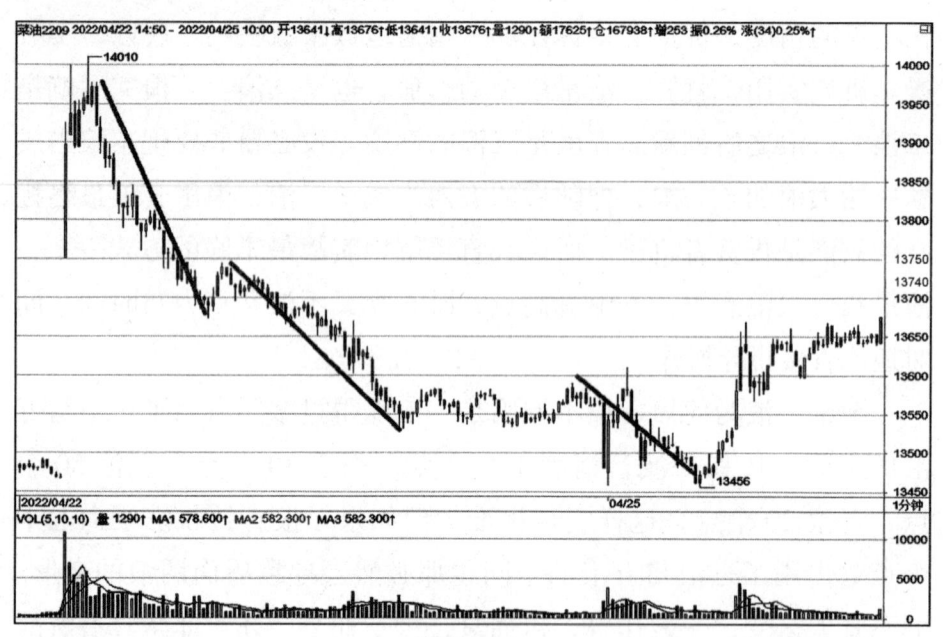

图 2-29

在一浪、三浪区间进行操作都有不同程度的获利，但若在五浪第三次下跌区间依然做空，便会很容易吃套。此时无论是从主力资金获利丰厚的角度来说，还是从价格所处的位置来说，新开仓都是不适合的，在吃套可能性大的区间，想要稳定赢利，就最好别在这个位置贪小便宜。

纸浆 2209 合约 2022 年 4 月 25 日 1 分钟 K 线走势图见图 2-30。

纸浆 2209 合约 2022 年 4 月 25 日 1 分钟 K 线走势图中，开盘上冲之后价格出现了回落，因为这是当天开盘之后的第一次下跌，又怎么可能会是其他性质的浪形？这一波下跌必然是一浪，一浪确定之后二浪就好判断了，只要一反弹就是二浪，一浪、二浪找到之后，三浪也就简单了，只要价格向下创新低便是三浪。但这个浪形中，三浪与五浪却有一些不同的变化。

如果把粗线处连续的下跌都视为三浪（因为下跌中途的反弹是

◇第二章 价格波动的常见规律◇

微微重心向下的也可以理解为下跌），那三浪一口气跌到了最低点，而后的反弹是四浪，再次向下创新低的下跌则为五浪。这是一种数浪的方式。也可以按细线处的方式判断浪型，三浪形成了震荡缓慢的下跌，而后的放量加速下跌是五浪，随后六浪反弹以及七浪创新低。这两种判断方式在实盘操作时候都对，因为盘中面对价格的波动变化只能顺从第一眼的感觉，价格可不会留给你那么长的时间思考。无论以哪种方式数浪，最终指向的风险点都是22:20左右的低点，之后至于是五浪还是七浪都是次要的，因为这个低点附近的价格都有了风险。

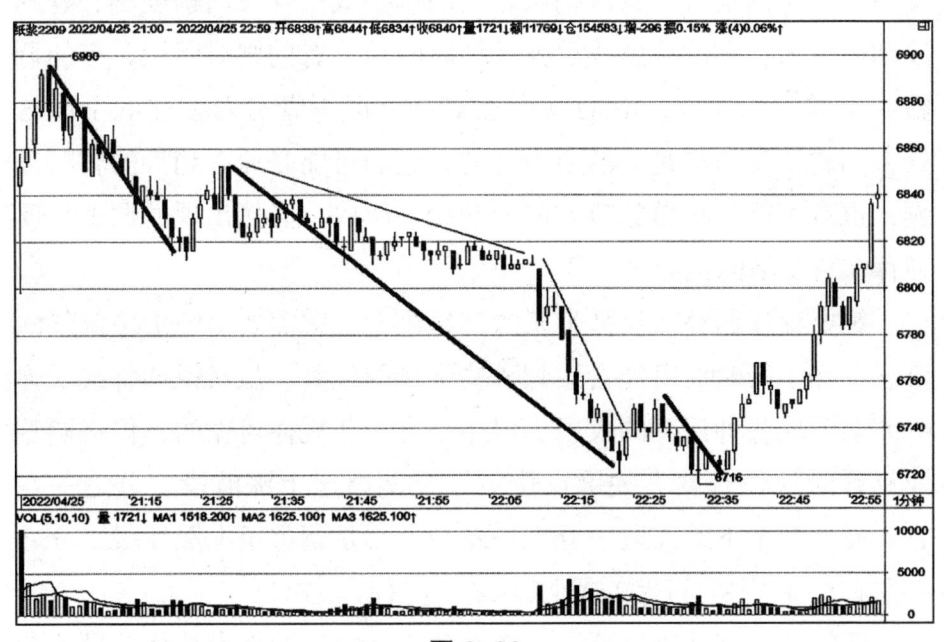

图 2-30

由此也可以看到，无论谁是真正的第三波下跌，都会让在低点区间做空的投资者处于被套的状态。所以，三波下跌出现时尽量回避，高成本的可以持仓，空仓的投资者则不宜再入场操作，别人把肉都吃光了，只剩下了难啃的硬骨头，别去轻易当主力的接盘侠。

在"一鼓作气"区间可以尽情地操作，在三浪区间也可以积极地操作，"三而套"的时候一定要回避。这样做容易培养出在合适的位置、好的位置操作的习惯，每一次都能确保在好的位置操作，回避不好位置的操作，盈利也就必然变得稳定起来了。

第七节　调整与反弹幅度的两大关键点位

　　价格上涨之后必然出现调整，下跌之后必然出现反弹，调整与反弹是必见的走势。其区别就是有的调整或反弹波动幅度小，有的波动幅度大；有的调整或反弹持续时间长，有的则时间短；有的调整或反弹形态简单，有的则形态复杂。但不管有着怎样的不同之处，调整或反弹都是必然要出现的，它们可能是原有趋势的暂时停顿，也有可能是扭转趋势方向的开始，所以，必然出现的调整与反弹存在着交易的机会。

　　想要捉住调整或反弹带来的交易机会，就需要了解价格调整回落或反弹上行时有可能会达到哪些常见的位置。虽然说调整或反弹可能会形成各种深度的表现，但还是有一些规律可循的。价格调整或反弹时往往有两大关键点位：一是调整至上涨波段三分之一左右，或反弹至下跌波段三分之一左右；二是调整至上涨波段二分之一左右，或反弹至下跌波段二分之一左右。

　　调整至上涨波段二分之一或三分之一之间的技术特征差异还是很大的。若价格要调整至上涨波段二分之一处，其表现是一上来便会以下跌的方式进行调整，且阴线实体往往相对较大，可以跟上涨区间的阳线相抗衡。若价格调整至上涨波段三分之一左右处，调整开始时则是小阴小阳交错出现，价格波动重心下移速度较慢。因此，当发现价格调整时出现上来就跌的走势时，不要过早地入场逢低做多，什么时候调整到上涨波段二分之一处，再考虑是否有买入信号，从而跟进；而如果发现价格波动重心下行缓慢，便可以在价格调整到上涨波段三分之一左右时，根据支撑作用择机进行逢低做多操作。

燃油2209合约2022年4月27日至4月28日1分钟K线走势图见图2-31。

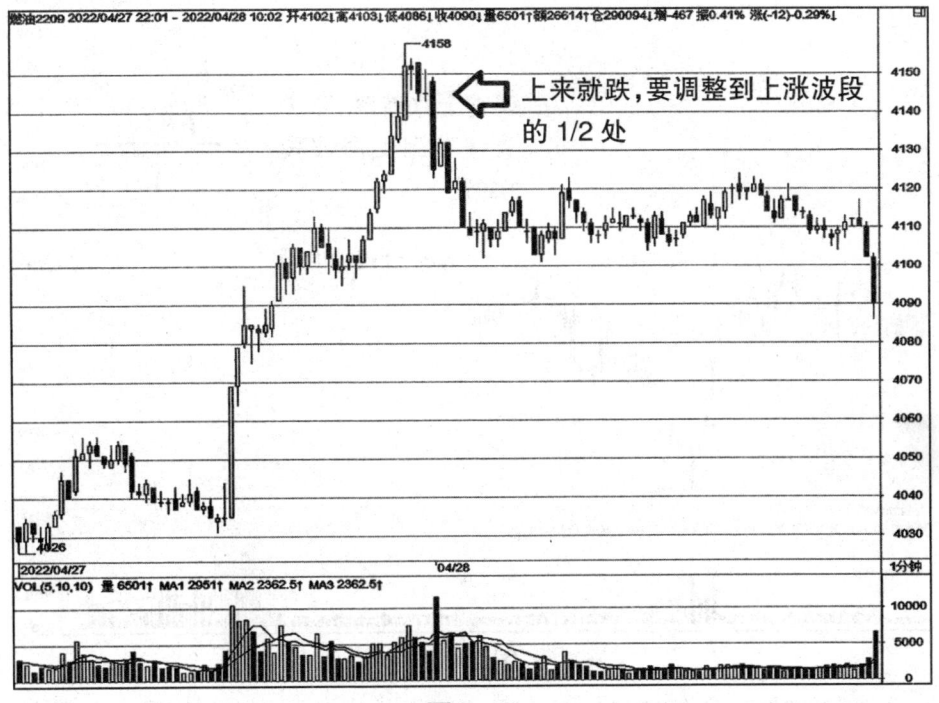

图2-31

燃油2209合约2022年4月27日至4月28日1分钟K线走势图中，价格最后一波上涨行情出现之后开始调整，健康的调整将会促使价格进一步上涨，但若调整的性质有变，则应当留意趋势反转的可能。

价格调整时成交量还出现了放大的迹象，这说明量价的性质变坏了。调整一开始便以价格下跌的方式进行，这是深幅调整常见的波动规律，因此，想要在调整低点进行做多操作，切不可急于入场操作，至少要等到价格回落至最后一波上涨行情二分之一处再说。

并不是价格调整到二分之一处就可以趁调整到位后的低点做多了，而是要看看有没有介入点形态、有没有强大的支撑形态出现，否则就算调整到上涨波段二分之一处也不可入场做多。

菜粕 2209 合约 2022 年 4 月 28 日 1 分钟 K 线走势图见图 2-32。

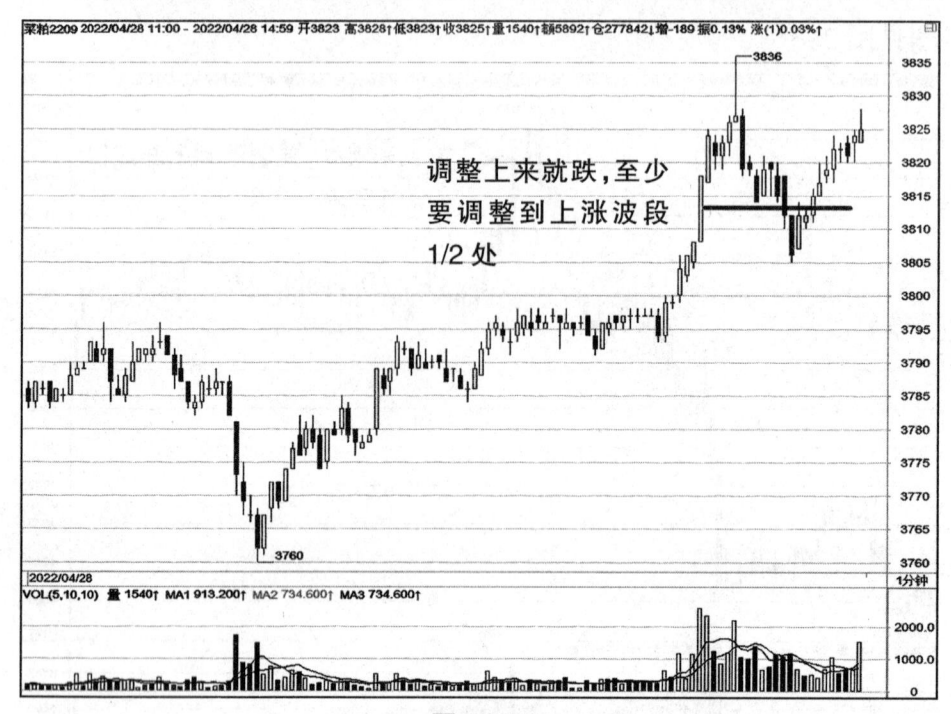

图 2-32

菜粕 2209 合约 2022 年 4 月 28 日 1 分钟 K 线走势图中，价格上涨到高位后开始调整，调整区间阴线的成交量相比阳线有萎缩，量能的性质并没有变坏。只要调整始终处于缩量的状态，价格便有机会再度上涨，因为缩量将之前入场的资金锁在了场中，这些资金在无量状态下是很难顺利脱身的。

价格开始调整的时候，上来就是一根大实体的阴线。面对这样的调整开始投资者就要意识到：价格很有可能将会调整至上涨波段的二分之一左右。在价格没有到达上涨波段二分之一位置时，必须要抱着"宁可不做，也不能入场过早"的想法。不做不会亏钱，但入场早了则必然亏钱。

从后期走势来看，价格虽然重新涨了起来，但是，调整低点却也超过了二分之一。可见，上来就以下跌的方式展开调整，回落的幅度至少也是二分之一。利用这个技巧进行分析，投资者便很难再出现入场过早被套的情况了。

豆油2209合约2022年4月28日1分钟K线走势图见图2-33。

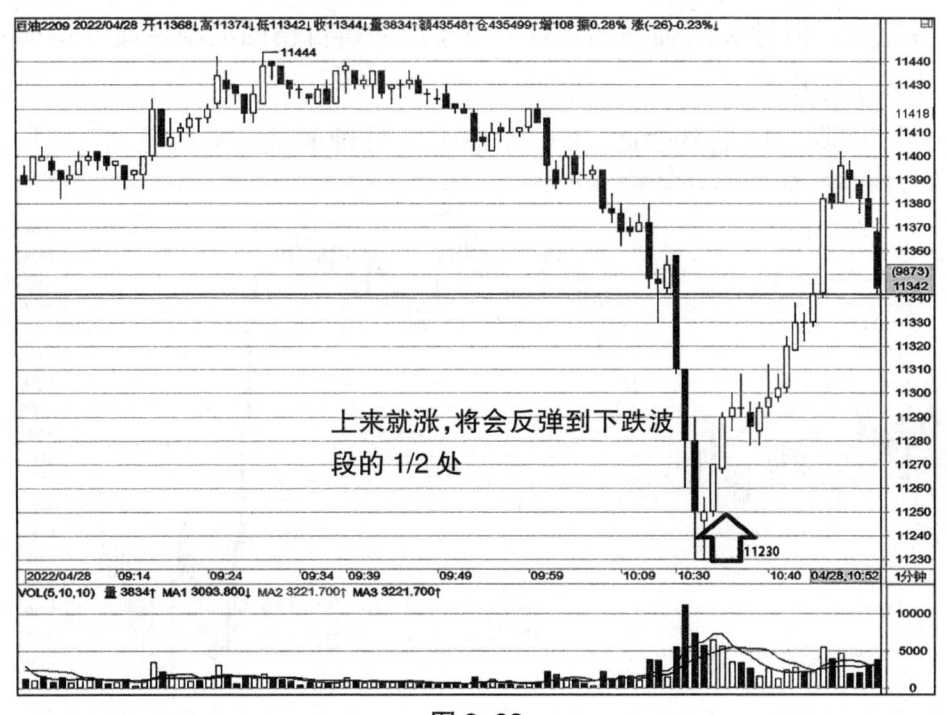

图 2-33

豆油2209合约2022年4月28日1分钟K线走势图中，价格大幅下跌之后开始出现反弹，在反弹区间成交量保持着连续萎缩的状态。在量能形态较为完美的情况下，投资者就需要进一步观察K线的状态如何，若是形成小幅度的反弹，那就意味着价格还有可能继续下跌。

但当反弹出现的时候，价格直接就涨了上去，前三根K线一出现，就意味着价格反弹还将会有更高的高点出现。下跌幅度较大，上来就涨的走势意味着将会反弹到下跌波段的二分之一处，因此，反弹还远没有到位。反弹不到位便意味着不能过早入场操作，否则很容易被后边进一步的反弹打掉止损。

最终的反弹高点已经快要将主要下跌波段全部吃光了，这么大力度的上涨就不可能再视为反弹了，就算价格还要跌，恐怕也不会那么容易就跌下来，因为多方的表现太强劲了。虽然量能萎缩得比较完美，但是K线强劲的表现一下子就使得价格的波动性质变得很难入手操作了。

苹果2210合约2022年4月28日1分钟K线走势图见图2-34。

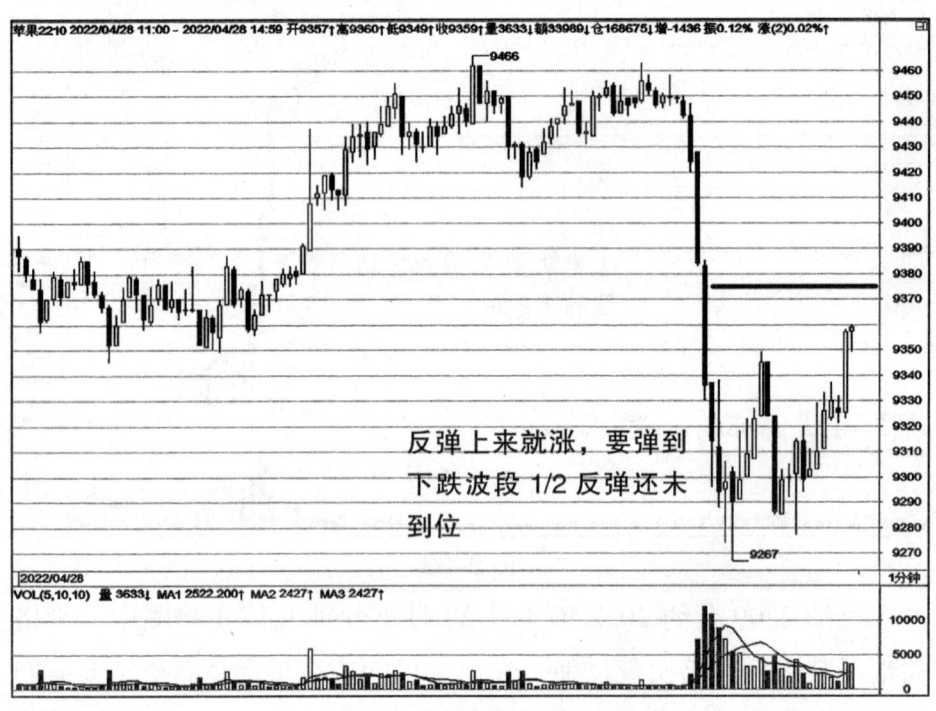

图2-34

苹果2210合约2022年4月28日1分钟K线走势图中，价格涨得好好的，突然出现了放量杀跌的走势，由于价格下跌之前并没有明确的信号，所以对于这种突然出现的暴跌走势，投资者一定要保持足够的耐心，因为主力资金的操作意图往往很难捉摸透，只要看不懂价格的波动性质，就坚决不要冲动操作。

　　下跌结束之后反弹随之出现，先后两次的反弹都形成了上来便起涨的走势。下跌到低点，价格上来就涨，说明多方的反抗力量很强大。在这种情况下，价格反弹的幅度往往会是较大的，因此，在价格反弹到下跌幅度三分之一位置的时候是绝对不能入场操作的。从图中标注位置来看，价格虽然有了一定幅度的反弹，但距下跌波段一半的位置还有一定距离，因此，不宜入场操作，必须要等到价格彻底反弹到位再说。

　　一旦价格形成明显的起涨动作，一定要提前将下跌波段50%的位置标注出来。价格到达这个点位之后，只要出现滞涨的现象，就可以考虑入场。但若价格涨到此处依然没有任何卖点信号出现，仍然保持着上涨，则最好放弃操作。如果价格反弹幅度超过了50%，就算后期还能下跌，过程也将会是非常复杂的。

　　沥青2209合约2022年4月25日1分钟K线走势图见图2-35。

　　沥青2209合约2022年4月25日1分钟K线走势图中，价格上涨到高点之后出现了连续缩量调整的走势。成交量的萎缩说明没有资金积极进行做空操作，在涨了一大波之后仍然没有资金积极做空，这就意味着上涨行情还将会延续。

　　在价格调整出现的时候，并没有大实体的阴线出现。虽然该区间有着一连串的阴线，但这些阴线的实体都非常小，这说明空方的力量很虚弱。价格跌幅很小并且波动重心下移较为缓慢，这都是调整只会到达三分之一左右位置的信号，此时投资者不要有等价格进一步下跌之后再逢低做多的想法，因为这种缓慢调整形态一出现，大幅度的回落基本上就不会有了。

　　这种走势虽然意味着价格后期继续上涨的可能性非常大，但是，由于低点回落的幅度较小，所以，只要有一定时间规模的调整出现，就可以入场操作了。做这种缓慢的回落调整走势，回落的幅度是次要考虑的问题，调整的时间一旦与上涨的时间基本一致，就可以考虑入场做多。

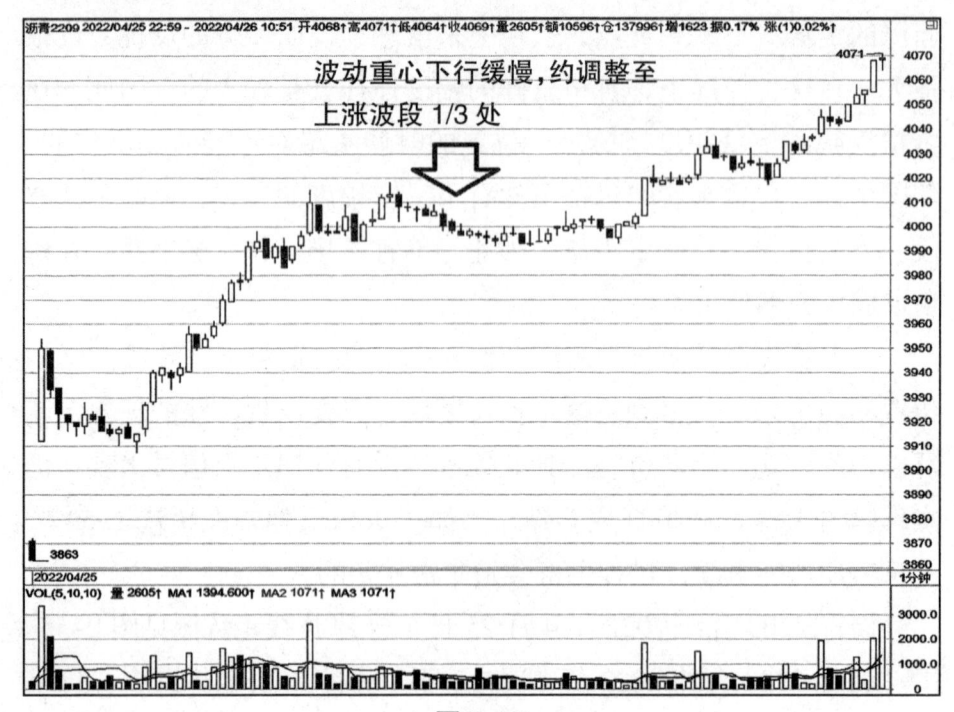

图 2-35

棉花 2209 合约 2022 年 4 月 27 日 1 分钟 K 线走势图见图 2-36。

棉花 2209 合约 2022 年 4 月 27 日 1 分钟 K 线走势图中，第一轮上涨结束之后价格出现了调整，在初期调整的时候价格回落的幅度比较小，此时肯定要做好一旦价格调整到上涨波段三分之一位置处便入场的准备。只不过随着时间的推移，价格却调整到了上涨波段二分之一的位置，调整幅度超过了预期，这样的走势就有可能引发止损的出现。不过，虽然有可能引发止损，但后期价格的波动还是会给出突破介入的机会，并不会完全失去后期的上涨行情。

第二轮上涨结束之后又一次必见的调整走势出现，这一次调整的初期依然形成了波动重心没有下移的形态。此时的交易计划依然

◇第二章 价格波动的常见规律◇

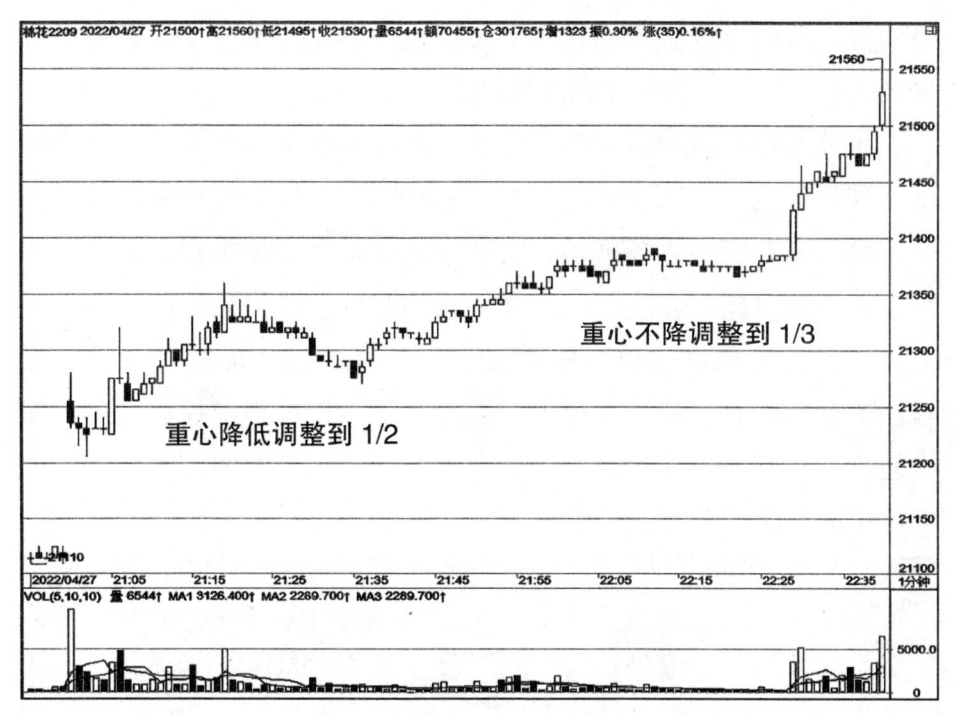

图 2-36

是预计价格的调整保持在三分之一左右，只要调整时间与上涨时间基本等长，便可以适当忽视价格回落的深度而直接入场做多。

价格向上涨波段二分之一位置处调整时，很多时候都会跌得更深一些，而价格调整在三分之一左右时，很多时候并没有调整到位，所以，想在合适的低点位置进行操作往往没有机会，因此，只能在价格波动重心始终无法下移，调整时间与上涨时间基本一致时就直接考虑入场。

鸡蛋 2209 合约 2022 年 4 月 27 日至 4 月 28 日 1 分钟 K 线走势图见图 2-37。

鸡蛋 2209 合约 2022 年 4 月 27 日至 4 月 28 日 1 分钟 K 线走势图中，价格经过一轮大幅上涨之后趋势逆转为下跌。第一轮下跌行情出现之后，形成了缩量反弹的走势，整个反弹区间成交量始终保持着低迷的状态。低迷的量能使得价格在第一个箭头处的反弹失去了动力，从而形成温和的反弹形态，这样的反弹形态意味着价格有很大的概率只会反弹到下跌波段的三分之一处。

在进一步下跌的过程中，价格先后又形成了两次反弹。这两次反弹同样形成了缩量的形态。这是价格无法大力度反弹的原因之一，没有多方资金入场推动，没有空方资金大规模平仓，大力度的反弹便无法出现。在这两次反弹形成的时候，价格呈现出波动重心上行缓慢的迹象，这就意味着反弹只会到下跌波动的三分之一左右。实际操作时，投资者也可以直接在该点位处提前挂单操作，如果能给到最好，不能给到，只要调整时间与上涨时间基本一致，可以再撤单重新开仓。

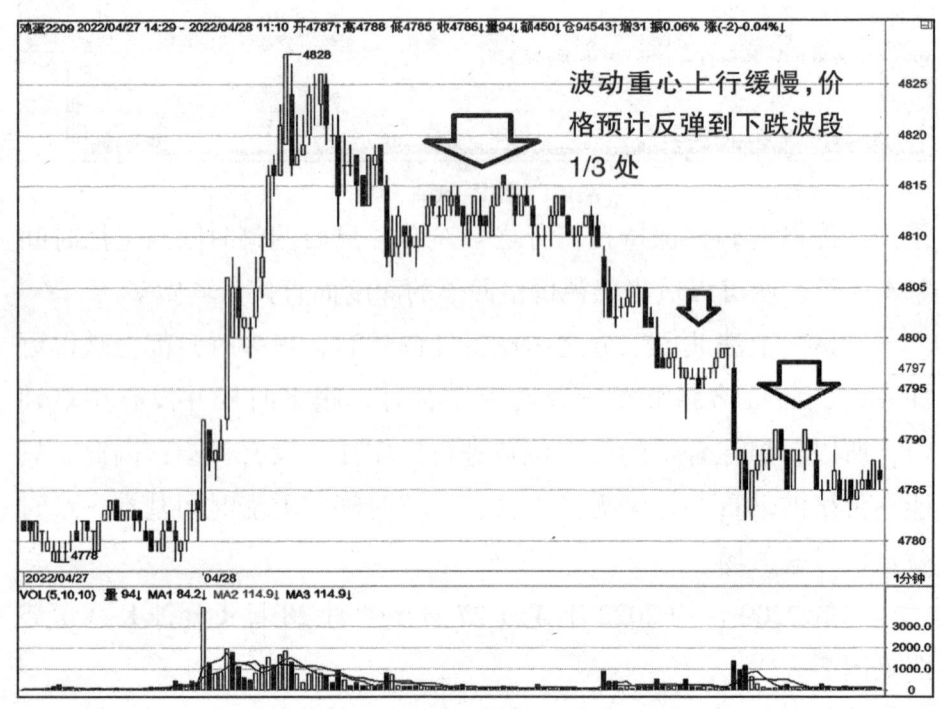

图 2-37

价格上来便以温和的形式反弹，而后做好反弹幅度为下跌波段三分之一的预期，这是一种常见规律。市场中没有任何事情是百分之百会发生的，一旦价格形成前期温和反弹、后期猛烈反弹甚至转势的走势，一定要及时止损。收益可以超预期，风险必须控制在预期以内。

橡胶2209合约2022年4月21日至4月22日1分钟K线走势图见图2-38。

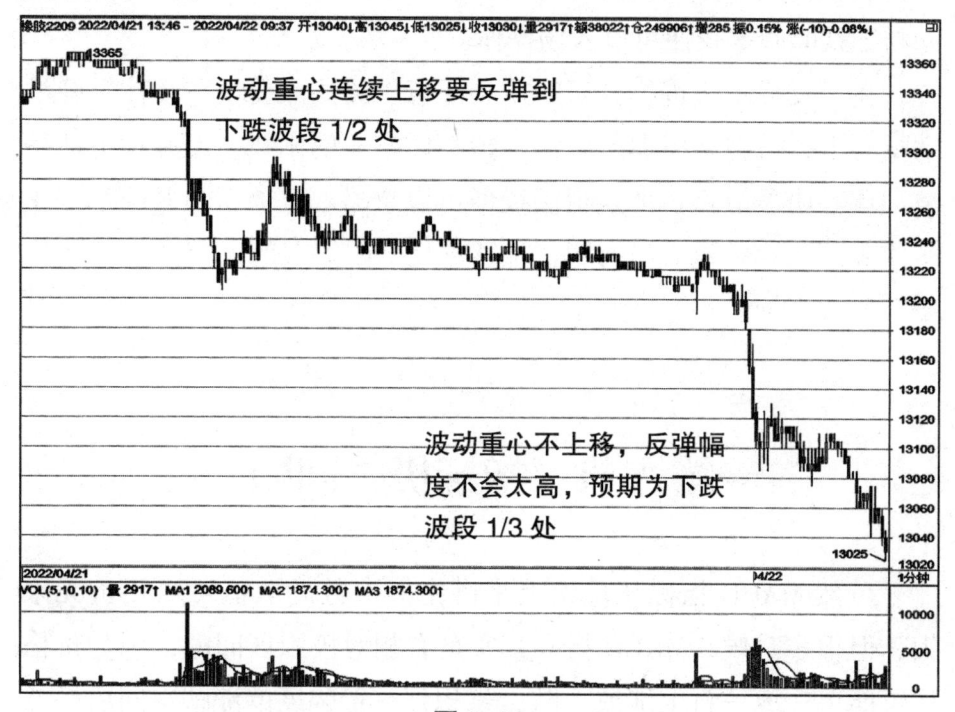

图2-38

橡胶2209合约2022年4月21日至4月22日1分钟K线走势图中，第一轮下跌之后，价格初期反弹的走势形态比较好，成交量明显萎缩，K线形成小阴小阳交错的形态，这就预示着反弹的高点将会在下跌波段的三分之一位置处。只不过随着反弹的延续，成交量出现了放大，从而推动价格进一步走高，最终反弹的高点到达了下跌波段的二分之一处才止住上涨。反弹到下跌波段二分之一处是操作的极限，若价格继续反弹向上，做空的操作就必须要停下来了，因为这很可能是趋势逆转的信号。

经过了长时间的无量震荡之后，价格再次放量，创下新低，下跌之后必见反弹，根据不同的反弹形态决定如何操作是投资者要掌握的方法。反弹形成时，成交量出现了明显的萎缩，这说明资金只想做空，而不想做多，缩量区间价格上涨得非常温和，这意味着要么价格反弹到下跌波段的三分之一位置处就可以操作，要么反弹时间与下跌时间等长便可以入场操作。

在对反弹走势进行分析时需要注意，关注点要放在整体反弹波动重心上，反弹区间偶尔收出一根实体略大的阳线，但并没有使得波动重心明显上移，那这根阳线便可以忽略。整体反弹区间都是小实体 K 线、波动重心没有明显上移远比一根突发的大实体 K 线更重要。

第八节　指标极限回归

虽然 MACD 指标从理论上来讲指标参数的取值可以正负无限大，但很多时候，MACD 指标其实是有相对极限区间的，因为价格不可能单一地一直上涨或下跌，累积到一定幅度的涨跌空间后必然会形成不同幅度的反方向波动，从而会使得 MACD 指标参数在某个数值区间达到极限。

MACD 指标峰值一旦达到极限，虽然价格不见得每次都是高点，但离真正的高点也不远了，因此，只要 MACD 指标形成极限状态，投资者就要小心有可能出现的风险。那么，MACD 指标的极限如何确定呢？将 K 线图进行压缩，在看到更多 K 线数据的情况下，将当前 MACD 指标线所在的位置跟历史上的位置进行对比，若当前所处的位置是历史上的最高或次高位置，就意味着 MACD 指标达到了极限的状态，风险也将有可能由此开始引发。指标达到极限状态后必

◇第二章 价格波动的常见规律◇

然会回归到常态，什么时候指标数值回归到常态，什么时候才有可能带来新一轮的操作机会，在指标未回到常态时，不宜过早地按之前运行的方向进行操作。

那么，MACD指标如何才算回归到正常状态呢？指标数值需要从最高或次高、最低或次低回归到0轴附近，回归到0轴附近，才可以根据价格具备的波动形态考虑是否存在按之前方向操作的机会。有时，价格会有再一次按之前方向继续波动的机会，但有时波动方向却出现了彻底的改变，并不一定依然按原有的方向进行波动。但MACD指标线回归到0轴附近投资者才有必要开始新的操作，因为原先的局势已经推倒重来了。

乙二醇2209合约2022年4月25日至4月28日1分钟K线走势图见图2-39。

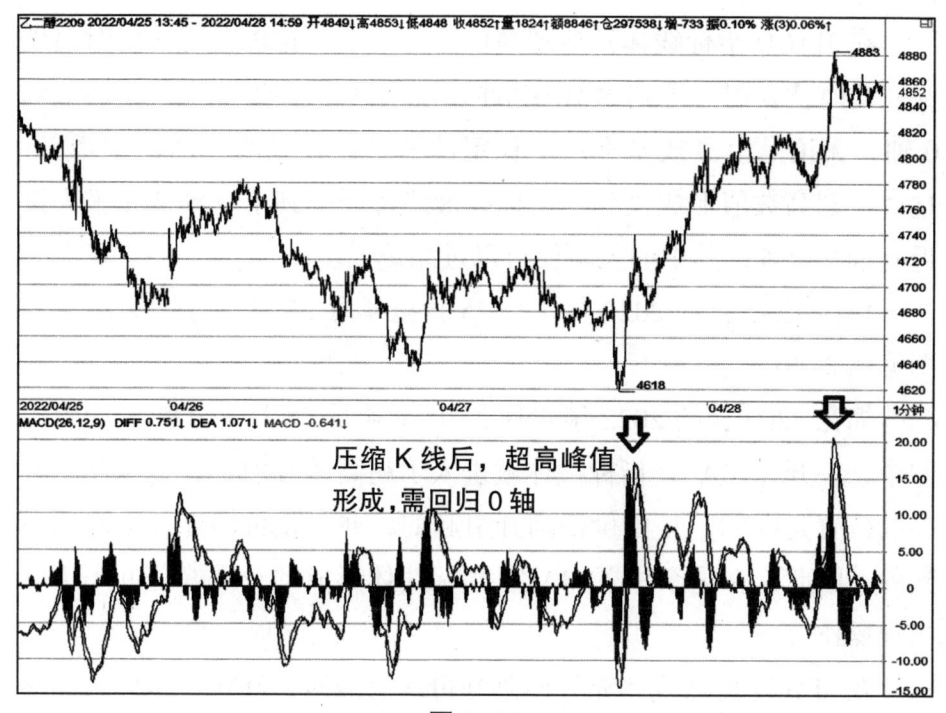

图2-39

乙二醇2209合约2022年4月25日至4月28日1分钟K线走

势图中，出现了多次下跌与上涨的行情。在幅度较小的涨跌行情中，MACD指标的线体往往并不会达到极限区间，而一旦出现较大幅度波动，投资者一定要养成看一眼MACD指标线体位置的习惯，只要进入最高或次高数值区间，就要随时留意价格波动方向停止的可能。

图中两个箭头的位置，受到价格大幅上涨的带动，MACD指标线分别创下了能看到的K线数据的最高位置，一旦创出近一段时间的最高位，便要时刻警惕价格有可能的调整出现了。当然，在指标线不断向上，MACD指标柱体也不断放长时，没必要考虑出局，什么时候有了明确的信号什么时候再平仓。MACD指标线体超高的峰值只是风险的提前警示信号而已，并不是直接下单操作的直接依据。

在MACD指标线体到达超高位之后，下一轮机会将在何时出现呢？此时就要耐心等到MACD指标回归到0轴附近再说。未回归到0轴，无论是上涨还是下跌的稳定性都是比较差的。从图中来看，这两次超高数值形成之后，指标线最终都回归到了0轴或是极为接近0轴的位置，其中的风险便可以过滤掉很多。

棉花2209合约2022年4月25日至4月28日1分钟K线走势图见图2-40。

棉花2209合约2022年4月25日至4月28日1分钟K线走势图中，一开盘MACD指标线体就进入了超高的峰值状态，但此时较高的位置是虚的，是由价格高开引起的，并不是价格连续上涨所导致的，因此，在这个位置MACD指标线体形成的较高峰值并不可以指导操作。

在MACD指标线体充分回落并再次上涨时，MACD指标线体形成了超高峰值的状态，压力K线之后可以观察到形成了有效波动时的最高位置，对于持有多单的投资者来说，就要随时留意风险的到来了。此时，价格要么直接随 MACD 指标线体一起形成最高，要么再度上行一段时间后形成最高，从见到 MACD 指标线体较高峰值之时起，就要变得谨慎起来。

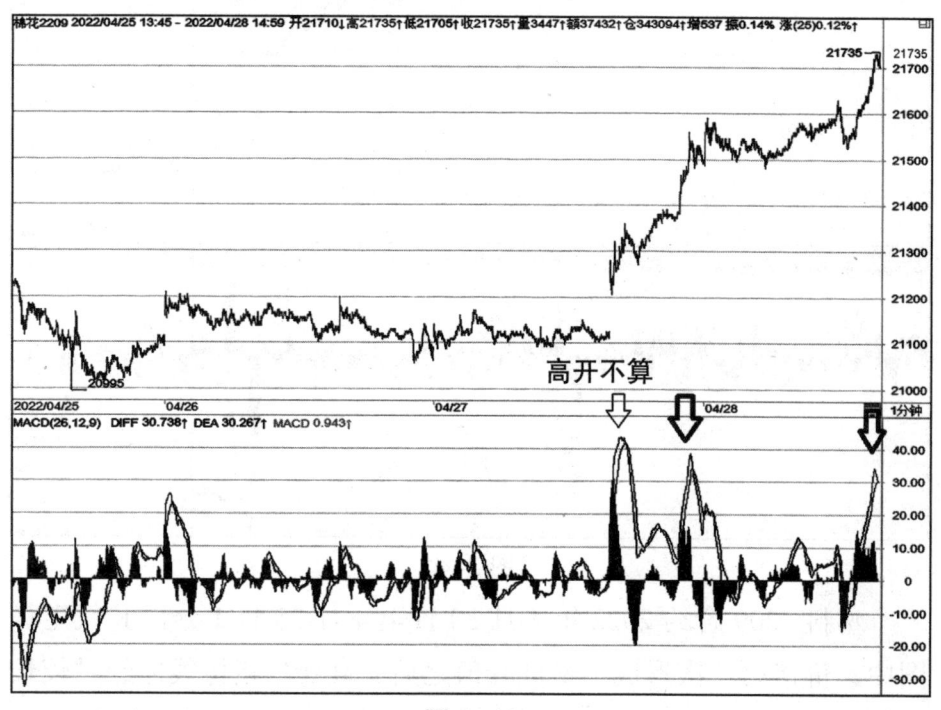

图 2-40

在 MACD 指标由高位回落到 0 轴附近之后，价格才又提供了新的做多机会。指标进入极限，往往价格也有可能到达了"极限"，因此，都需要进行一番调整，将极限状态彻底修正之后，才会给出新的机会。

图中最右侧 MACD 指标线体虽然没有形成最高数值状态，但也达到了次高的状态，假设价格就此开始回落，那么，机会将会在什么情况下才有可能出现？各位读者朋友可以先行判断一下，而后再调出这一时期的历史数据，验证一下自己的判断是否准确。

塑料 2209 合约 2022 年 4 月 20 日至 4 月 25 日 1 分钟 K 线走势图见图 2-41。

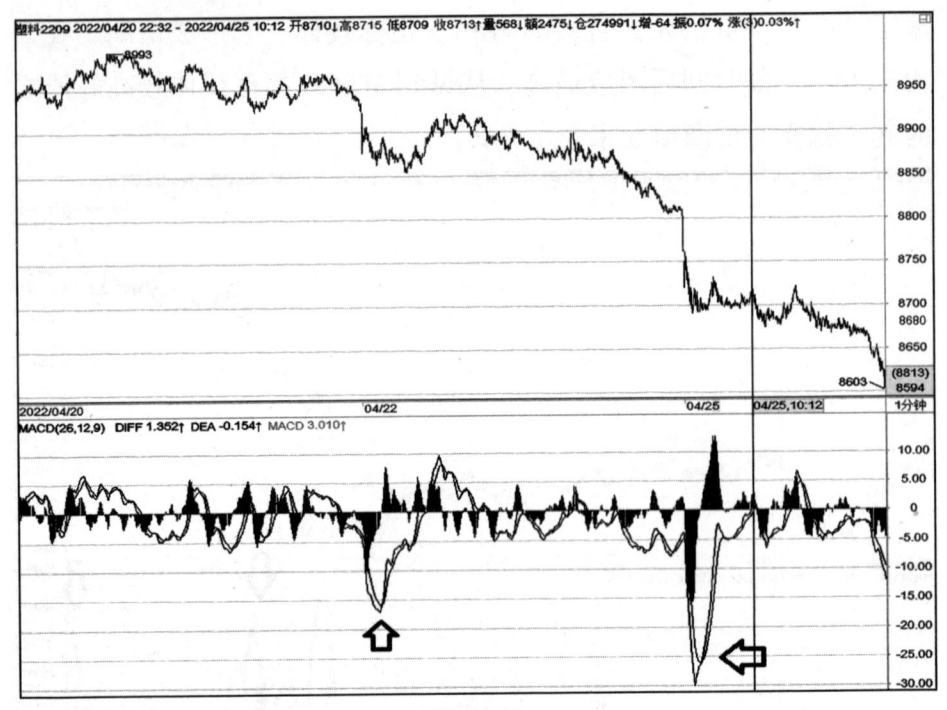

图 2-41

塑料 2209 合约 2022 年 4 月 20 日至 4 月 25 日 1 分钟 K 线走势图中，价格第一次形成了最低峰值之后，MACD 指标线体经过较长时间的上行，到达了 0 轴附近，但此时下降趋势已经得到了彻底的改变，上升趋势已经明确形成。面对这种指标修正到位但价格已转变方向的走势，投资者只能顺从新的方向进行操作，而不宜再持做空的思路，除非后期价格重新形成下降趋势。这样的走势也属于正常走势，因为 MACD 指标线体向 0 轴回归的时候需要较长的时间，这个时间足以使得价格完成趋势方向上的转变。

第二次形成超低峰值之后，MACD 指标同样花了较长的时间回到 0 轴处，而此时价格的波动并没有形成上升趋势，依然保持下降趋势。在这种情况下，投资者就可以入场进行做空的操作了。

MACD 指标线体回到 0 轴说明的是指标从极限状态回到了正常状态，在正常状态下，不管价格是上涨还是下跌，投资者都可以按

◇ 第二章　价格波动的常见规律 ◇

正常的技术执行操作。在指标数值处于正常的情况下，操作风险小且收益大；而在指标数值处于极限的情况下，价格的波动可能是极端的，虽然会有较大的波动，但操作的难度却是很大的。

硅铁 2209 合约 2022 年 4 月 20 日至 4 月 28 日 1 分钟 K 线走势图见图 2-42。

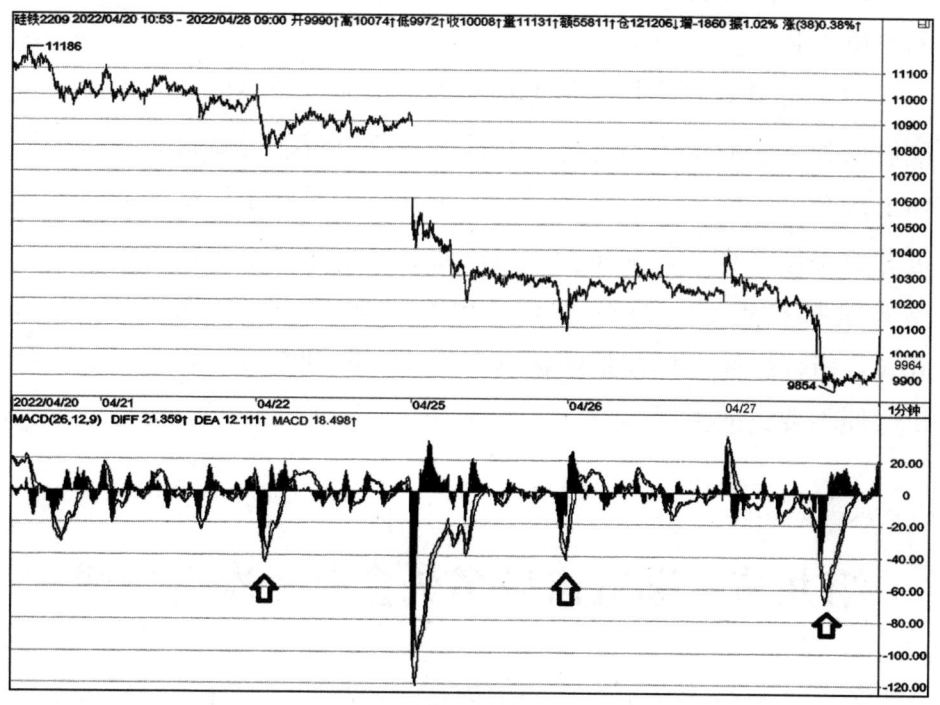

图 2-42

硅铁 2209 合约 2022 年 4 月 20 日至 4 月 28 日 1 分钟 K 线走势图中，价格在图中出现了一次明显的低开走势，此时 MACD 指标线体形成的超低峰值是不能指导操作的。低开幅度越大，指标的失真状况就越严重，不经过较长时间的恢复，MACD 指标是无法给投资者带来有效的提示信号的。

而图中箭头处的三次超低峰值都是在价格连续下跌之后形成的，都是可以对操作进行指引的信号。在 MACD 指标线体进入超低数值的时候，投资者一定要开始变得谨慎，一旦有出局信号，便要马上离场。就算价格后期还能继续下跌，但 MACD 指标必然会向上走，这样一来，价格向下，指标向上，便形成了底背离。一旦在价格下跌的低点形成底背离，不说价格一定转势上涨，但停止下跌，形成长时间震荡走势的可能性非常大，因此，不管价格是在 MACD 指标线体形成超低数值时直接见底，还是形成背离，都将会对手中的空单不利。

前两次 MACD 指标线体形成超低峰值时，价格便同步形成了见底后反弹上涨的走势，这是一种常见现象。而第三次 MACD 指标线体形成超低峰值时，价格并没有马上涨，而是在指标线体向 0 轴靠近时价格始终在低位保持着震荡的走势，这也是一种常见现象。但不管是哪种走势，继续持有空单都将面对一定的风险，所以，MACD 指标线体形成超低峰值后只要不回归到 0 轴，新一轮的交易机会便不要提前去想。

第九节　期货市场多久会有一次大行情

有一些投资者认为行情的出现是随机的，不定什么时候就会出现。对于局部行情来说，的确是这样，比如一些期货品种，某些月份从基本面的角度来说应当爆发行情，但在实际走势上，有时会在这些月份出现行情，有时又不会出现，所以，就会让有些投资者认为行情的到来是完全随机的。

但就大的行情而言，其实行情的出现都有着明显的规律性。就拿生猪来说，就算没有从事过该行业的人，也应该都听说过这样的话：一年赚、一年平、一年赔，基本上三四年一轮回。这就是行情的规律。为什么会导致这样的规律呢？随着猪肉价格的上涨，许多

◇第二章 价格波动的常见规律◇

人认为养猪赚钱，于是纷纷进入该行业，一下子使得供应大幅增加，从而导致价格回落；当价格回落到一定水平后，规模小的、成本高的养殖户便会退出该行业；随着退出的人越来越多，供应又大幅减少，从而使得价格再度回升。周而复始，形成了猪周期。每一轮猪周期虽然出现的时间略有差异，但这种波动周期却是客观存在的，时间或长一些，或短一些，幅度或大一些，或小一些而已。你能说这不是规律吗？

任何商品期货皆如此，所以，任何一位投资者都有必要对常做的品种站在更长周期的角度上总结其周期轮动的规律，了解一下大致多久会迎来一轮牛市，以及大致多久又会有一轮熊市。知道了其周期特点之后，便可以在大行情到来之前提前做好准备。比如某一个品种历史上平均3年会有一次牛市行情，现在已经下跌了2.5年，您将会如何谋划呢？

下面，笔者将从期货市场中的四大板块中各挑选一个品种进行解读，让投资者了解这些品种多久会有一次大行情。这里的大行情指的是哪怕轻仓也可以轻易实现翻倍的走势。各位读者也可自行设定其他标准，比如看一下价格多久会形成一轮20%幅度的上涨或下跌等。多进行此类分析统计工作，将会对市场中的机会有更深入的了解。股市也是如此的总结方式。

螺纹主力连续合约2009年至2022年日K线走势图见图2-43。

螺纹主力连续合约2009年至2022年日K线走势图中，整体经历了一轮超大的熊市与牛市的循环，但在这轮极大的行情中，却也出现了多次中等规模的行情，图中箭头标注的位置，哪怕是轻仓，也可以轻易地获得翻倍以上的收益。当然，图中大行情的数量远非笔者标注的这么多，只是为大家标注出一些最为重要的顶底行情。

自2009年至2022年，总共13年的时间，螺纹出现了6次重要的顶底走势（实际行情的次数要远超该数字），平均2.17年便会有

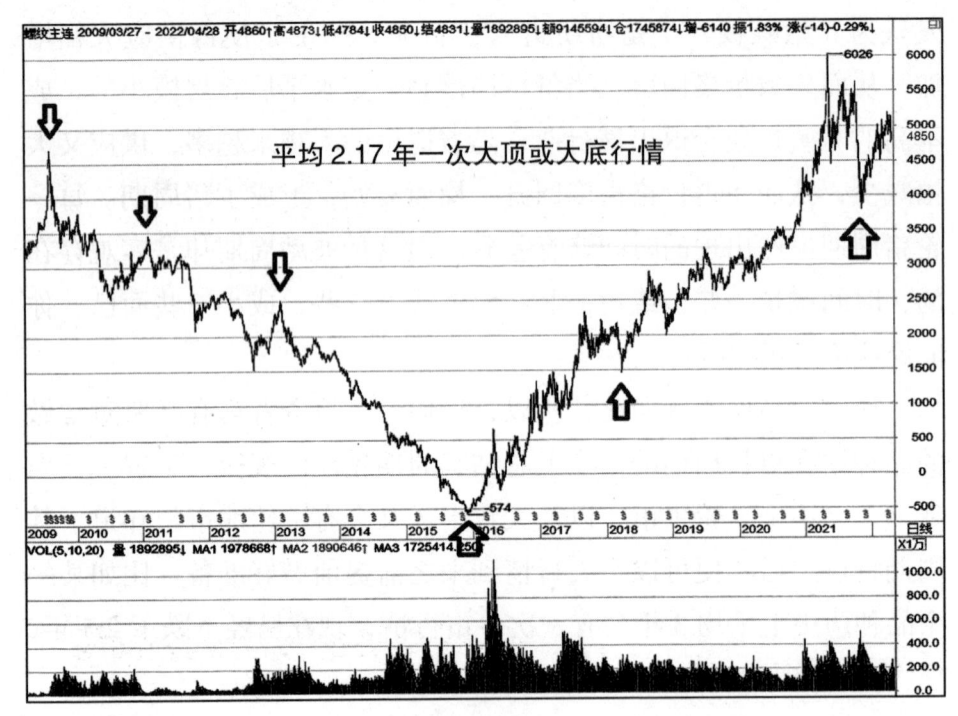

图 2-43

一次大级别的行情。这给投资者的提示为：若价格连续上涨或下跌了两年的时间，就要留意有可能形成一轮规模较大的顶部或底部了，在时间周期到位的情况下，一旦技术形态也符合要求，就可以入场进行操作。

橡胶主力连续合约 1995 年至 2022 年日 K 线走势见图 2-44。

橡胶主力连续合约 1995 年至 2022 年日 K 线走势图中，价格经历了数次牛市上涨与熊市下跌的循环，该品种上市时间长达 27 年，所以，其走势更有代表性。

图中箭头处所标注的均是 K 线压缩之后大级别的顶底行情，但其具体数字还会更多，这一点请各位读者朋友们注意识别。在这 27 年的时间里，共形成了至少 13 次大底或大顶行情，平均 2.08 年便会有一次大机会。这给我们的提示便是：若价格只跌了两三个月，便只会存在小机会，而不会有大机会；但若价格连续运行了近两年，那就要做好迎接大机会的准备了。

◇第二章 价格波动的常见规律◇

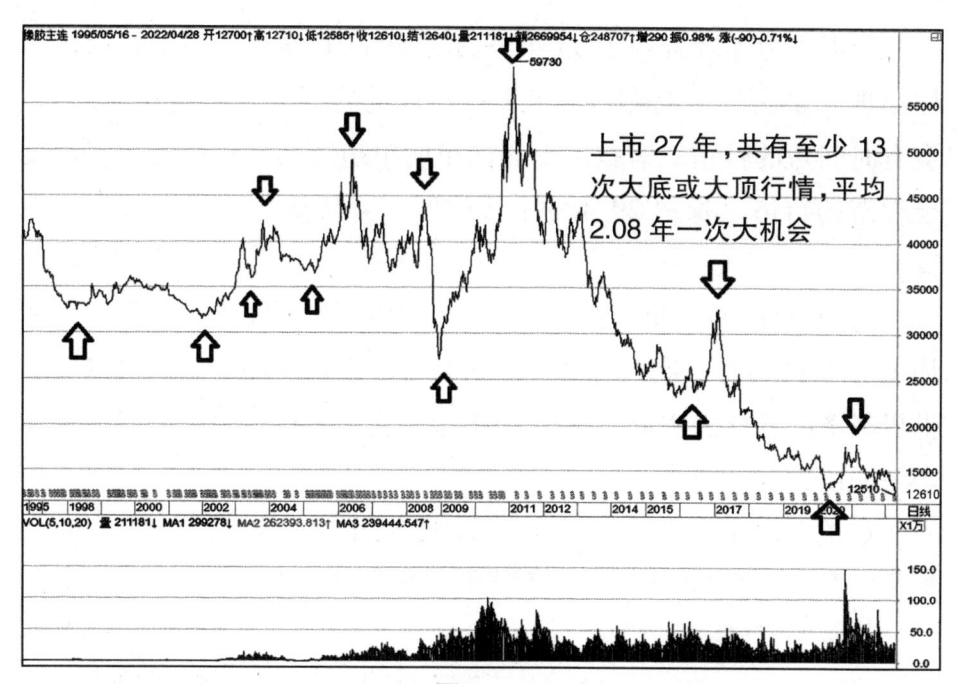

图 2-44

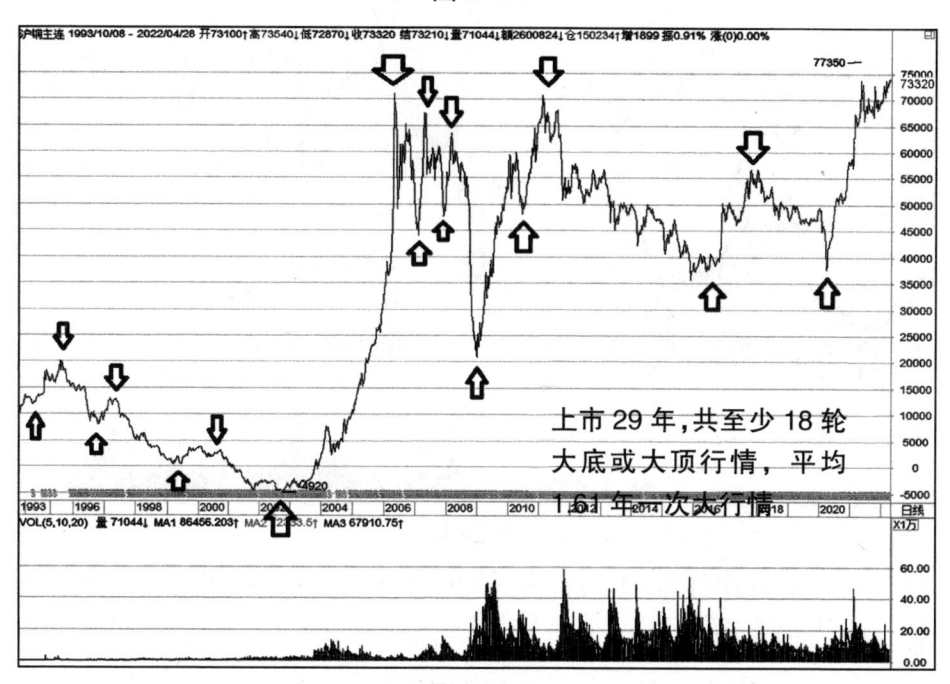

图 2-45

沪铜主力连续合约1993年至2022年日K线走势图见图2-45。

沪铜主力连续合约1993年至2022年日K线走势图中，价格同样出现了多次牛市上涨与熊市上涨行情的轮回：有时间长的行情，也有时间短的行情；有技术形态简单的单边行情，也有震荡曲折复杂形态的行情。长达29年的上市时间，其历史走势绝对具有代表性。

这29年的时间里，共出现了至少18轮的大底或大顶行情，平均1.61年便会有一次大行情。沪铜是国际上重要的金属，可以反映世界经济的变化，因此，平均1.61年一次的大行情也可以视为世界经济周期的波动规律。

豆粕主力连续合约2000年至2022年日K线走势图见图2-46。

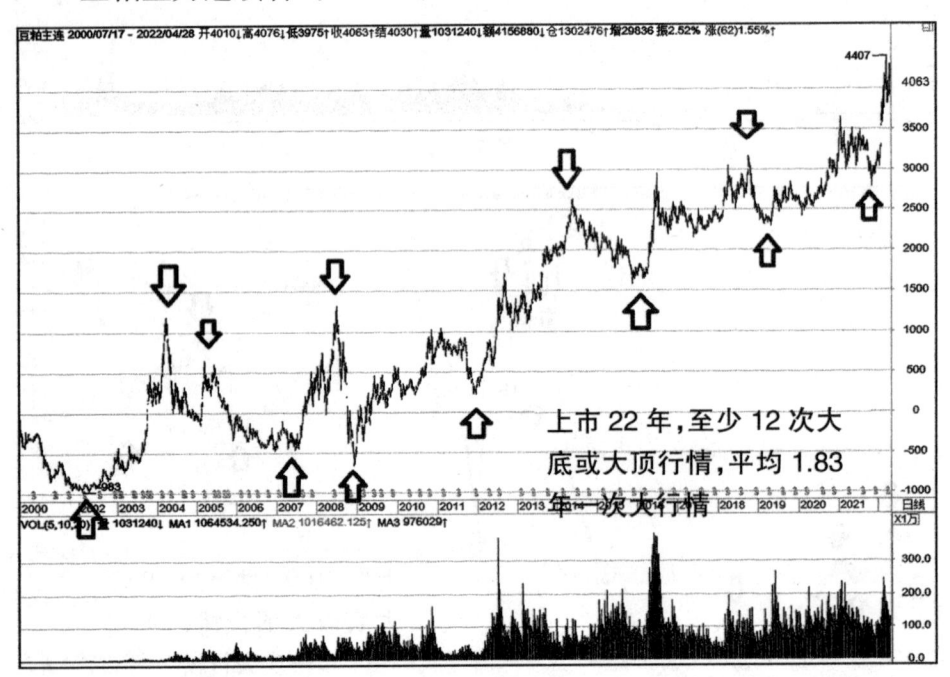

图2-46

豆粕主力连续合约2000年至2022年日K线走势图中，价格有涨有跌，但整体不断向上，在农产品板块中，它具有很好的代表性。上市22年的时间，历史数据也比较长，其走势特点值得信任。

在上市22年的时间里，价格共形成了至少12次大的底部与顶部，平均1.83年便会有一轮牛市或熊市大行情。

从黑色系板块、能源化工板块、有色金属板块、农产品板块中具有代表性的品种的历史走势来看，基本上每两年便会有一次牛市或熊市行情。每两年便会有一次赚大钱的机会，请问，你为此做好准备了吗？

除此之外，投资者还可以自行对比两次底部平均间隔时间，以及两次顶部平均间隔时间。统计出足够的数据后，这次底部或顶部形成之后，你便可以直接知道下一次抄底或摸顶大约会在什么时间。凡事预则立！

第三章　如何正确抄底摸顶

　　抄底摸顶虽然是逆势交易，但却是一种正确的操作手段，因为价格的上涨或下跌终有尽头，并且尽头之处有着明确的技术共性，所以，绝对不能说因这种方法是逆势性质的，所以就是错误的。只不过绝大多数投资者在进行抄底摸顶操作时，结果都是亏损的，究其原因，往往是投资者在错误的位置、错误的技术形态下进行了抄底或摸顶的操作，这就会导致抄底或摸顶的介入点过早，若行情波动非常剧烈，投资者根本无法承受死扛的后果，从而产生巨大的亏损。

　　抄底或摸顶做在一轮行情的起点，收益的幅度是所有操盘方法中最大的，这也是大量的投资者喜欢进行抄底摸顶操作的原因，但在用错方法的前提下，又怎么可能会有好的操盘效果呢？所以，为了让各位读者朋友们在后期的行情中顺利地捉住顶部或底部的操盘机会，这一章将详细为大家讲解应当如何正确地进行抄底或摸顶的操作。

第一节　底好抄，顶难摸

虽然说逆势交易是由抄底与摸顶构成的，并且抄底的方法反过来就是摸顶的方法，但在实际操作中，抄底与摸顶却有着很大的差别。请各位读者朋友牢牢地记住这句话：底好抄，顶难摸；多抄底，少摸顶！

任何商品都是有实际价格的，这个价格由硬性成本、综合成本及相关利润构成。商品的价格可能会因为种种原因一时低于其价值，但绝对不会长久地低于其价值。比如国际上的原油价格在2020年因为疫情的原因跌成了负数，但它会一直保持负数状态吗？再比如说牛奶，历史上发生过多次奶农宁愿倒掉也不会卖掉的事情，就是因为卖掉牛奶产生的费用远比收益要少，但牛奶的价格会一直如此吗？所以说，任何商品的价格可能会一时低于成本，但必然会在绝大多数时间位于其成本之上。这就意味着，底是铁的，它是可见的、可辨的。

股票也是如此，就算某上市公司破产清算，厂房、设备等物资就是按废品卖也能值几个钱吧？以这个价钱收购这家公司是肯定不会亏的，与之对应的股价不就是铁底了吗？

为什么说底好抄？这就是极为重要的原因。任何商品期货都有着硬性的成本，价格低于硬性成本，往往就意味着未来将会有一波非常大的恢复性行情。涨是必然，只是何时上涨，以什么样的方式上涨还暂时无法得知而已。涨这个结果已知，中间过程暂时未知。

从经济学的角度来讲，如果某商品价格低于成本，则该行业全部处于亏损状态。这样一来，行业便会自动洗牌，成本高的、规模小的将会首先被淘汰掉，而后进一步淘汰竞争能力较弱的，只有那些竞争力强的才可以在此时硬挺着生存下来。许多从事该行业的人被淘汰，导致供应减少，在需求不变的情况下，则价格必然会上涨。商品的供需状况不会马上改变很多，但价格却可以在几天之内有很大的波动。在需求不变的情况下，一旦价格低了，自然买方就会非常活跃。

因此，价格低于硬性成本，或是极为接近硬性成本时，若再有技术上底部的具体形态出现，则抄底安全性极高，获利的可能性极高。

顶为何难摸呢？因为顶是虚的，比如某商品市场缺货10%，按常人的理解，价格应当上涨10%的幅度，但其实并不是这样，很多时候价格上涨到10%的人买不起的时候才会停下。怎么具体衡量这个度就很难了，没有办法将天花板的价格具体化。

在价格上涨的过程中，只要一直有愿意接最后一棒的人存在，上涨便不会停止，而愿意接最后一棒的人的想法各有差异，无法量化，这是人们交易时的情绪导致的——赌红了眼的赌徒如何量化他的行为？所以，顶往往都是虚的，是人们在情绪支配下导致的。虽然在技术图表上价格到了高位也会有类似顶部的技术形态，但很多时候却跌不下来，不见顶部形成标准技术形态，价格往往还会继续上涨。

在写作的过程中，笔者需要翻看大量的历史案例。一些底部标准技术形态的案例，可以在很短的时间内找到，但找一些顶部标准技术形态的案例，真的会非常头疼，因为寻找起来非常困难。顶部形态有很多，但跌得很漂亮的案例却很少，而底部形态只要形成，往往都有不同程度的上涨，顶和底的差异非常大。

这也就是笔者上来就希望各位读者朋友牢牢记住"底好抄，顶难摸；多抄底，少摸顶"的原因。想要在逆势交易上有所为，一定要多抄底，少摸顶！

第二节　V形底与A字顶宜放弃

在所有的技术形态之中，V形底与A字顶出现的频率是最高的，它们是所有技术形态之母。比如W底就是由两个V形底形态构成的，头肩底则是由三个高低位置不同的V形底形态构成的，而所谓的圆弧底，其实也是由多个V形底构成的。

虽然V形底与A字顶形态出现的次数最多，并且可以构成任何形态，但是，它们本身却并不适合普通投资者操作。这是因为V形底与A字顶形态的操作难度相比其他形态要大很多，价格往往说涨就涨，说跌就跌，起涨点与起跌点虽然有明确的技术共性，但价格在什么位置起涨或起跌却无法具体量化。其他的操盘技术在什么位置于什么细节处介入都有着清晰的技术点，V形底与A字顶形态却没有介入细节，无明确位置的统一判断标准，任何位置都可以随时产生V形底与A字顶形态，从而加大了操作的难度。没有足够的应对经验，将很难做好V形底或A字顶形态，因此，不建议普通投资者对这种走势进行操作，否则，要么介入早了亏大钱，要么介入晚了，只能在承担大风险的前提下喝一小口汤。

出现次数多的V形底与A字顶形态难做，普通投资者操作获利效果极差，这是许多投资者已经证实过的。因此，想要获得稳定赢利的操盘效果，难度较大的操作方法最好放弃。

动力煤主力连续合约2021年2月至11月日K线走势图见图3-1。

动力煤主力连续合约2021年2月至11月日K线走势图中，价格形成了两次大的A字顶形态。这两次A字顶形态虽然出现的位置不同，但其技术特征却是高度一致的。

◇第三章　如何正确抄底摸顶◇

图 3-1

形成 A 字顶之前，价格都出现了快速的上涨，连续的阳线让人搞不清楚到底哪根 K 线才会是最后一根阳线。一旦进场过早，很容易被连续上涨的走势逼爆仓。而如果介入点较晚，价格又马上形成了快速的下跌，不走出来，谁也不知道到底哪里才是低点所在。不管是上涨还是下跌，最大的特点就是反转特别快，并且根本不给投资者留下任何有规律的技术信号，说跌就跌。

生活中那些说翻脸就翻脸的人很不好打交道，而在技术走势上说涨就连收阳线，说跌就马上连收阴线的走势非常难以操作。第二个 A 字顶处还有一根长长的上影线作为风险信号，而第一个 A 字顶形成时任何风险信号都没有，价格就快速下跌了。做交易时一定要找软柿子捏，对于这种拿捏不准的 A 字顶形态，做到最好，没有做到也不必可惜。

热卷主力连续合约 2020 年 5 月至 2021 年 5 月日 K 线走势图见图 3-2。

图 3-2

热卷主力连续合约 2020 年 5 月至 2021 年 5 月日 K 线走势图中，形成了一个 A 字顶形态，价格在上涨到了最高点之后说跌就跌，没有任何技术征兆的出现，顶部就瞬间完成了。这就是 A 字顶形态最明显的技术特征：不给任何人以反应的时间。

如果价格像前一次的顶部那样收出一根较长影线，释放高位风险信号，倒也算是留给了投资者一次判断的机会，但涨得好好的，突然就下跌的走势如何让人把握？许多投资者在上涨中途会进行多次摸顶的操作，就是因为连续出现几根阳线之后收出阴线形成的形态与 A 字顶刚刚形成时的形态非常接近，被这些假的顶部形态骗了许多次之后，当真的顶部形态到来之时，反而不敢再去操作了，从而承受亏损，却错过了真正的机会。

若是价格像之前的高点都有形成连续震荡向上的小高点，或是形成了明显的次高点形态，投资者可以轻松地从这些高点的变化中推导出资金做多力度的变化，操作的难度自然也就大大降低了。A

字顶之所以难操作，就是因为只有一个高点，无法准确评估多方力量是否有衰竭的迹象。

白银主力连续合约 2020 年 1 月至 7 月日 K 线走势图见图 3-3。

图 3-3

白银主力连续合约 2020 年 1 月至 7 月日 K 线走势图中，价格下跌的时候以连续跌停的形式进行。试问，谁敢在价格不断跌停的时候入场接刀？一不小心被扣在里面，可能就很难脱身了，就算后期价格又涨了起来，但资金早就随着强平而所剩无几了。

以连续跌停的方式下跌，又以连续涨停的方式上涨，这样的走势本身就是不正常的。在走势怪异的情况下，任何操作方法都是无效的，只能凭着胆大去赌，赌对了大赚，赌错了本金全无。这样的交易方式谁受得了呢？交易就是要严格执行纪律，只把握自己能够把握的机会，对于这种无规律的波动形态，最好别去轻易尝试。

见底之后上涨的过程中，价格的低点不断抬高，投资者可以通过抬高的低点轻松地判断出空方力量出现了衰竭，这个时候再入场做多就非常容易把握了。价格总会有不正常波动的时候,但也必然会有明显规律性波动的时候。想稳定地赚钱,一定要在价格有明显规律性变化的时候再操作,而不要总是企图捉住V形底形态的低点。这次有可能捉住了只有一个低点的走势,但下次真的就不一定了,不能因为一次偶然的成功就认为这是自己的能力,这只不过是运气好,赶巧了而已。

燃油主力连续合约2021年5月至2022年4月日K线走势图见图3-4。

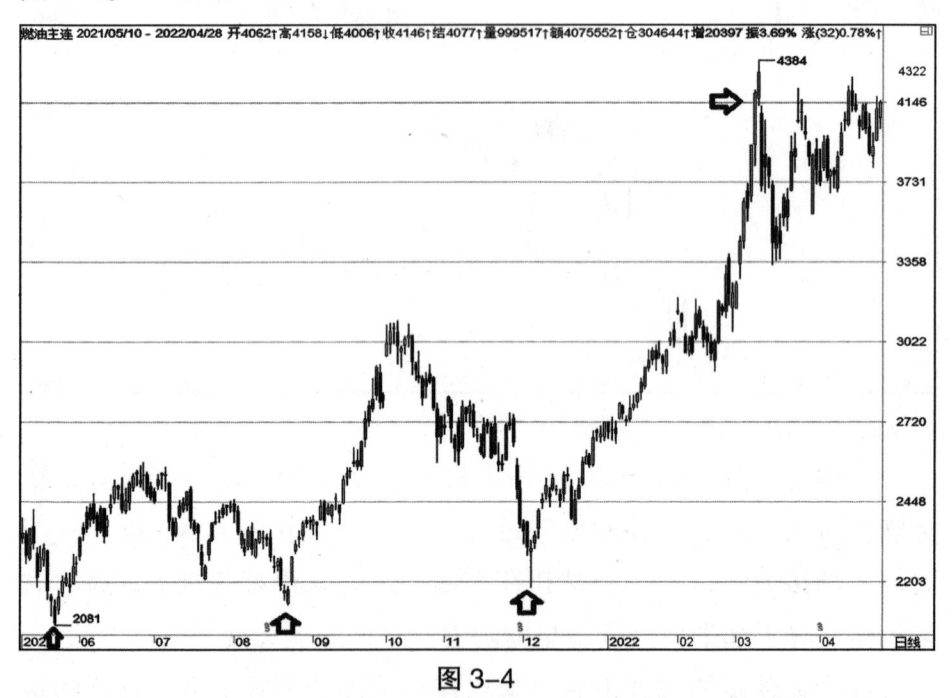

图 3-4

燃油主力连续合约2021年5月至2022年4月日K线走势图中,价格在低点处形成了多次V形底形态,并且在上涨的过程中也形成了多次V形底形态,由此可见,V形底形态的确是形态之母,是出现次数最多的形态,任何技术形态都可以由它演变而来。

一个V形底形态很难操作,两个V形底形态结合在一起,便大大降低了操作的难度,因为将第一个V形底形态作为参照物进行对比，便可以看出多空双方力量的此消彼长，在空方力量大的时候放弃操作，在空方力量衰竭的时候入场做多，如此一来，交易的依据就非常清晰了。

就V形底形态的买点来说，不管在什么位置，都有着一致性的技术要点。这些细节都是清晰的，只是因为V形底形态可以于任何位置突然出现，并且行情有大有小，有成功有失败，虽然介入点细节可以标准化，但其他操作要求却很难具体化，交易条件不能量化的形态是不适合用于操作的，只能靠赌的方式参与交易，但这又与稳定赢利产生了冲突，所以，无论是V形底形态还是A字顶形态，欣赏就行，没必要去做。

第三节 底部与顶部形成的前提

大多数时候价格都呈明确的趋势延续性波动，到达了上涨的极限或下跌的极限之后，才会形成各种形态的顶部或底部。这也就意味着，顶部或底部绝对不是经常出现的。小级别的底部或顶部的确很常见，在进行日内操作的时候，一天时间里的确会碰到好几次，但这些小级别的底部或顶部带来的盈利空间较小，无法带来较大的盈亏比，同时，小级别的底部或顶部往往是以V形底或A字顶形态出现的，把握起来难度非常大，因此，综合各项因素来看，小级别的底部或顶部并不适合经验并不丰富的投资者进行操作。

技术形态规律明显的底部或顶部，很难经常见到，这是因为大级别的底部或顶部必须要满足这三大要求：长时间下跌或上涨、大幅度下跌或上涨、下跌过程中出现多次反弹或调整的走势。仅是长时间的涨跌走势就不可能让投资者经常见到，所以，那些没事就进行抄底摸顶操作的投资者是不可能赚到钱的。

抄底摸顶虽然是逆势交易,但并不是错误的交易,因为很多时候底部或顶部有着非常鲜明的技术特征,因此,错的并不是逆势交易,而是投资者在缺少正确抄底摸顶操作方法的时候,又经常性地、随意地进行抄底摸顶操作。这样一来,必然失误率极高,亏损率极大。因此,在进行抄底摸顶之前,必须仔细判断价格的波动是不是满足了底部或顶部形成的三大前提。

纸浆 2209 合约 2022 年 4 月 22 日至 4 月 28 日 1 分钟 K 线走势图见图 3-5。

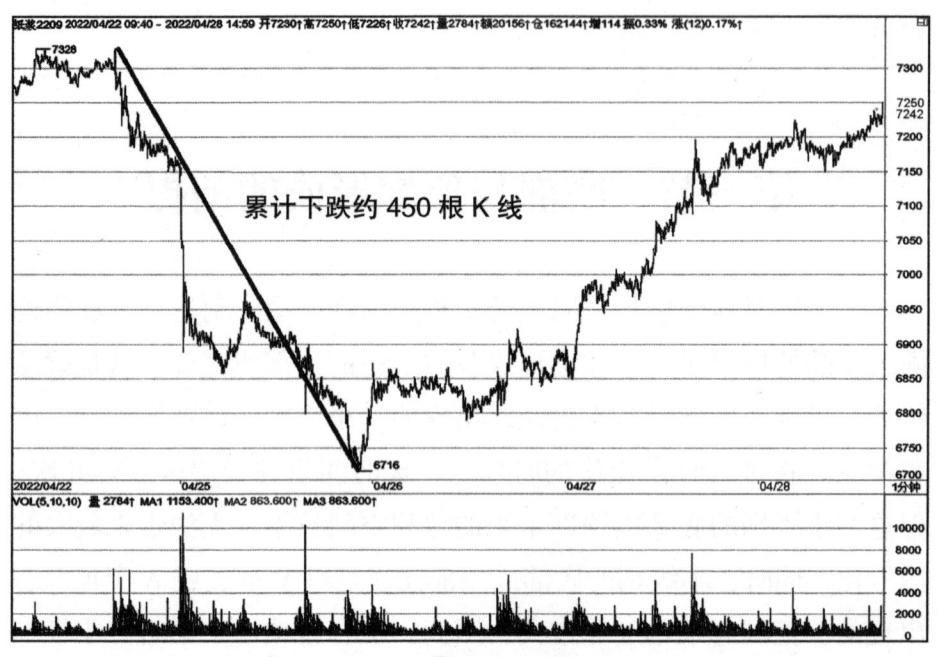

图 3-5

纸浆 2209 合约 2022 年 4 月 22 日至 4 月 28 日 1 分钟 K 线走势图中,价格经过连续下跌之后形成了底部并出现了一轮持续性上涨的行情。从价格较长时间内的波动来看,大多数时间都保持着下跌以及上涨的走势,而在底部停留的时间是很短的。这样的技术现象应当给投资者这样的启示:日常操作时,一定要把 90% 甚至更多的精力放在顺势交易上,在价格跌到一定程度之后,才有必要考虑是否进行抄底的操作,绝不能在下跌过程中经常性地逆势操作。

对价格起跌点与下跌后的最低点之间的时间周期进行测量,便可以看到,这一大轮的下跌共有约 450 根 K 线,因为 K 线图是 1 分钟 K 线图,这就意味着要经过七个多小时,大级别的底部才会形成。若投资者三十多分钟或一个多小时就进行一次抄底操作的话,显然是不可能赚到钱的,因为底部形成的时间根本不够。

在进行实战操作的时候,投资者一定要经常性地对一些大型的底部形成前的下跌周期进行测量,这样才可以知道行情演变过程中时间上的共性特点,从而可以更好地规范自己的交易行为。

苹果 2210 合约 2022 年 3 月 30 日至 4 月 8 日 1 分钟 K 线走势图见图 3-6。

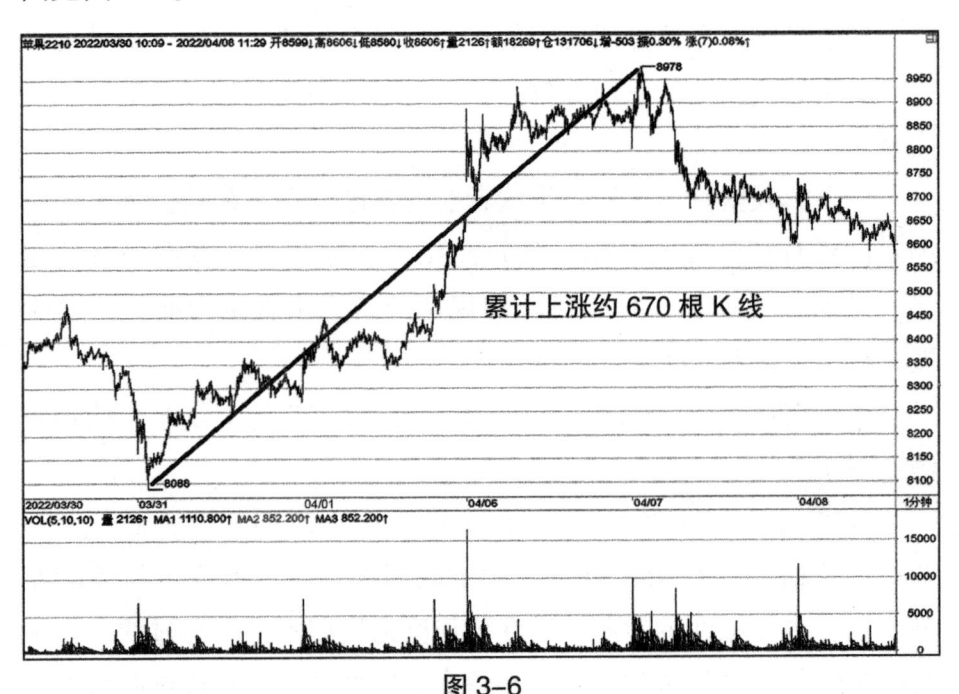

图 3-6

苹果 2210 合约 2022 年 3 月 30 日至 4 月 8 日 1 分钟 K 线走势图中,价格形成了一轮大幅度上涨的行情。由于上涨结束后形成了明确的顶部并转为下跌，因此，对于这种大级别的行情，一定要去测量它形成的时间，只要对许多类似的大行情进行测量并总结其行情延续的时间规律，什么情况下进行摸顶操作心里自然就会有数了。

从底部的最低点至上涨行情的最高点，这一大轮上涨行情共历时 670 分钟，连续上涨了约 11 个小时之后才见到顶部的最高点。试想，如果在价格仅仅上涨了一两个小时的时候就进行摸顶操作可能赢利吗？这也说明，顶部是不会随便形成的，真正的顶部只有一个，上涨中途那些临时调整回落形成的高点并不是最终的顶部，只能算是局部的高点，虽然其中也有一定的机会，但都是把握难度较大的小机会。

再想进行摸顶操作的时候，一定要问问自己：上涨或下跌行情的周期达标了没有？如果价格根本没有经历过较长时间的上涨或下跌，形成最终那个顶部或底部的可能性将会是比较小的，随处可见的小级别的高点与低点最好放弃，在时间周期没有达标之前，顺势交易才是正确的。

更多的数据总结需要各位读者朋友自己下一番苦功，更多地去测量涨跌行情延续的时间，进行总结的次数越多，查看的行情越多，见识自然越多，对价格波动规律的认识也就越全面。想要赚钱，却又想省事，这是行不通的。

纸浆 2209 合约 2022 年 4 月 21 日至 4 月 27 日 1 分钟 K 线走势图见图 3-7。

纸浆 2209 合约 2022 年 4 月 21 日至 4 月 27 日 1 分钟 K 线走势图中，价格经过约 450 根 K 线的下跌周期之后，形成了最终的底部，四百多根 K 线的时间长度在任何交易周期上都是有过的。如果看的是日 K 线，那也就意味着一轮大的底部可能要经过近两年的时间才会形成，那到底是不是这样呢？各位读者朋友可以自己在日 K 线图中验证，看看历史上那些大的底部是不是都在价格下跌了数百根 K 线之后才会形成。

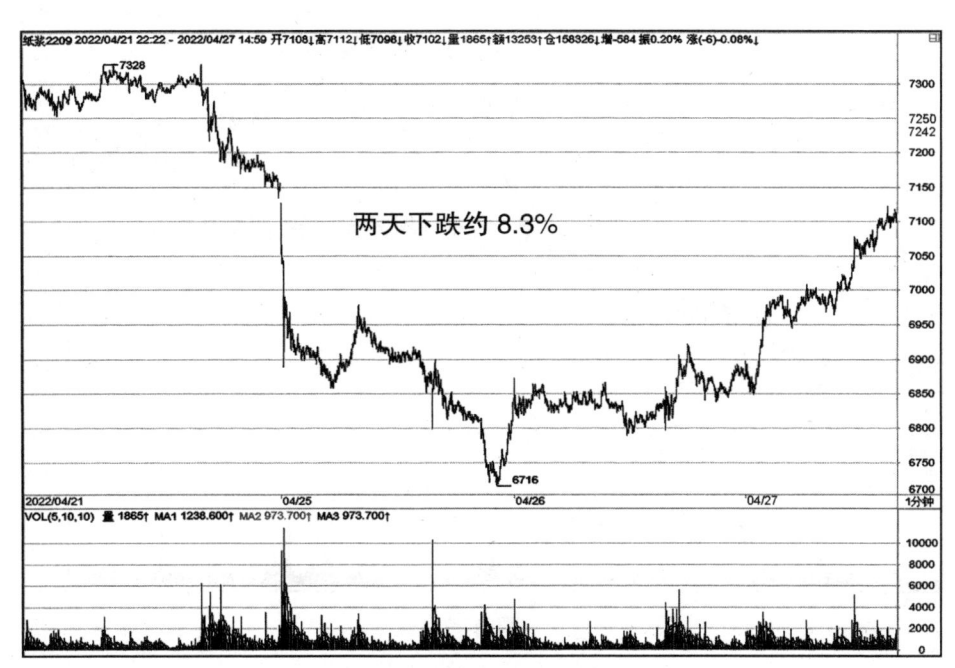

图 3-7

价格的波动满足了较长时间的下跌条件要求后，还要再看一下整体下跌的幅度是不是足够大。下跌幅度越大，未来见底之后价格有可能的上涨幅度越大，两者之间成正比的关系。为什么不要在小级别底部行情中操作呢？就是因为这些小行情下跌时间短、下跌幅度小，就算真形成了一次短线底部，未来较短的上涨时间、较小的上涨幅度也很难给投资者带来较大的盈利。

经过测量，价格从起跌点到低点共下跌了 8.3% 的幅度，按 10% 的保证金计算，仅两天的时间投入资金便可以实现高达 83% 的巨幅盈利，这样的跌幅已是足够大的了。下跌时间长、下跌幅度大，想要抄底操作，至少要满足这两点技术要求。

苹果 2210 合约 2022 年 3 月 30 日至 4 月 8 日 1 分钟 K 线走势图见图 3-8。

苹果 2210 合约 2022 年 3 月 30 日至 4 月 8 日 1 分钟 K 线走势

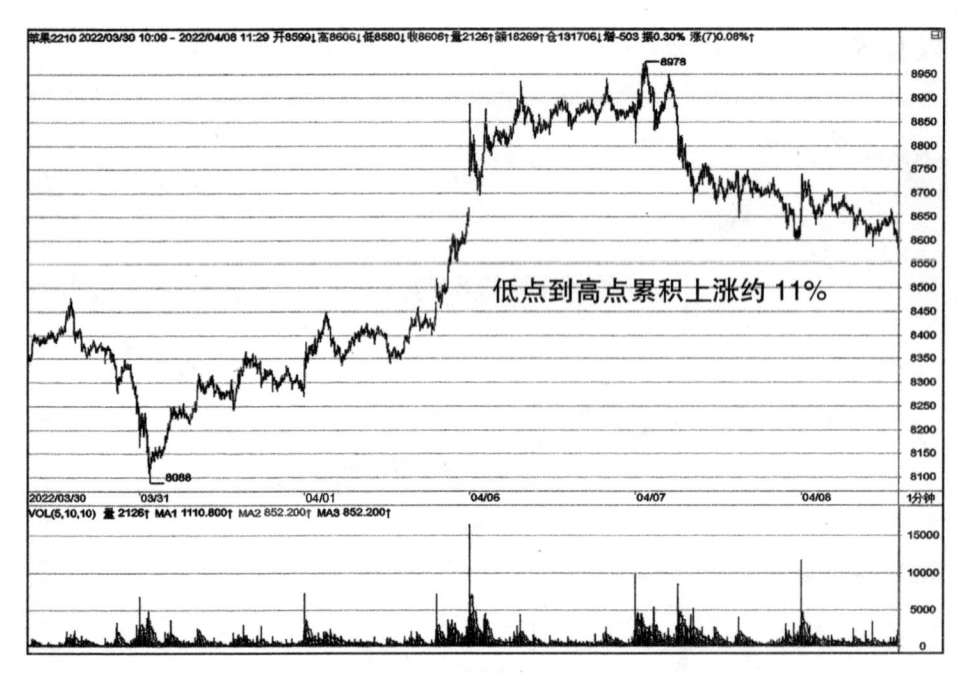

图 3-8

图中，经过连续 11 个小时的上涨后终于形成了顶部的最高点。行情没有只涨不跌的，但想要后期下跌的幅度大、下跌的时间长，上涨行情保持的时间必须要长。所以，在进行摸顶操作时，一定要测量一下上涨的周期是否够长，周期没达标，大的顶部是不会到来的，只会碰到那些带不来什么利润却很容易被打止损的局部小高点。

经过长达 11 个小时的上涨之后，价格累积了 11% 的涨幅。在两天左右的时间里，入场做多的投资者就有了翻倍的收益，这样的涨幅不可谓不大。上涨时间长、上涨幅度大，这是顶部形成的两大重要前提，只要没有满足这两大前提，投资者根本就没有必要考虑入场进行摸顶的操作。

当然，也需要明白一点，并不是说上涨周期长、上涨幅度大就可以直接入场操作了。这只是前提，不满足根本就不用想着摸顶，满足了，还要再看具体的技术形态是否符合操作的要求。若只是上涨时间长、上涨幅度大，但顶部形态没有任何规律性的表现，依然是不可以入场操作的。我们做的是顶部标准的技术形态，但也不是什么位置出现这种技术形态都可以做，只有在长时间上涨、大幅度上涨之后形成标准的顶部形态时才可以入场摸顶做空。

纸浆 2209 合约 2022 年 4 月 21 日至 4 月 27 日 1 分钟 K 线走势图见图 3-9。

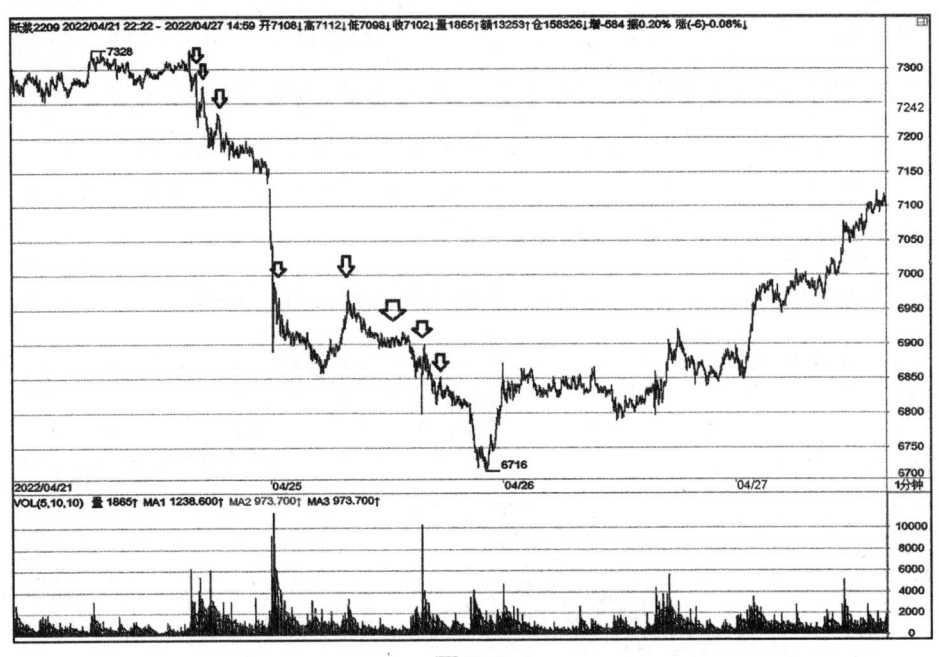

图 3-9

纸浆 2209 合约 2022 年 4 月 21 日至 4 月 27 日 1 分钟 K 线走势图中，价格的下跌满足了下跌时间长、下跌幅度大的要求，除此之外，投资者还要再观察一下：下跌过程中反弹的次数是不是足够多？

价格在下跌的时候，每一次反弹的出现都是多方的一次反击。虽然好多次的反击并没有能够改变下降的趋势，但也会通过一次又一次的反击对空方造成影响。几滴水珠不可能把石头击穿，但许多次冲击以后石头必将会被水滴击穿。价格的波动也是如此，第一次反弹给空方制造了麻烦，不断累积下的作用也必然会在长时间大幅度下跌之后体现出效果。

同时，反弹次数越多，说明价格下跌的波数越多；下跌波数越多，自然累积的跌幅越大。而每一轮的下跌反弹都需要一定的时间，反弹次数越多，价格整体下跌行情延续的时间也就会越长。所以，反弹次数的数量与下跌周期、下跌幅度是相辅相成的。

当纸浆的价格经历了较长时间下跌、较大幅度下跌、下跌过程中出现了多次反弹走势之后，一旦低点有底部技术信号出现，投资者就可以积极地入场进行操作了。只有这种方式的抄底操作才是正确的，才更容易用小亏损换取未来整个上涨行情的大收益。

苹果2210合约2022年3月30日至4月8日1分钟K线走势图见图3-10。

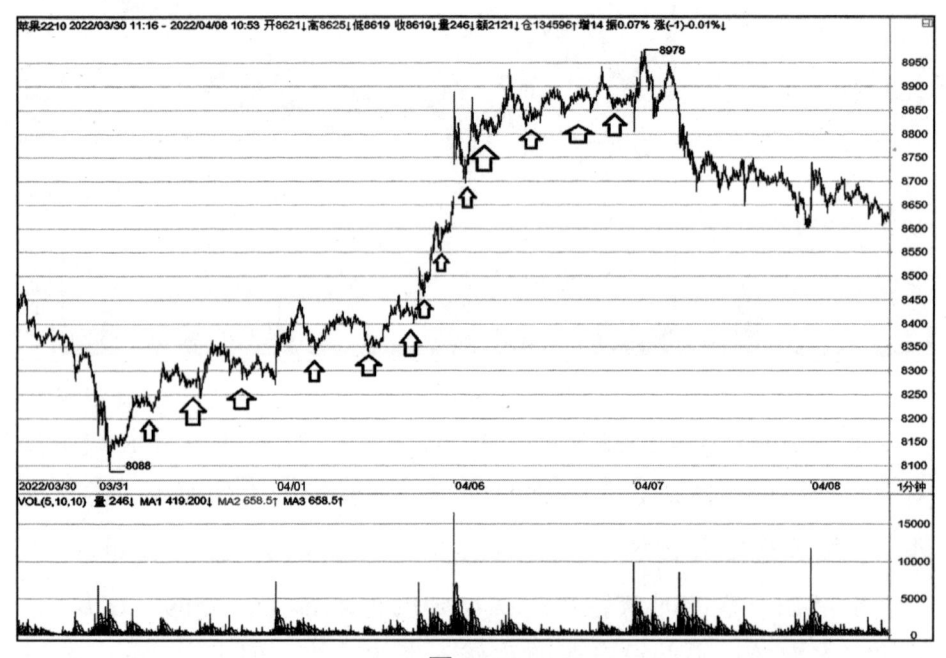

图 3-10

苹果2210合约2022年3月30日至4月8日1分钟K线走势图中，长时间上涨、大幅度上涨的两大前提条件都得到了满足，这种情况下就可以再看一看上涨途中调整的次数是不是足够多。出现越多次的调整，越可以慢慢地积累出空方强大的反抗力量，最终形成合力，促使顶部形成以及长时间持续性下跌走势的出现。

在价格上涨过程中，只收出几根阴线的小规模调整走势可以忽略，对规模较大的调整走势进行分析就可以了。从整个上涨过程来看，有一定规模的调整出现了十几次之多。每一次的调整都必然对应着一轮价格上涨行情的出现，一轮上涨行情所累积下的时间必然是很长的，这么多轮上涨所累积的涨幅也必定是惊人的。在这三大前提条件都满足的情况下，投资者有必要做好摸顶操作的准备，并耐心等待顶部标准形态的出现。

抄底或摸顶操作的前提得到满足才可以考虑进行逆势交易，在条件不满足的情况下，那些小规模的底部行情做不做都没关系，就算底部或顶部错过了，照样也可以使用顺势的方法捕捉机会，完全没必要与抄底摸顶操作杠上。要知道价格90%甚至更多的时间都保持着顺势波动的状态，只有很少的时间才用来形成底部或顶部，所以，就算错过也没什么可惜的。同时，就算三大前提条件都得到了满足，但最终价格的技术形态没有形成标准的底部或顶部走势，也照样不可以操作。所以说，抄底摸顶操作真的是天时、地利、人和全聚齐才可以操作，没事儿就进行抄底摸顶操作，又怎么可能实现稳定的收益？这一点是所有想要进行抄底摸顶操作的投资者必须要反思的事情。

第四节　底部与顶部形成的周期

一定要总结与研究底部与顶部形成之前价格涨跌的周期，就好像是种下一粒种子后，从种子生根发芽到开花结果的生长周期一定要知道一样。知道了底部与顶部成长所需要的时间之后，还需要再具体了解底部与顶部形成需要花费多长的时间。成长的时间是生根发芽到开花结果的时间，而果子成熟的时间也需要了解。

从主力运作的角度来讲，顶部区间是出货区间，主力手中大量的持仓在高位平仓是需要时间的，不可能像普通投资者那样一单就可以完成平仓操作。既要维持着价格的稳定，又要不断地平仓，这是有一定难度的操作，没有足够的时间不可能完成。同理，底部形成时，主力资金会在低位建仓做多，此时既要压着价格，使其不要涨得太多，以免增加建仓成本，又要大量买入，维持这种平衡并不是件轻松的事情。大量的持仓需要通过时间的累积来囤积，主力资金建仓所需要的时间，也就是底部或顶部形成所需要的时间。

对于历史上各种周期K线图中重要的底部与顶部，投资者一定要多多测量形成其形态所需要的时间。价格的波动是由空间与时间两方面构成的，空间方面无法预知其统一的规律，但在时间方面，规律性却是非常明显的。对涉及某种技术形态的各项细节所需的时间越是进行透彻的总结，把握价格波动规律的能力也就会越高。

玻璃主力连续合约2021年1月至11月日K线走势图见图3-11。

玻璃主力连续合约2021年1月至11月日K线走势图中，价格形成了一个很经典的顶部形态。这种左低右高的顶部形态其实出现的频率更高一些，因为价格在第二个高点处又创出了新高，具有很强的欺骗性，很容易让投资者放松警惕，认为随后的回落又是一次上升趋势中正常的调整。

价格创出新高往往说明之前的高点出货效率并不高，主力手中还有一定控制价格再度上涨的能力。创出新高将会吸引更多的买盘，有谁会不喜欢不断创新高的走势呢？新高的出现，一可以增加主力的出货量；二可以延长主力的出货时间，涨上去的过程中可以出货，高点可以出货，形成高点后回落的过程中还可以继续出货，出货时间越长，出货效率越高；三可以加大主力出货的空间，高位时价格波动幅度越大，主力出货时的价格范围也就越大，同样可以增加出货的效率。

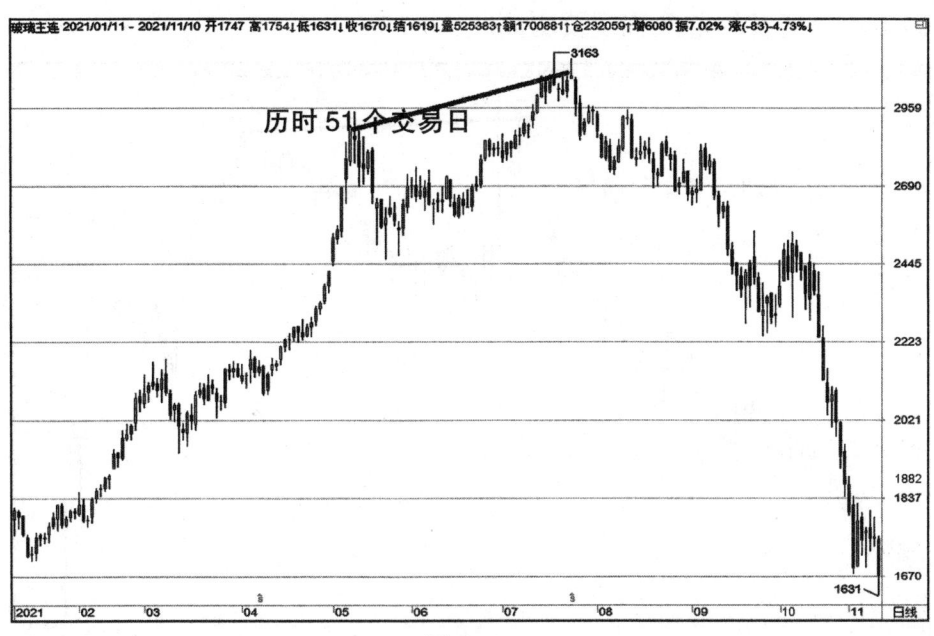

图 3-11

在判断顶部是否形成的时候，多是通过测量两个高点之间的时间差距。我们通过测量可以得知，前后两个高点经历 51 个交易日，两个多月的时间内足够主力资金将手中巨量的持仓一一变现。在价格经历了长时间、大幅度、多次调整的上涨行情后，若两个高点又形成了类似的时间差距，就一定要多加小心，顶部有可能到来了，此时手中的多单宜逢高平仓，同时也可以随时做好准备，入场摸顶做空。

IC 主力连续合约 2021 年 4 月至 2022 年 3 月日 K 线走势图见图 3-12。

IC 主力连续合约 2021 年 4 月至 2022 年 3 月日 K 线走势图中，经过较长时间、较大幅度以及多次调整的上涨之后，价格于高位区间形成了左高右低的经典顶部形态，第二个高点低于前一个高点往往意味着主力资金在第一个高点处出货效率相对较高，因为手中持仓量已大幅减少，已没有能力继续推动价格再创新高。这种顶部对做多的投资者的危险程度要更高。

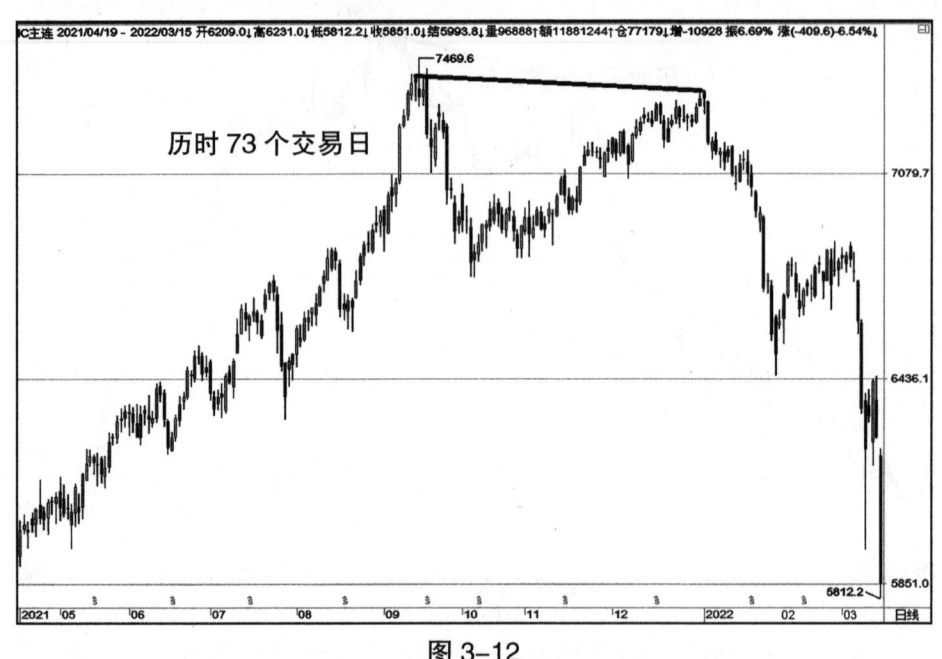

图 3-12

价格下跌之后通过再度连续反弹到达了第二个高点处，在回落与重新上涨的过程中，主力资金便创造了更多的出货机会。第一个高点与第二个高点之间有着 73 个交易日的时间差距，在三个多月的时间里，再多的持仓量也足以顺利地完成出货操作了。

虽然仅仅只有两个顶部案例，但相信各位读者朋友已经有了这样的认识：在日 K 线图中，顶部形态一旦形成，两个高点之间将会相距两三个月的时间。这跟主力资金出货效率有着直接的关系：出货效率低的，顶部形成的时间可能就会长一些；出货效率高的，顶部形成的时间就会短一些。这很容易理解，手中的货都出光变现了，主力也就没有必要再去理会价格后期将会如何波动了。

同理，就算是资金逢高入场建仓空单，其建仓周期大致也是这样的周期，没有两三个月时间的累积，主力手中不可能拥有巨量的持仓，从而引导价格向预期方向波动。如果各位读者朋友对更多的案例进行周期上的总结，便会对该周期有更深刻的理解。

玻璃主力连续合约 2021 年 7 月至 2022 年 2 月日 K 线走势图见图 3-13。

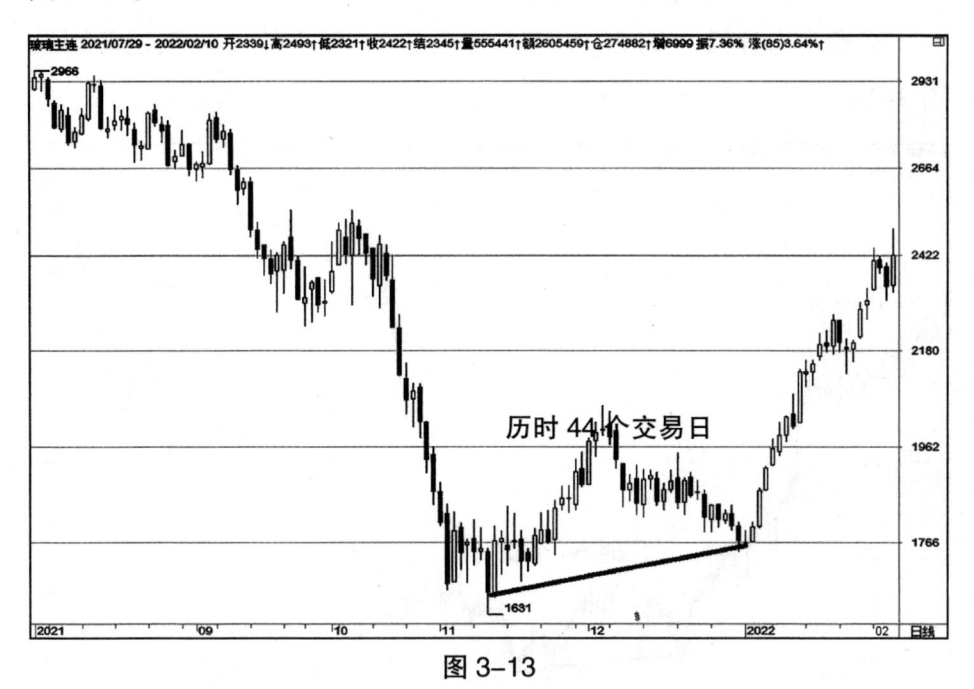

图 3-13

玻璃主力连续合约 2021 年 7 月至 2022 年 2 月日 K 线走势图中，价格形成了一个技术形态简单的底部形态，左低右高的两个低点说明多方力量在不断增强，这种底部形态是最容易操作的。

在对底部两个低点之间的周期进行分析时，一定要注意这样的规律：两个低点间距时间越短，在不考虑价格之前下跌周期的情况下，未来上涨行情可延续的周期也将越短；而两个低点的间距越长，则未来上涨行情延续的周期也将会越长。底部低点形成的周期与未来上涨行情的周期成正比关系。

两个低点相距 44 个交易日，这也就意味着预期之中未来的上涨行情大约会延续两个月的时间，至于是否会形成更长周期的上涨，还要走一步看一步。上来只可预期与底部形成周期一致的上涨周期，有了未来价格上涨周期的判断，在持仓时便不会过早地出货，也不会在价格上涨的周期到位后仍抱有不切实际的高预期而死不撒手，从而造成利润的回吐。

玉米主力连续合约 2019 年 5 月至 2020 年 7 月日 K 线走势图见图 3-14。

图 3-14

玉米主力连续合约 2019 年 5 月至 2020 年 7 月日 K 线走势图中，价格经过连续下跌到达底部之后，形成了左高右低的常见底部形态。这种底部形态在价格连续下跌之后，最容易在最后一跌创新低的过程中，彻底击溃投资者对未来的信心，在不断创新低的过程中，对未来上涨的期盼早已被磨灭。

其实左高右低的底部形态出现的次数远比左低右高的底部形态多，因为这种创出新低的底部走势可以为主力资金提供更低成本的建仓机会，同时，在价格创出新低再重新涨回来的过程中，有足够的空间可以让更多的资金入场。建仓成本更低，可入场的资金数量更多，从而使得主力资金都愿意用这种手法进行操盘。

我们通过对两个规模较大的低点进行测量可以发现，两个低点相距 54 个交易日，这也就意味着投资者可以做出这样的预期：一旦筑底成功，价格后期形成上涨，上涨的周期也会在 54 个交易日左右。不过，从后期的行情来看，上涨的时间远超过 54 个交易日，这也是正常的事情，因为底部时间与未来的上涨时间成正比，但很多时候，如果之前价格下跌的时间过长、下跌幅度过大，则未来的上涨周期将会很长，而并不完全受底部形成周期的影响。

底部形成之后，未来上涨行情的具体周期其实很多时候都要走一步看一步，预期往往都会达成并会超越很多。但未来长时间上涨的行情在走出来之前谁也不会知道，所以，在行情刚启动时，正确的做法就是将底部低点的间距时间视为未来上涨行情的延续时间。时间达到，一旦有顶部信号，便可以平仓多单并择机做空；若时间达到，但没有任何顶部迹象，则可以继续看多做多，并不存在矛盾之处。

第五节　底部与顶部的基本结构

小级别的底部与顶部形态往往都是由 V 形底和 A 字顶构成的，这样的底部与顶部形态很难操作。而级别大一些的底部与顶部形态则多是由至少两个 V 形底或 A 字顶构成的，因为多了一个 V 形底或 A 字顶，可以更好地看出来多方或空方力量的透支与衰竭，因此，将会使得底部与顶部的操作变得极为简单且易于把控。

投资者在进行抄底或摸顶操作时，一定要遵循这样的原则：只要没有见到两个尖的形态，便不要轻易出手抄底摸顶；什么时候见到了两个尖的技术形态，再综合各项因素考虑是否进行抄底摸顶操作。两个尖的技术形态出现是抄底摸顶操作进行的前提。

两个尖的技术形态即两个相连的 V 形底或是 A 字顶，正常情况下，最佳的抄底形态就是第二个尖比第一个尖位置高，这种形态反映的是空方力量明显衰竭了；第二个尖比第一个尖位置低，也是常见的抄底形态，结合具体的波段跌幅，它往往反映的是空方的最后一跌形成下跌力量上的透支；若两个尖正好处于水平状态，也可以操作，但这种技术形态相对少见。市场中最多见的就是第二个尖比第一个尖的位置低，其次是第二个尖比第一个尖位置高的形态，最少见的就是两个尖正好处于水平状态的走势。虽然第二个尖的位置各不相同，但都是可以操作的技术形态，只是出现的频率不同而已。

掌握了底部与顶部这样的基本结构，以后就绝不会再犯过早入场的错误了，通过对两个尖进行分析与操作，还可以大大化解抄底摸顶逆势交易的风险，使得逆势交易的风险变得与顺势交易一样，亏得一样多，但却能捉住价格上涨或下跌的起点，盈亏比才可以做到最大。

燃油主力连续合约 2021 年 5 月至 2022 年 4 月日 K 线走势图见图 3-15。

燃油主力连续合约 2021 年 5 月至 2022 年 4 月日 K 线走势图中，价格在上涨的过程中，形成了两次底部，左圈处形成的是左高右低的底部形态，右圈处形成的是低点抬高的底部形态。虽然底部的具体形态不同，并且第二个低点仍然是 V 形形态，但却都在价格上涨之前给投资者留下了介入的机会。

图 3-15

左圈处的底部是最多见的左高右低破位式的底部，仔细观看价格正常的破位下跌走势可以发现，只要后期价格可以继续下跌，破位之后波动重心必将会不断向下，就算有反弹出现，反弹的高点必在突破点下方。左圈处虽然形成了破位，但刚一创新低，价格便很快形成了上涨的走势，重新回到了破位点的上方。这说明下跌是假的，创新低的出现透支了空方的力量，因此使得下跌无以为继。在价格重新回到向下创新低的点位时，就可以考虑入场进行抄底操作了。

右圈处的底部形态也是较为常见的，只是出现的次数略少一些而已。左低右高的两个 V 形形态说明空方的力量大幅衰竭，价格无力继续向下创出新低，空方力量减小说明多方力量在增强，这预示着上涨的可能性将会很大。

不管是左低右高的两个 V 形形态组成的底部形态，还是左高右低的两个 V 形形态组成的底部形态，操作难度相比单个 V 形形态都降低了许多，并且操作时的进出依据都可以进行精细化处理。可能最终的底部形态会更复杂一些，但若没有见到至少两个尖的底部，便不可以过早地入场操作，而一旦见到，则要积极地进行操作。

玻璃主力连续合约 2021 年 6 月至 2022 年 2 月日 K 线走势图见图 3-16。

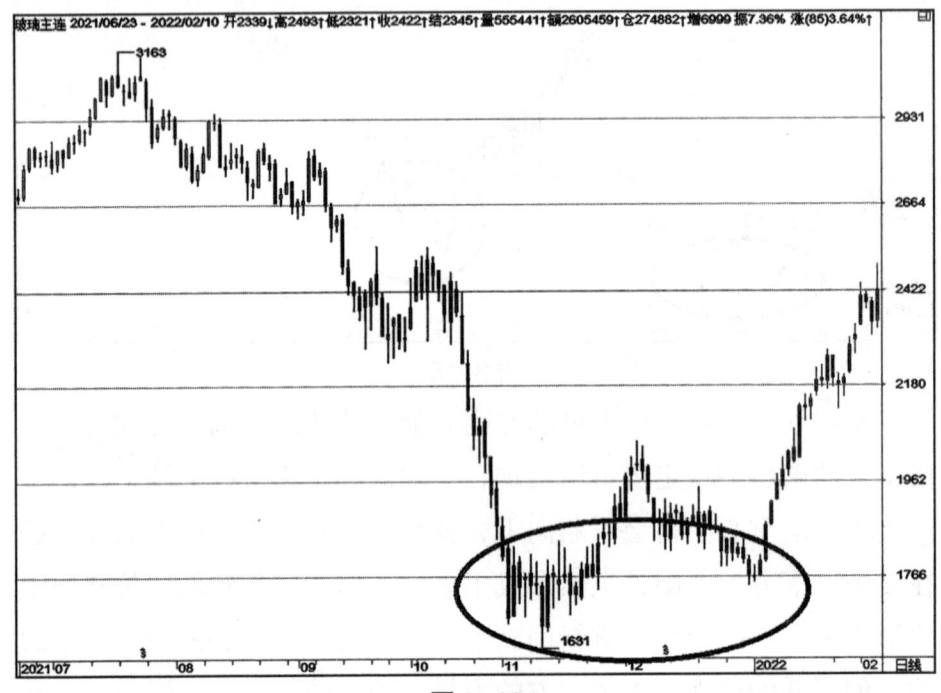

图 3-16

玻璃主力连续合约 2021 年 6 月至 2022 年 2 月日 K 线走势图中，价格再一次大幅下跌之后形成了一个 V 形的底部形态，对于抄底，经常听到的是这样一句话：抄底抢反弹。其实这句话仅针对的是 V 形底，多数情况下，大型的底部都不是由一个 V 形形态构成的，一个 V 形形态反映的只能是一次反弹行情，很难直接出现转势行情。如果不想做反弹，而是想做一轮趋势性的底部行情，就必须要耐心等到第二个尖形成，因为两个尖是大型底部的基本构成单位，两个尖的出现才会意味着一轮上涨行情的到来。

反弹过后价格继续下跌,但并没有向下创出新低,相比前一个低点形成了明显的低点抬高的迹象。从低点的位置来讲,这是空方力量衰竭的体现,空方无力再把价格打落到更低的点位。抄底做的是多单,多单就必须要在空方力量减小时进行操作。这样胜算才大,因此,左低右高的两个V形组合而成的底部是最适合操作的走势。

再从价格下跌的波段幅度来看,再一次下跌时的幅度相比之前下跌时的幅度明显大幅减小,再次验证空方力量的衰竭。于空方力量衰竭处入手做多,风险小且机会大。一旦于低点区间形成了两个尖,特别是左低右高的两个尖的技术形态,就一定要意识到:此时已完成了底部基本结构的运行,上涨将会近在眼前。

IC 主力连续合约 2021 年 12 月至 2022 年 4 月日 K 线走势图见图 3-17。

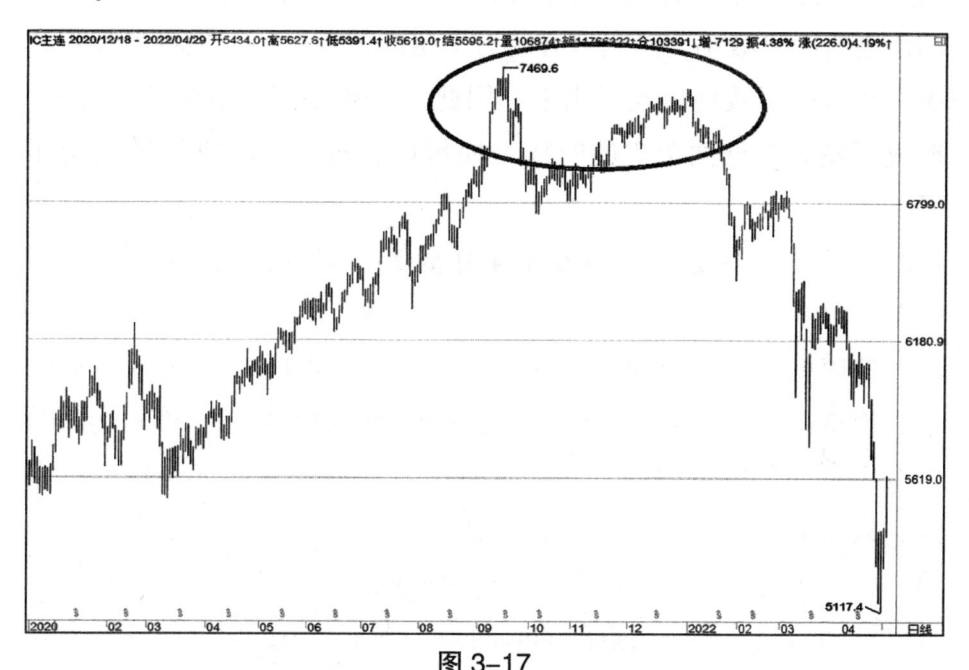

图 3-17

IC 主力连续合约 2021 年 12 月至 2022 年 4 月日 K 线走势图中,

价格上涨到最高点之后形成了一次 A 字顶形态，价格于此时见到最高点便开始直接下跌。投资者想要摸到高点是非常困难的，A 字顶错过就错过，千万不要强求。若价格后期真要见顶下跌，往往还会再形成一个新的最高点或是次高点，在第二个高点处等机会才是最佳的操作方案。

从主力资金运作角度来说，A 字顶形成得比较快，这就意味着主力的总体出货量也不会太大。如果之前上涨行情延续的时间较长，主力介入较深，根本不可能依靠一个高点就顺利地完成出货，必须借助第二个甚至第三个高点才可以顺利地完成出货操作。这也是真正要见顶的时候，价格往往还会有一个高点的原因。

A 字顶下跌一定幅度之后，价格便再度上涨，临近前高点位置时，第二个尖就此形成。从整体走势来看，第二个高点低于前一个高点，这是多方力量衰竭的体现；第二个尖形成的时候，价格涨幅相比之前明显减小，这是多方动力不足的体现。两个尖将多方的衰竭之相淋漓尽致地体现了出来。因此，在顶部基本结构已经完成，形成了左高右低两个尖的时候，便可以积极地入场进行做空操作了。

玻璃主力连续合约 2020 年 4 月至 2021 年 11 月日 K 线走势图见图 3-18。

玻璃主力连续合约 2020 年 4 月至 2021 年 11 月日 K 线走势图中，价格在上涨过程中出现了三个大级别的顶部形态。第一个圆圈处两个高点间隔的时间较短，这意味着此时的顶部规模较小，因此，后市就算会下跌，也难以出现持续时间较长的大规模下跌走势。投资者可以将两个顶部之间的时间间隔等同于未来下跌行情可以延续的时间。两个高点间隔时间短，则未来下跌时间短；两个高点间隔时间长，则未来下跌持续时间就会长。

短时间的下跌之后，于 2021 年 3 月期间形成左低右高的两个

◇ 第三章　如何正确抄底摸顶 ◇

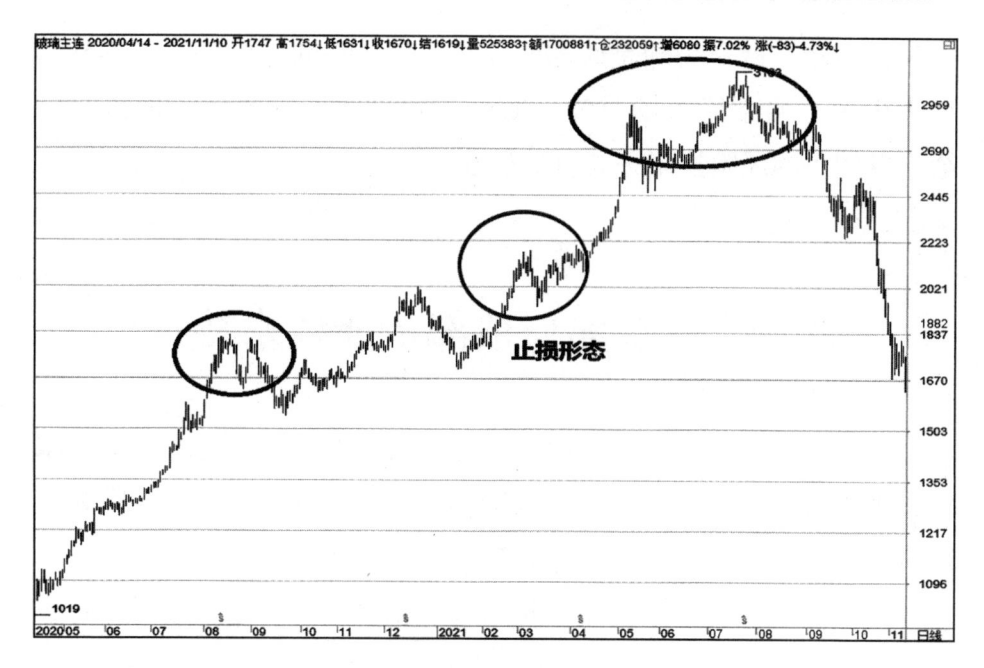

图 3-18

尖，但此时的顶部形态随着价格创新高的出现宣告失败。这种情况很正常，因为上涨中途的调整很多时候会跟顶部形态非常接近，这也是许多投资者总是摸顶失败的原因。只不过顶部与调整的区别是：顶部形成之后价格会跌；若是调整性质，则价格还将会向上创新高。虽然都是两个尖，但后期的走势却完全不同。在调整性质的两个尖处进行了操作，倒也没什么。只要价格向上创新高时及时止损离场，便不会产生较大的亏损；只要将摸顶的亏损尽量控制住，哪怕摸错了好几次，一次成功的操作便可以扭亏为盈。

到了真正的顶部之后，再次形成了左低右高的顶部。从第二个 A 字顶形态来看，上涨的幅度明显减小，并且上涨时的角度相比之前也明显变小，这都在提示投资者：虽然价格创出了新高，但是多方的力量却减小了许多。在上涨了这么久并且这么大幅度之后，多方力量有明显衰竭迹象，这不正是入场摸顶的大好时机吗？

由此可见，底部或顶部的基本构成单位虽然是两个 V 形底或 A

字顶，但是，两个尖却是底部或顶部形态最小的组成单位。不见两个尖出现，便不能入场逆势交易；一旦见到，则要积极地留意机会，以较小的风险换来一波行情的起点。

第六节　底部与顶部量能技术特征

结合成交量判断价格底部与顶部的技术特征时只能在短周期K线图中进行，超过5分钟的K线图结合成交量的作用不大，因为在期货中K线周期越长，成交量的规律性便越差，只有在1分钟K线、3分钟K线或最长5分钟K线图中结合成交量进行分析才有意义。

价格下跌到底部之后之所以无法再继续跌下去，是因为资金的操作性质发生了改变。下跌趋势中资金多会积极地进行做空操作，这一区间阴线的成交量都将会保持连续放大的状态，而下跌到底部后，高位做空的资金将会变现，失去继续做空的积极性，因此，底部区间阴线的成交量将会开始变得萎缩。

成交量的萎缩意味着资金入场的数量大幅减小，在做空资金减少的情况下，大幅度的下跌必然会随之停止。因此，连续下跌之后，关注低位区间阴线成交量是否出现衰竭现象，是寻找底部的重要技术手段。

乙二醇2209合约2022年4月26日1分钟K线走势图见图3-19。

乙二醇2209合约2022年4月26日1分钟K线走势图中，价格第一轮下跌的时候，成交量非常大，一则说明入场资金做空的积极性非常高，二则不排除有空方资金开始逢低平仓出货。当然，资金是大力度做空还是出货，还要看后面走势中成交量的变化。若后期价格继续下跌并且放量，则此时的放量是资金大力度做空的信号。后期一旦阴线成交量出现萎缩，便要小心主力资金借放量进行逢低的出货操作。

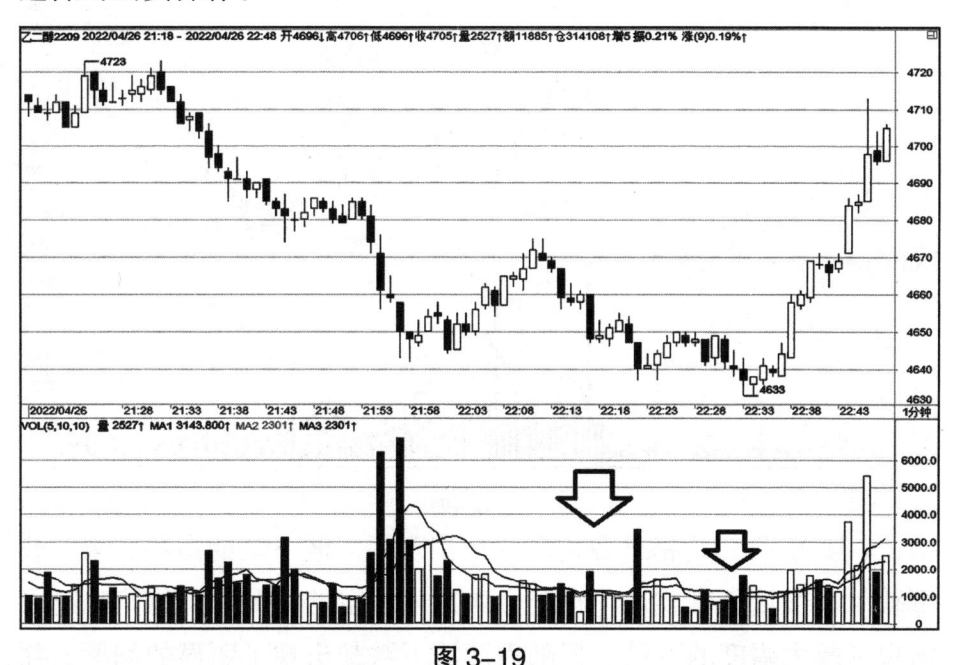

图 3-19

一轮反弹之后价格继续下跌，但在下跌的过程中，成交量再也没有形成密集性放量的形态了，整个再度下跌的区间只有一根阴线的成交量出现了放量。这种偶尔的放量并不能视为资金积极操作的信号，只有持续性地放大量才是资金积极交易的信号。

价格虽然继续创下新低，并且波动重心不断下移，但是，成交量却在不断地减小。这说明资金做空的积极性明显降低，连续下跌的低位资金不愿再大力度做空，这说明下跌有可能已到达了尽头。这个时候，就要留意价格有没有K线形态上的底部形态出现了。

PP2209 合约 2022 年 4 月 21 日至 4 月 22 日 1 分钟 K 线走势图见图 3-20。

PP2209 合约 2022 年 4 月 21 日至 4 月 22 日 1 分钟 K 线走势图

图 3-20

中，4月22日，价格开盘之后先后出现了三波下跌的走势，第一波下跌时成交量急剧放大，在资金大力度做空的情况下，价格也随之出现了较大幅度的下跌。但随后两波下跌却出现了明显的问题，并直接导致了底部的形成。

第二波下跌的时候，成交量相比第一波下跌时明显减小了一半以上。这说明资金做空的积极性大幅降低，入场资金数量的减少使得下跌幅度也随之变小，量价同时形成了衰竭的迹象。在第三波下跌的时候，成交量进一步出现了萎缩，此时价格虽然向下创出了新低，但是，下跌的幅度再次减小，又一次体现了资金此时消极的做空态度。

如果价格后期还有较大的下跌空间，主力资金又怎么可能会放着钱不去赚呢？因此，成交量的衰竭就是价格下跌之后最直接的风险信号，它说明了主力资金操作的态度开始变得保守，主力资金不愿意继续做空，价格要么停止下跌，转为震荡，要么扭转趋势，改为向上，但无论怎么走，都将对空单不利。在量能衰竭，K线形态有底部迹象时入场做多，就算涨不起来，一时半会儿也难以下跌，这就使得做多的风险减小了许多。

尿素2209合约2022年4月27日至4月28日1分钟K线走势图见图3-21。

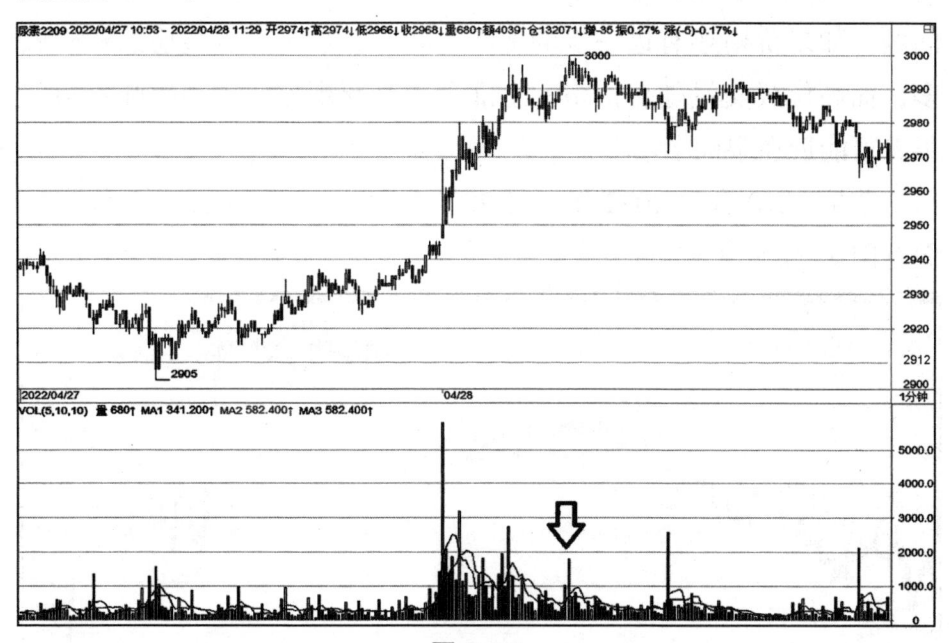

图3-21

尿素2209合约2022年4月27日至4月28日1分钟K线走势图中，4月28日一开盘价格便形成了连续上涨的走势，在上涨过程中，成交量始终保持着密集放大的迹象，这是主力资金在场中积极操作的信号。普通投资者资金数量少并且操作犹如一盘散沙，很难集中在同一时间进行操作，因此，任凭普通投资者如何交易，也很难使得成交量形成连续且密集放大迹象。所以，只要见到量能放大明显，便可以确定主力资金现身其中了。

经过几波上涨到达高点之后，创新高的走势仍然在出现，但是，成交量却出现了严重的问题：成交量没有再继续随着价格上涨形成放大的迹象，而是形成价格越涨成交量越小的状态。这说明在高位处，资金做多的积极性大幅降低。一旦资金失去做多的积极性，在成交量连续萎缩的情况下，价格又何来持续性上涨的动力？

从整体形态来看，成交量连续萎缩的时候，价格正处于相对的高位，主力资金已获得了不小的收益，任谁都会在此时考虑出货的问题。如果价格还有进一步的上涨空间，必然是有资金愿意积极做多，而高位成交量随着价格的上涨形成衰竭现象，往往意味着顶部很有可能近在眼前了。

苹果2210合约2022年4月28日至4月29日1分钟K线走势图见图3-22。

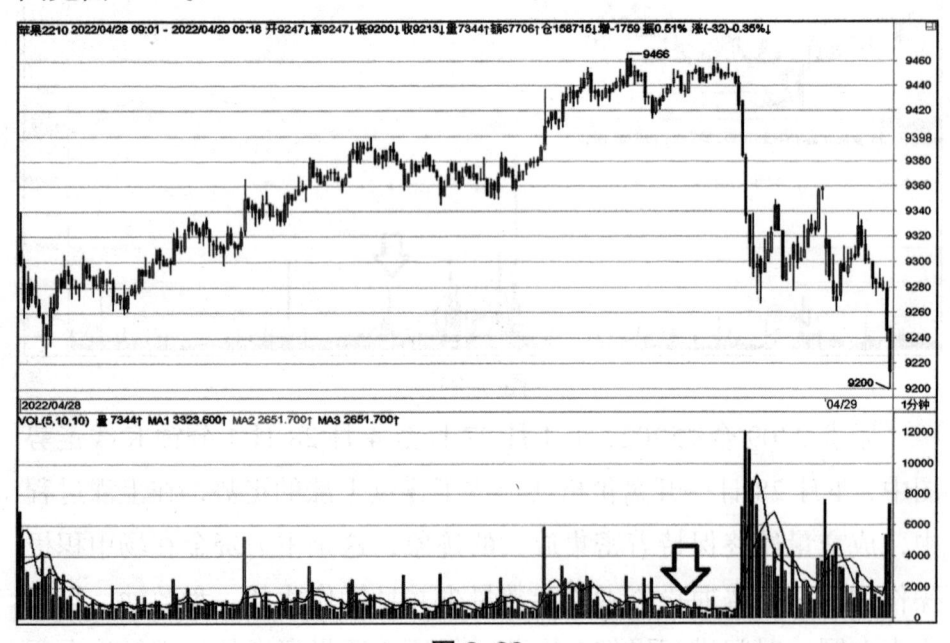

图3-22

苹果2210合约2022年4月28日至4月29日1分钟K线走势图中，价格在整体震荡上涨的过程中，虽然成交量并没有形成集中放大的迹象，但是每一次上涨都伴随着放量现象的出现，至少上涨过程中并没有出现明显的量能萎缩迹象。这说明主力资金始终保持着有节奏、有计划地操盘，通过温和的量能一步步推动价格走高。

上涨到高位之后，价格最后一波上涨时成交量出现了问题：没有像之前一样继续形成温和的放量，而是出现了明显的缩量迹象。对于持续上涨的高位阳线，缩量可不是好现象，这是主力资金停止积极做多的信号。若中低位出现上涨缩量，价格的波动性质有可能是调整，但高位出现上涨缩量往往意味着上涨行情将难以为继。

缩量上涨结束后一轮大力度的放量下跌走势出现，风险到来得如此之快，除了上涨缩量这个风险信号之外，很难再找到其他能够提示价格将会下跌的信号了。因此，下一次在高位再度看出上涨形成缩量迹象时，一定要多加小心，资金放量做多时，想要赚钱，便只能反手做空才有机会。

第七节 底部与顶部常见K线特征

价格下跌到底部或上涨到顶部之后，成交量将会呈现衰竭迹象。这说明资金交易的热情大幅度下降，入场资金数量不足。在价格连续大幅上涨或大幅下跌之后，就有可能形成顶部或底部。而成交量的变化反映的是资金的变化，所以，在成交量萎缩的同时，价格形态也必然会发生明显的变化。只要这些技术走势出现，就往往意味着底部或顶部将有很大的可能形成。

在价格下跌到底部，成交量开始衰竭的时候，每一个子波段下跌的幅度都将会出现减小的现象，第一波下跌幅度最大，再下跌波动幅度减小，又一次下跌则下跌幅度进一步减小，从而形成下跌幅度衰竭的现象。价格为什么会越跌幅度越小呢？自然是因为下跌的力量变小了。为何下跌力量会变小？因为成交量有了衰竭的迹象。

成交量是价格波动的动力所在，价格的变化是资金进出的外在体现，所以，价格下跌幅度出现衰竭，成交量也出现衰竭时，底部很有可能就会形成了。顶部也是如此，只需要将底部的技术特点翻转过来进行分析便可以。

乙二醇 2209 合约 2022 年 4 月 26 日 1 分钟 K 线走势图见图 3-23。

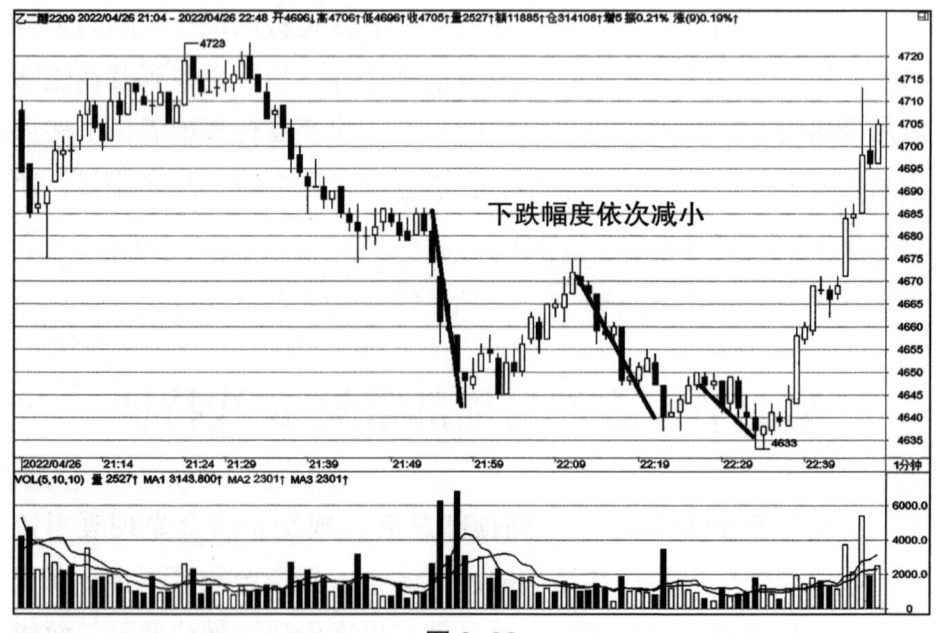

图 3-23

乙二醇 2209 合约 2022 年 4 月 26 日 1 分钟 K 线走势图中，价格第一波下跌的力度非常大，阴线的实体开始进一步变大，并且成交量也形成了下跌以来的最大量。在量价配合显示空方力量较大的时候，投资者是可以继续持仓的，此时绝对没有必要考虑出局或价格见底的问题。

一波反弹之后，价格再度出现下跌的走势，在成交量萎缩的情况下，第二轮下跌的幅度相比第一轮明显变小了，但由于只是第一次出现下跌幅度减小的情况，所以，投资者适当小心就行，后期并不能排除价格再一次放量下跌的可能,毕竟价格下跌幅度减小得并不是非常过分。

再次反弹后价格继续向下创新低,但此时下跌的幅度出现了更加明显的衰竭,连前一波下跌幅度的一半都没有。这意味着空方的力量突然消失了,第一次出现下跌幅度萎缩时仅仅多加留意便可以了,但第二次再度萎缩,并且下跌幅度进一步减小,那就得小心底部有可能真的到来了。底部往往会在空方力竭的时候出现,量能力竭是其一,波动幅度是其二,有这两点底部区间也就可以探明了。

PP2209 合约 2022 年 4 月 21 日至 4 月 22 日 1 分钟 K 线走势图见图 3-24。

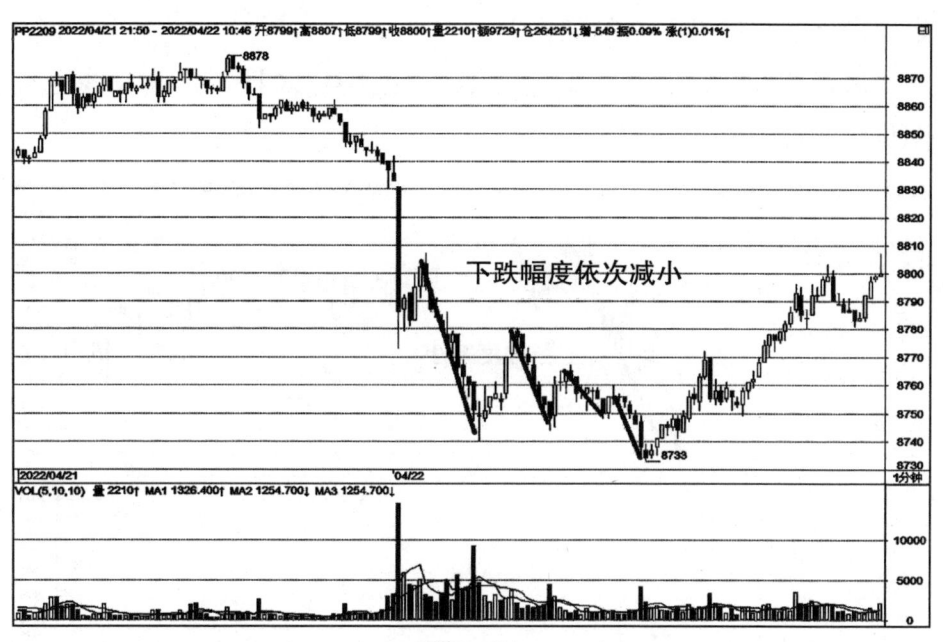

图 3-24

PP2209 合约 2022 年 4 月 21 日至 4 月 22 日 1 分钟 K 线走势图中,4 月 22 日开盘之后的第一波下跌成交量保持着密集放大迹象,在大量资金积极推动的情况下,价格形成了图中最大幅度的下跌。由此可见,行情要想走得大,必须要得到资金积极的推动。

反弹之后，价格在后期出现了多次下跌的走势，虽然最终创出了新低，但价格的下跌却早已变了味儿。除了第一波下跌形成放量以外，其余三波下跌出现时成交量都形成了萎缩的态势。如果价格后期有进一步大幅下跌的空间，主力资金又岂会不积极地入场操作？而现在如此消极地做空，显然，价格后期将很难有大的下跌空间。

第一波下跌幅度最大，第二波下跌幅度直接衰竭了一半，第三波、第四波下跌时的幅度相比第二波同样也衰竭了一半。下跌幅度衰竭得越快，说明空方力量越小。持续下跌之后，底部就容易在空方力量小的情况下产生，因此，在量与价均形成衰竭形态之时，一定要做好迎接底部到来的准备。

尿素2209合约2022年4月27日至4月28日1分钟K线走势图见图3-25。

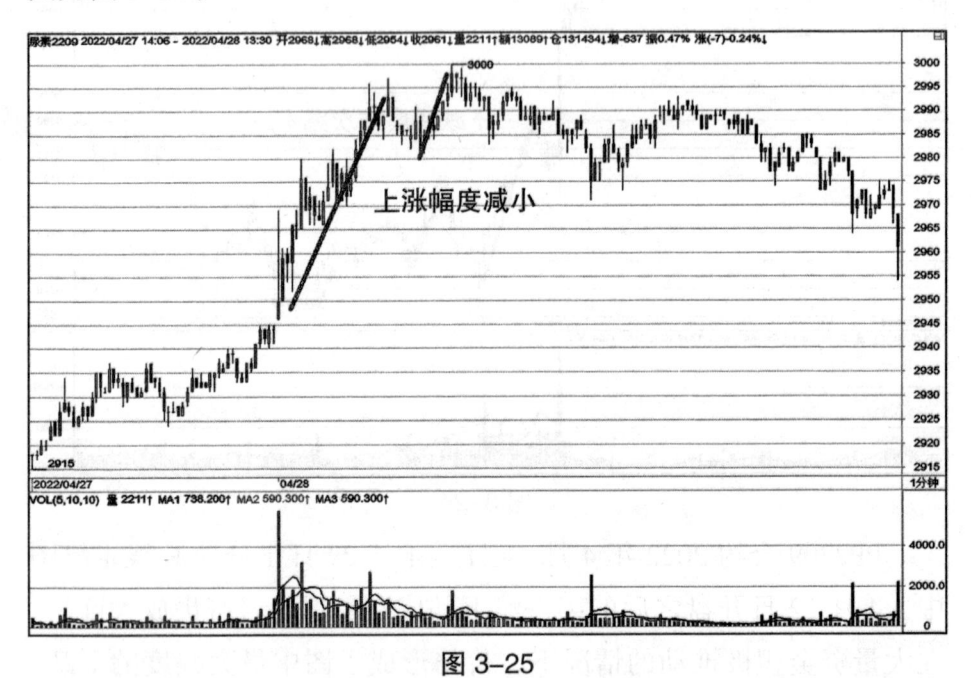

图 3-25

尿素2209合约2022年4月27日至4月28日1分钟K线走势

图中，4月28日开盘后价格第一波上涨时成交量形成了明显的集中放大，这说明资金做多的积极性很高。只要有量，价格就可以很好地延续上涨。

经过一次调整之后，价格进一步上涨并创下新高，但此时成交量却出现了明显衰竭的迹象。仔细看价格创出新高这一波行情上涨的幅度就可以发现，此时上涨的幅度相比之前上涨的幅度大幅减小，只有前一波行情的三分之一左右，由此可见多方的力量衰竭得多么迅速。

若价格第二波上涨时虽然有衰竭，但减小的幅度并不是很大，倒也不影响操作，可以继续持仓，因为价格后期还有一定的上涨空间，就算再次衰竭，至少也还能再涨一小波。但第二波一下子就衰竭成了这种程度，后期的行情还如何再衰竭？上涨幅度根本没有了再次减小的空间，甚至调整之后价格连创出新高的能力都没有了。所以，虽然只是第二波上涨，但在衰竭幅度如此之大的情况下，也必须要将其视为重要的风险信号以及顶部到来的信号了。

苹果2210合约2022年4月28日至4月29日1分钟K线走势图见图3-26。

苹果2210合约2022年4月28日至4月29日1分钟K线走势图中，4月28日价格形成了小幅度的上涨走势，不管是大波段的上涨，还是局部小行情的上涨，量与价的衰竭现象都会形成。只要这些风险信号出现，就要留意趋势方向有可能发生转变。

价格第一波上涨时，成交量保持着温和放大的状态，波动幅度相对较大。调整之后价格再度向上并创出新高，但此时成交量却不再连续放大，量能形成了衰竭的迹象。在成交量萎缩的时候，价格上涨的幅度也出现了明显的萎缩，与之前上涨波段相比，整体上涨幅度大比例减小。资金做多兴趣降低导致成交量萎缩，成交量萎缩使得价格上涨动力不足，从而使得上涨幅度大比例减小，量价双衰，上升趋势就很有可能要发生转变。

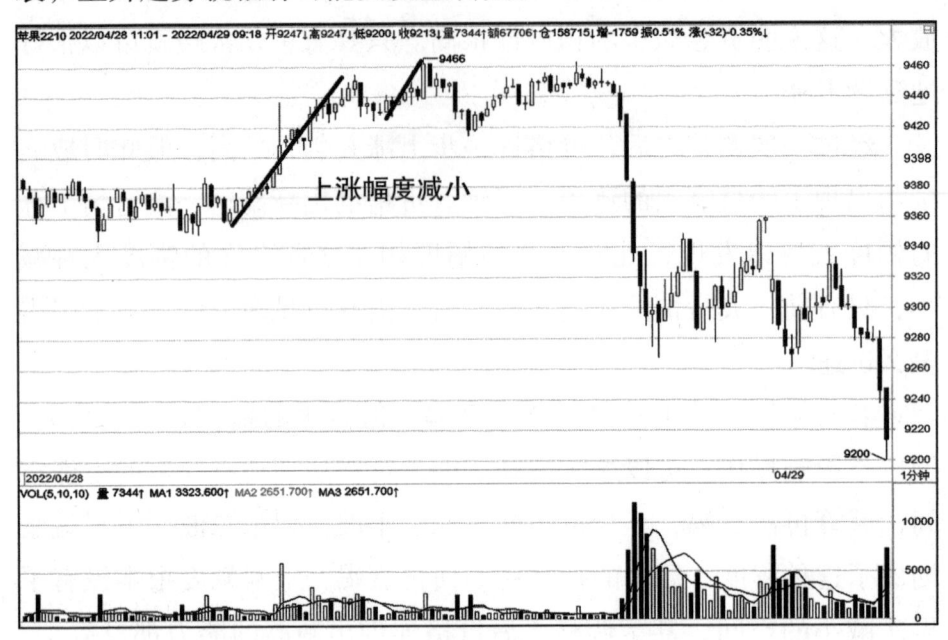

图 3-26

对于前后两波涨跌行情，若虽有衰竭，但幅度上并不严重，则可以继续持仓，因为虽然后期有可能还会进一步衰竭，但至少还有衰竭的空间，因此，可以继续持仓，去赚取后面的一小波行情。若临近的两个波段幅度衰竭的比例非常大，就可以直接将其视为风险到来的信号，价格在此时形成底或顶的可能性非常大，手中的顺势单应当及时平仓，并等待底部或顶部的标准形态出现后择机入场。

第八节　常见风险性 K 线信号

风险性信号针对的是当前的趋势方向，风险性信号出现，便意味着量或价的性质发生了转变，后市的走势将变得不再确定，因此，投资者需要开始谨慎处理手中的持仓。多方的风险性信号往往

◇第三章　如何正确抄底摸顶◇

是空方的机会性信号，两者是对立的，多单到了尽头可能正是空单的起点，所以，风险性信号是否出现也可以作为抄底摸顶的一大技术依据。在进行抄底摸顶操作时，底部或顶部的技术信号出现得越多，底部或顶部形态的稳定性也就会越好，越适合进行逆势操作。

底部或顶部的风险性信号虽然多种多样，但有几种极为常见。对于这些经常见到的风险性技术走势，投资者一定要掌握其识别的方法。

PTA2209 合约 2022 年 4 月 28 日至 4 月 29 日 1 分钟 K 线走势图见图 3-27。

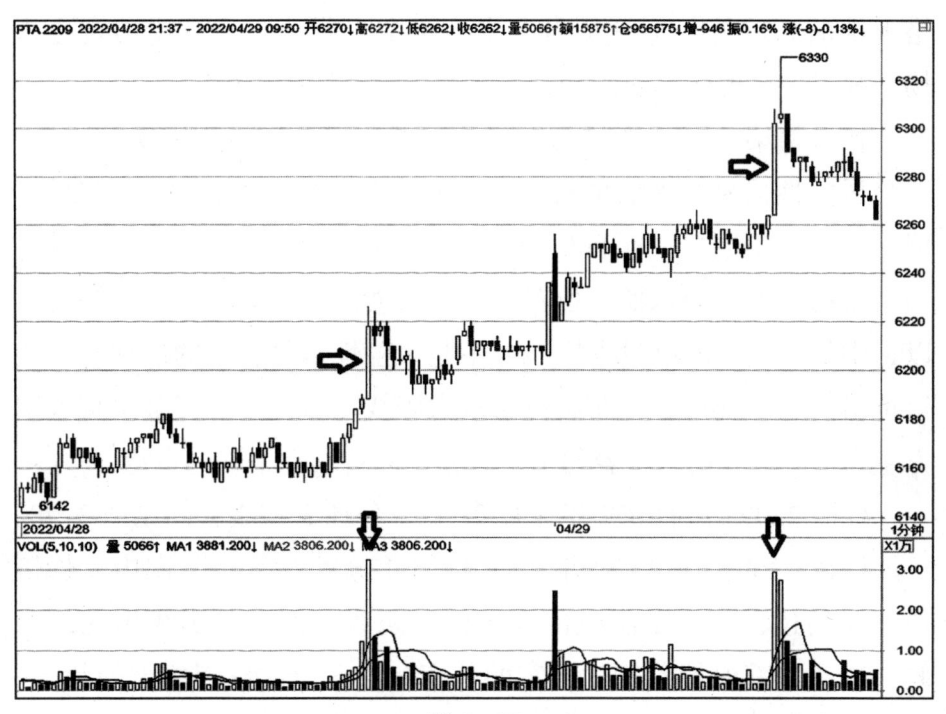

图 3-27

PTA2209 合约 2022 年 4 月 28 日至 4 月 29 日 1 分钟 K 线走势图中，价格上涨到高位之后收出了一根大实体的阳线，并且这根大阳线出现的时候成交量急剧放大。这种高位的巨量大阳线就是一种常见的风险性信号。

大阳线的出现本身是好事，并不是风险，但大阳线出现于一定幅度上涨的高位并且伴随巨量就形成了风险。连续上涨之后出现的巨大成交量是什么性质的资金在进行操作？可能是多头主力资金的建仓吗？显然是不可能的，之前明明有多次中低位的建仓机会，主力资金又怎么可能会在上涨的高位进行多单建仓操作？那可能是空方平仓导致的巨量吗？显然也不现实，随着价格上升趋势的形成，该止损的空方早就止损出局了，涨了这么多才绷不住劲止损离场，这只能是普通投资者的交易行为，而不会是主力的。因此，只剩下多方主力资金高位出货、空方资金入场建仓这两种可能性，而在价格上涨的高位处，不管是多方主力资金出货还是空方主力资金入场，都将会对价格当前的上升趋势起到破坏性的作用。

在价格第一轮上涨的高点也收出了一根放巨量的大实体阳线，这是风险性信号吗？它的技术形态跟高位的放量大阳线一模一样，但是，两者不同之处是价格所处的位置：一个在刚刚上涨的初期，一个在持续上涨的末期。位置不同，量能的解读方式自然不同。所以，中低位出现的巨量大阳线并不是风险性信号，它的出现只会使得价格暂时出现调整，而高位巨量大阳线在多方主力资金出货或空方主力资金建仓后，很容易引发价格一轮持续性下跌的走势。

棕榈2209合约2022年4月28日1分钟K线走势图见图3-28。

棕榈2209合约2022年4月28日1分钟K线走势图中，价格在下跌的过程中，多次收出大实体的阴线，但这些阴线出现的时候，成交量都保持着较为稳定的状态，没有形成急剧放大的状态。这说明在下跌过程中，主力资金并没有在稳定的量能之中进行出货操作。

经过一大轮下跌之后，于价格的低点区间阴线的实体进一步增大，同时，成交量也放大了，并且随着最大一根实体阴线的出现，成交量创下了近一段时间的最大量。如果成交量虽然放大，但却可以持续稳定地保持一致性的放量，那说明资金交易非常活跃，量能性质没有异常。而突然出现进一步的放量，往往意味着有资金开始暗中撤离了。低位、巨量、大实体阴线，这三个技术信号一起出现往往意味着价格的下跌已经进入尾声，这是空方主力资金出货而引发的风险。

图 3-28

大阴线造成的快速下跌极为诱人，一些错过之前下跌行情懊悔的投资者见到价格再次加速下行，必然会头脑一热，不管不顾地冲进场中，从而成为空方主力资金出货的对象。大阴线此时的作用就是去诱惑分析能力不足的投资者，让他们接下空方主力的出货盘。在空方主力大规模出货的时候，成交量必然会明显放大。空方主力出货的区间自然就容易形成重要的底部，底部不仅要看空方力量的各种衰竭表现，还一定要找到空方主力资金出货的证据。

菜油 2209 合约 2022 年 4 月 29 日 1 分钟 K 线走势图见图 3-29。

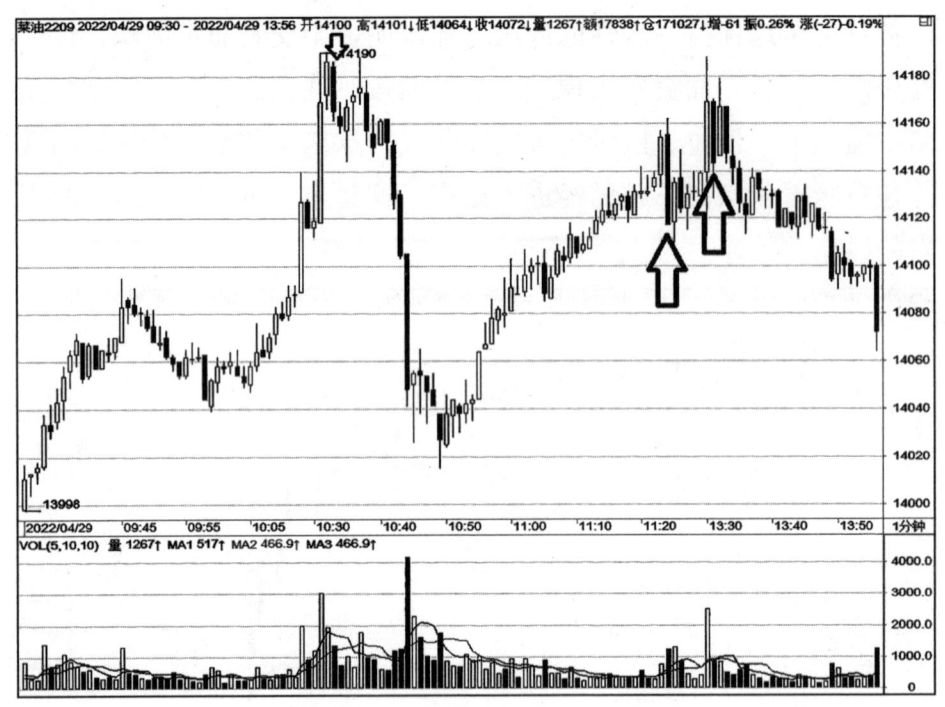

图 3-29

菜油 2209 合约 2022 年 4 月 29 日 1 分钟 K 线走势图中，于两处高位形成了一致性的技术信号，那就是持续上涨之后都收出了实体较大的阴线。这些阴线的实体是上涨以来最大的，甚至超过了上涨过程中较为常见的阳线实体。高位大阴线是最经典的多头趋势风险性信号，它的出现很容易对当前上升趋势的延续起到巨大的破坏作用。

无论在什么位置出现大阴线，也不管大阴线是主力资金震仓还是出货性质，它的出现都表明当前卖盘的数量远大于买盘、做空的积极性大于做多的积极性，因此，价格才可以出现大幅度的下跌。若是主力资金出货导致的价格大幅下跌，那就宣告了顶部的到来，就算当下不跌，未来也肯定会转为下跌。若是主力资金建仓性质，大阴线出现之后价格还将会继续上涨。那如何判断大阴线出现之后的性质是主力资金建仓还是出货呢？具体要看价格所处的位置，如果当前价格处于上涨后的高位，那更大的可能是主力资金的出货了。

　　从图中走势来看，箭头所标注的大阴线出现的位置都位于价格上涨之后的高位，在这些位置主力资金的多单早已实现了不少的收益，趁价格上涨带来的火热人气进行出货也是自然。在高位大阴线出现之后，价格后期改变上升趋势的可能性较大，因此，手中的多单一定要注意回避风险，同时，也要仔细观察高位的走势中有没有符合要求的顶部形态出现。一旦形态满足要求并且又有高位大阴线出现，摸顶操作的稳定性也就得到了保障。

　　纸浆2209合约2022年4月25日1分钟K线走势图见图3-30。

图 3-30

　　纸浆2209合约2022年4月25日1分钟K线走势图中，价格下跌到底部后开始反弹的时候就向做空的投资者发出了风险性信号：反弹区间大实体的阳线连续出现。在进行分析的时候，如何确定反弹阳线的实体是不是足够大呢？这就要对阳线的实体与下跌时阴线的实体进行对比，若反弹时的阳线实体远远小于下跌时阴线的实体，那就说明多方力量弱；但若阳线的实体与下跌时阴线的实体一致，甚至超过下跌时阴线的实体，那就表示多方力量较大，做空的投资者需要小心下降趋势有可能结束。从图中的走势来看，箭头所标注处阳线的实体已经与下跌时阴线的实体一致，甚至略微大一些，这说明在价格大幅下跌之后多方的力量开始有了增强的迹象。

在对底部大阳线或顶部大阴线进行分析的时候，只需要关注实体的大小就可以了，不需要对成交量进行分析。当底部大阳线出现时，放量当然最好，这说明要么空方资金进行了大规模的平仓，要么多方资金大举杀入。无论哪种情况，都将会对上涨起到更好的促进作用。但底部大阳线没有放量也没关系，较大的阳线实体已经反映了一切。

若多方没有力量，则不可能收出实体较大的阳线。在价格大幅下跌之后的低位，正是空方力量刚刚用尽的时候，这种情况下多方大力度的反击将很容易终结下跌行情。因此，底部的大阳线对于空头趋势来讲就是风险，但这种走势对于准备进行抄底操作的投资者而言，却又意味着机会有可能到来。

棉花2209合约2022年4月27日至4月28日1分钟K线走势图见图3-31。

棉花2209合约2022年4月27日至4月28日1分钟K线走势图中，价格在第一个箭头处的高位收出了一根巨量的大实体阳线。它的到来直接促使价格出现了调整，虽然后期又有新高出现，但创新高也是为了更好地形成顶部。这一根放量大阳线除了实体是一种风险性信号以外，长长的上影线也是一种价格于高位区间常见的风险性信号。

◇ 第三章　如何正确抄底摸顶 ◇

图 3-31

在上涨之后的高位出现长长的上影线，说明多空双方在此区间的争夺非常激烈。虽然价格有能力大幅上涨，但是，空方也有足够强的能力把价格给压下来。大阴线代表的是价格的直接下跌，长长的上影线则代表的是价格隐性的大幅下跌。上影线越长，说明空方的力量越大，风险的提示作用也就越明显。

有的时候，长长的上影线会单独出现，此时分时线只需要看一下上影线的具体长度就可以了。只要上影线的长度跟上涨时阳线的实体相当，就可以定义为长上影线。有时长长的上影线会与大实体的阳线或阴线共同出现，两种风险性信号同时出现在一根 K 线身上，那这一根 K 线就必须要高度警惕了。

棉花 2209 合约 2022 年 4 月 22 日 1 分钟 K 线走势图见图 3-32。

棉花 2209 合约 2022 年 4 月 22 日 1 分钟 K 线走势图中，价格下跌的时候成交量保持着连续放大的状态。虽然第一根阴线的成交量非常大，但由于价格仍处于相对高位，并且是下跌形成时的第一次放量，因此，并非主力资金的出货行为所导致的。在不同的位置放量的解读方式完全不一样，是不是主力出货一定要看价格波动之后资金的获利空间有多大，这样才可以正确地进行判断。

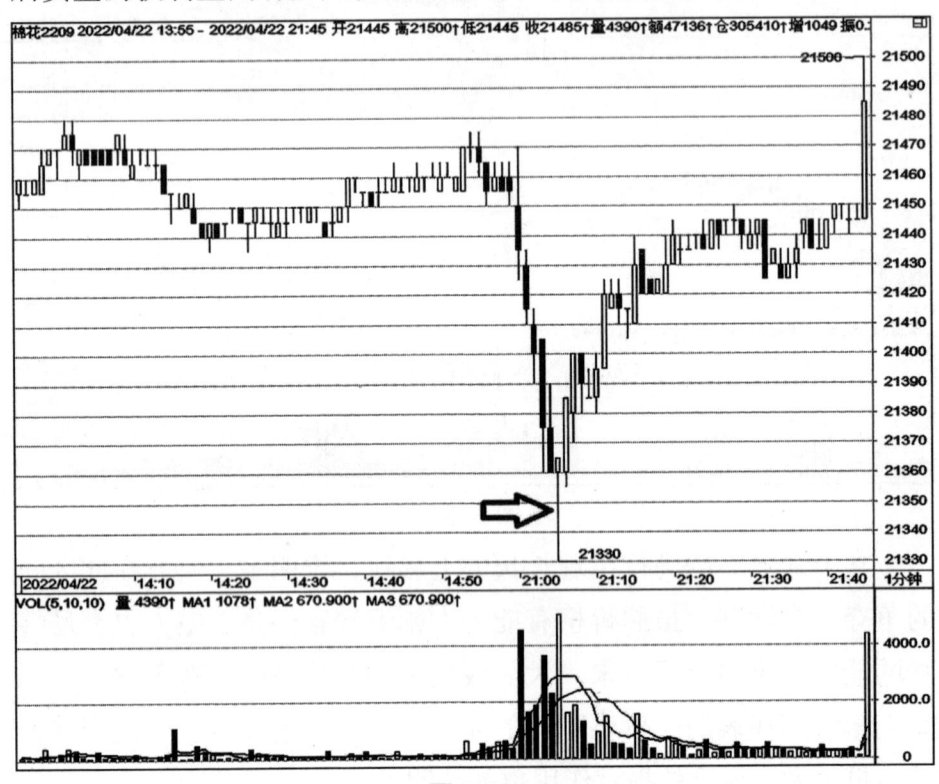

图 3-32

连续出现几根阴线，到达相对低位后，成交量创下最大量。虽然 K 线只是一根小阳线，但这根小阳线却带着长长的下影线，下影线的长度已经超过了下跌时大阴线的实体长度，这说明多方在低点区间的反击力度非常大。多方强有力的反击不仅是为了阻止价格进一步的下跌，更是为了促使下降趋势转为上升趋势。再加上巨大的成交量，进行综合分析，显然空方主力资金已经在价格快速下探的过程中顺利地完成了出货操作。

风险性信号若是单独使用，只适合用来指导顺势单的持仓，只有与具体的价格波动形态共同使用，才可以用以抄底摸顶的操作，其自身不适合直接作为抄底摸顶的依据。有时价格形成底部或顶部形态时会有这些风险性信号的共同出现，此时操作成功的可能性将会大大提升。有时底部或顶部形态出现时不一定会有这些风险性信号，但这也并不影响抄底摸顶的操作，因为抄底摸顶操作注重的是整体形态，而不是局部的风险信号，两者之间的关系一定要理顺。

第九节　底部与顶部常见指标技术特征

底部或顶部 K 线形态上常见的技术特征是形成两个尖以及最好有其他的风险性信号出现，而如果借助指标进行分析，则底部或顶部形态就更容易识别了。使用技术指标判断底部或顶部适合广大投资经验较少的投资者，因为最容易做出准确的判断。同时，交易经验丰富的投资者使用可以提高操作的精准度。

判断价格底部或顶部最有效的技术指标就是 MACD 指标。这可是底部与顶部判断的神器，实战效果非常棒。在具体使用的时候，要求价格下跌进入底部区间时，MACD 指标必须形成至少两个指标低点抬高的走势。此时价格可以向下继续创新低，也可以处于低点水平或低点同步抬高。指标的技术形态最为重要，价格的技术形态并不做限制。

MACD 指标在价格下跌之后形成低点抬高，从指标的角度来说，上升趋势已开始形成，就算价格依然保持着下跌的走势，也多会处于下跌的末期，上涨行情将随时爆发。因此，当 MACD 形态有低点抬高迹象时，手中的空单要开始考虑平仓，并且随时做好入场抄底操作的准备。摸顶的技术形态也是如此，将抄底的技术形态反转过来就可以。

原油 2206 合约 2022 年 4 月 22 日至 4 月 26 日 3 分钟 K 线走势图见图 3-33。

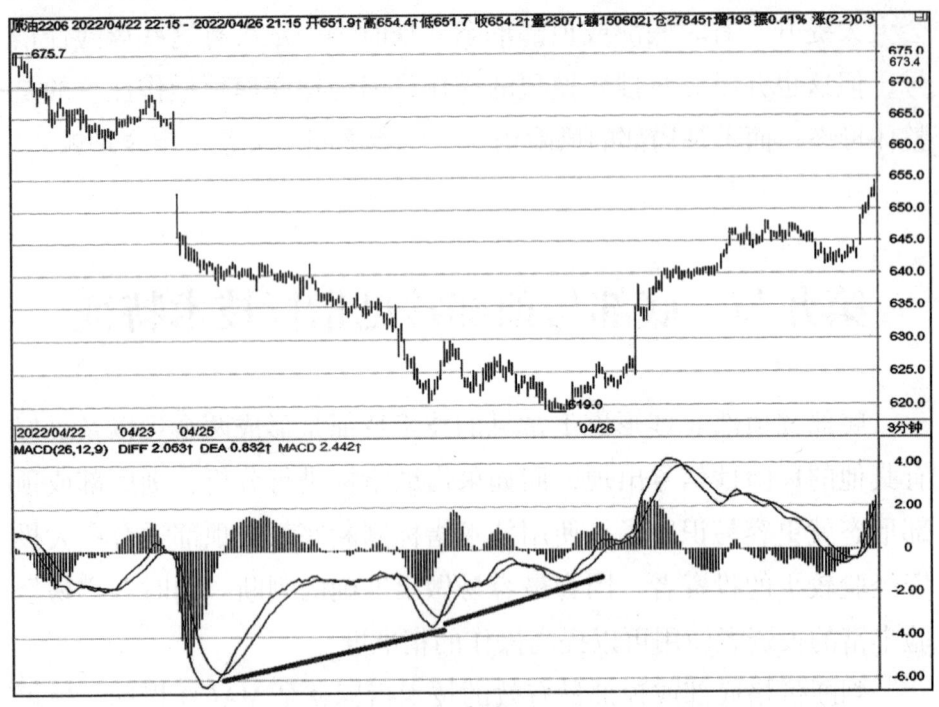

图 3-33

原油 2206 合约 2022 年 4 月 22 日至 4 月 26 日 3 分钟 K 线走势图中，价格经过一番震荡下跌之后到达了低点区间，若仅从 K 线形态来看，具备两大常见的底部信号：反弹的高度不断降低，以及下跌的幅度在明显减小。但仅凭这两点还略显不足，因为底部没有常见的风险性信号出现，直接抄底做多技术上的证据略显不足。

在 K 线形态有了底部迹象的时候，投资者就可以借助 MACD 指标进行综合分析了。从 MACD 指标的技术形态上看，在价格底部震荡并且向下创出新低的时候，MACD 指标线的低点却形成了抬高的迹象。由于最低处的低点是受到低开影响形成的，因此，第一条斜线处的低点抬高其实是不能视为有效信号的，MACD 指标的低点抬高必须是价格连续波动形成的。因此，第二条斜线处的 MACD 指标低点抬高才是符合技术要求的底部形态。

在 K 线形态有了底部迹象，并且 MACD 指标也有了明确的底部信号之后，投资者就可以积极地寻找各种精细的抄底入场点了。这个区域风险很小，一旦价格筑底成功，收益的幅度将会远大于止损的幅度，是非常值得入场的点位区间。

燃油 2209 合约 2022 年 4 月 21 日至 4 月 22 日 1 分钟 K 线走势图见图 3-34。

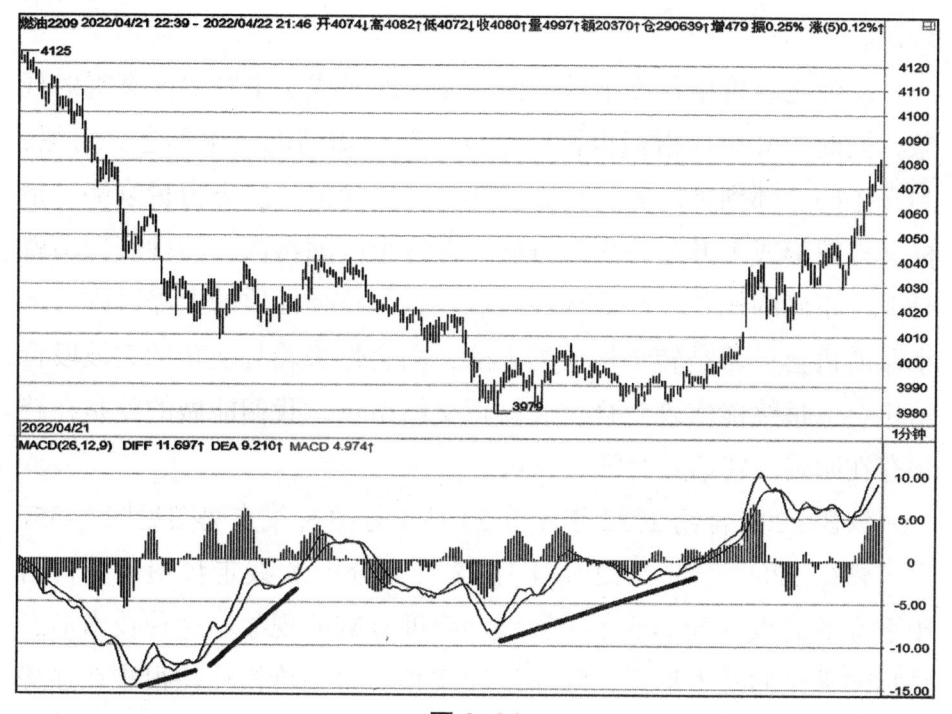

图 3-34

燃油 2209 合约 2022 年 4 月 21 日至 4 月 22 日 1 分钟 K 线走势图中，价格先后形成了两次底部，一次只是反弹性质的上涨，一次则是真正的筑底。无论是哪种性质的波动，其实都符合筑底成功之后的走势，因为对于抄底而言，有这样一句话：抄底抢反弹。第一次抄的是反弹底，第二次的反弹底只不过演变成了真正的大底部，两者并不矛盾。哪怕价格没有形成趋势性上涨，只是反弹起来，其上涨空间也足以保证投资者不会再产生亏损。

在价格连续下跌的情况下，第一次底部形成的时候，价格形成了下跌幅度衰减的现象，只要空方力量开始明显减弱，多方就很容易趁势发力。同时，在筑底的中期还形成了低点抬高的迹象，再配合 MACD 指标多次形成低点抬高的走势，这个底部的可操作性是非常好的，只是后市的上涨表现较差。底部不等于上涨，它只是代表当前下跌阶段的终结，这一点投资者在操作的时候一定要有正确的认识。

反弹之后价格再度下跌，而后又一次形成了下跌幅度衰竭的现象，同时，MACD 指标也再次形成了低点抬高的技术形态。可见，当真正的底部到来之时，技术特征是多么相似。空方力量衰竭，指标又提前形成上升趋势引领方向，在这个区间再次入场抄底做多就是完全正确的操作。抄底成功之后，若是反弹性质的上涨，则带来小赚的机会；若是转势性质的上涨，则会带来趋势逆转的大波段行情机会。最终能实现怎样的收益得交给市场，我们能做的就是在趋势存在明确反转信号时随之介入。

铁矿 2209 合约 2022 年 4 月 28 日 1 分钟 K 线走势图见图 3-35。

铁矿 2209 合约 2022 年 4 月 28 日 1 分钟 K 线走势图中，价格于上涨的高点区间形成了上涨波动幅度衰减的现象。这种技术形态是顶部常见的技术形态，除非是 A 字顶，否则价格往往很难在强势上涨的过程中直接见到最高点。多方力量的减弱会有一个过程，因此，上涨幅度是否衰竭就成了最重要的监控多方力度变化的技术手段。

在上涨幅度出现衰竭的时候，MACD 指标也同步形成了低点降低的态势，这就意味着价格在该区间形成顶部的可能性非常大。就算价格后期难以下跌，至少在一定时间内也很难上涨，因此，做空的风险并不会很大。

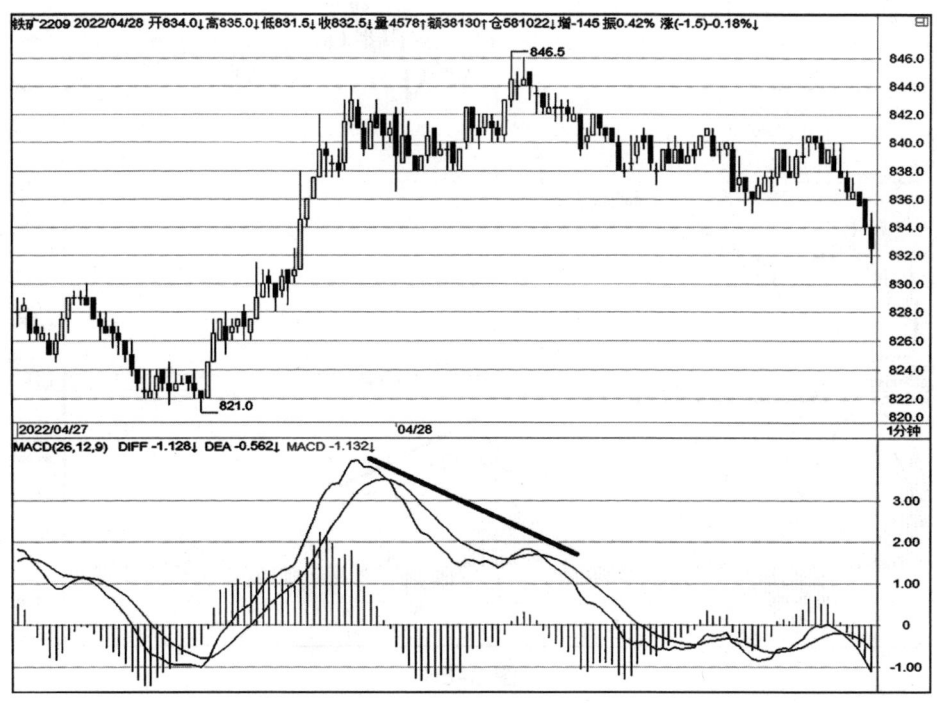

图 3-35

MACD 指标高点降低在价格向上创出新高时就可以做出判断，在价格突破前高点的时候，若 MACD 指标线当前的位置距离之前的高点很远，那么，高点降低形态必然会形成，而没必要等到 MACD 指标形态死叉再去做判断。

棉花 2209 合约 2022 年 4 月 28 日 1 分钟 K 线走势图见图 3-36。

棉花 2209 合约 2022 年 4 月 28 日 1 分钟 K 线走势图中，价格在前三波的上涨过程中，虽然第一个波段上涨的角度有所不同，但整体的上涨幅度却并没有出现明显的衰竭现象。只要多方有能力保持着一样的幅度不断向上，投资者就不宜因为上涨的波数较多而认为顶部将会到来。顶部的形成，一是要有主力资金出货的信号，二是必须要有多方呈现非常明显力度衰竭的迹象。多方力量不衰竭，就算价格暂时停止了上涨，也只是调整之后再创新高。

图 3-36

三波上涨结束之后，价格再一次创出新高的时候，上涨幅度终于形成了衰竭的迹象，并且在高位还出现了长上影星 K 线的迹象，常见的风险性信号与上涨波段衰竭共同出现。这就意味着价格停止上涨，转为开始筑顶的可能性非常大。在这些风险性信号具备的同时，MACD 指标也形成了高点明显降低的态势，并且从 MACD 指标柱体长短的角度来看，在价格最后一次创出新高之时，MACD 指标柱体变得非常短，进一步说明此时的多方力量非常虚弱，多弱则空强，因此，在该点位处入场做空风险较小。

顶部形成之后，价格要么彻底转为下降趋势，给空方带来赚大钱的机会，要么形成一次大的调整，给空方带来小赚的机会，要么高位横盘，蓄势向上，不给空方赚钱的机会，但无论是哪种性质的波动，价格都会暂时停止持续性的上涨。这也就是顶部技术信号出现之后入场做空不会产生大风险的原因。

在正确操作方法的指引下,虽然是逆势操作,但其风险与顺势交易完全一样,而一旦形态走成功,获得的收益却是最高的,这也是逆势抄底摸顶操作最大的魅力所在。千万不要再认为抄底摸顶操作风险大,而应当改变认识为:抄底摸顶操作完全可以以小亏损的代价换来一波完整大行情的盈利。这是笔者一直倡导的小亏换大赚操作的典范。

第十节 最稳妥的抄底摸顶技术形态

底部或顶部的技术形态有多种形式,每一种形式都有一种相对应的获利解决方案,有的获利解决方案要求投资者有一定的操作经验,新手并不适用。而有的抄底摸顶技巧则不管是新手还是有经验的老手,都可以轻松掌握。这一节就为各位读者朋友讲解这种操盘方法。未来不管哪个品种,不管是期货还是股票,只要形成了这种技术形态,就一定要意识到:获利的大好机会到来了!

价格在底部形成什么样的技术形态是最好的呢?自然是在底部区间时价格形成低点抬高迹象。低点抬高说明空方力量开始明显衰竭,空方没有能力再次让价格创新低,背后的原因就是多空双方的力量出现了变化,多方力量开始增强,空方力量开始减弱,在价格连续下跌之后的低点区间形成这种走势便很容易促使底部的形成。

那MACD指标形成什么样的技术形态最好呢?自然是MACD指标形成低点抬高的迹象,不管价格如何波动,MACD指标出现这种变化意味着后市的方向将有很大的可能转为向上。价格同步出现低点抬高则直接转化为底部,价格若向下创新低,便形成了底背离迹象,这也是要形成底部的信号,只不过底背离的形成价格是要创新低的,从K线形态上来说加大了一些分析的难度,新手投资者可能适应不了，或见到价格创新低而心生恐惧，不敢交易。

但是，MACD 指标低点抬高，价格也低点抬高，却给了投资者明确的多头形态形成的信号，此时操作技术难度很低，并且心理上也更容易接受。

IC 主力连续合约 2018 年 6 月至 2019 年 4 月日 K 线走势图见图 3-37。

图 3-37

IC 主力连续合约 2018 年 6 月至 2019 年 4 月日 K 线走势图中，价格连续震荡下跌，形成最低点之后，开始了连续的反弹走势。从整个底部震荡反弹区间来看，下跌波段呈现了明显的跌幅上的衰竭现象，在价格低点抬高的底部区域，跌幅的衰竭现象基本上是必然见到的。受到下跌幅度减小的影响，再一次创新低的现象往往也就很难出现了。

在价格形成低点抬高的时候，MACD 指标也形成了低点连续抬

◇ 第三章　如何正确抄底摸顶 ◇

高的迹象。指标的低点抬高是交易方向将有可能转为向上的提前指引信号，与价格低点抬高的性质是不同的。MACD 指标低点抬高是在提前提示方向上的转变，价格低点抬高则是多方力量转强、空方力量减弱的性质。

在方向将会转为上升，多方力量增强、空方力量减弱的情况下，做多自然风险是很低的，而这种走势又出现在价格持续下跌之后的低位，就算未来只是反弹性质的上涨，也非常值得操作，更何况还有不小的概率由反弹转变成顺势上涨。

玻璃主力连续合约 2021 年 7 月至 2022 年 2 月日 K 线走势图见图 3-38。

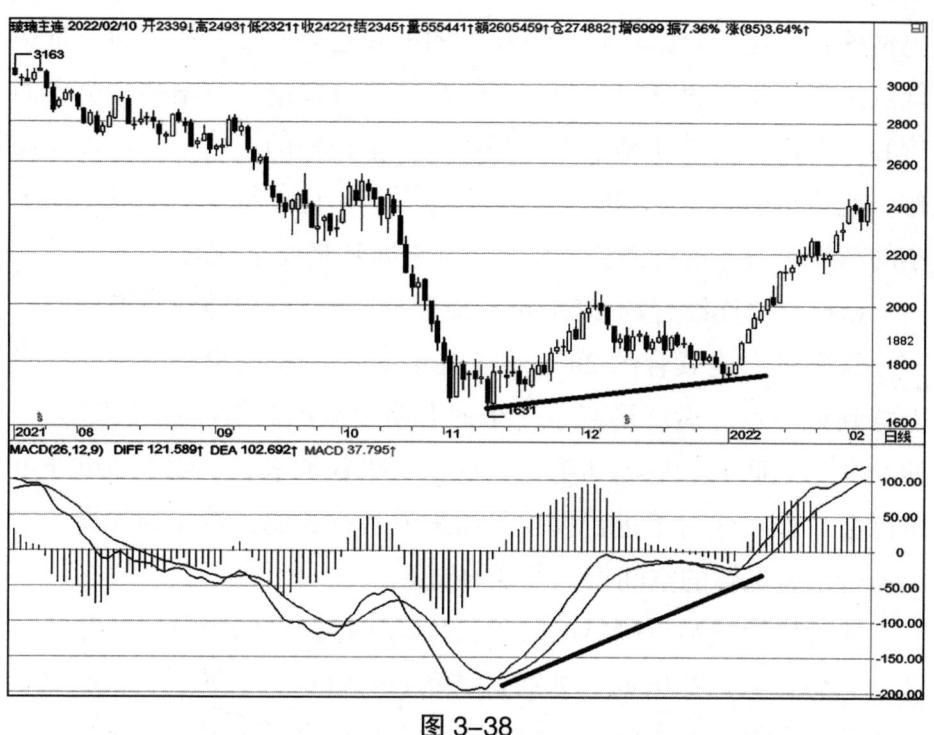

图 3-38

玻璃主力连续合约 2021 年 7 月至 2022 年 2 月日 K 线走势图中，价格最大的一波下跌出现之后，再一次下跌时跌幅出现了大比例的衰竭。价格大幅度下跌虽好，但却容易透支空间，就好像一个人用尽全身力气奔跑的时候，速度虽快，但持续性却是很差的。因此，大跌之后价格再次下跌时出现跌幅上的衰竭或是无法再向下创出新低，都是很正常的走势，其主要原因是空方力量已经被透支。

在价格低点抬高显示空方杀跌力度大减、多方力量有所增强的时候，MACD指标也形成了指标线低点抬高的迹象。指标线低点抬高往往会牵引价格后期转为上升趋势，这是一种方向提示信号。在性质与方向均向多头侧重的时候，投资者也就要密切留意这个区间内的做多机会了。

低点抬高让人看到了希望，最起码跌破前低点进行止损的风险控制方法很容易落实，在此进行操作风险具体有多大心中很容易做出估算，因此，会减轻投资者在大的下降趋势中做多的压力。价格低点抬高，指标也低点抬高，双抬高现象可以进一步增强投资者的信心，无论是新手还是老手，都可以在很轻松的情绪下完成抄底操作。逆势交易毕竟不像顺势交易那样更容易让人接受，所以，在更小的精神压力下进行逆势操作是非常重要且是要重视的。

铁矿主力连续合约2021年5月至7月日K线走势图见图3-39。

铁矿主力连续合约2021年5月至7月日K线走势图中，价格上涨到最高点之后，形成了一个形态略复杂的高点降低技术形态。两个高点降低的过程周期越长，往往意味着价格后期回落的周期也可能会越长。这对于进行摸顶操作来说是有利的，较大的规模可以保障价格有足够的空间带来可观的收益。

在价格形成高点降低的时候，MACD指标也同步形成了高点降低的态势，并且在出现大级别高点降低的同时，小级别的高点也有了降低的态势。高点降低现象出现的次数越多，越说明当前趋势方向的稳定性强，越值得投资者进行操作。在高点双降低现象形成时，投资者便可以于多方力量衰竭、交易方向提前形成的情况下积极地择机进行做空操作了。

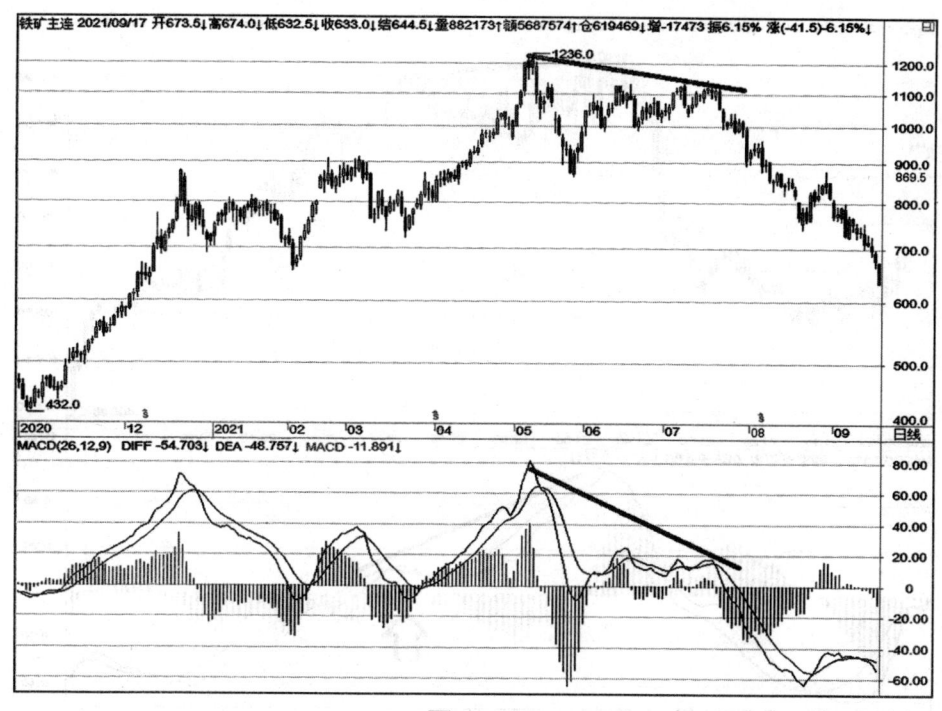

图 3-39

2021年年中形成的高点降低与2021年前后形成的高点降低有什么样的区别呢？2021年前后形成高点降低时，只有价格的高点降低了，MACD指标并没有形成高点降低的现象。而2021年年中时的高点降低则是双降低，自然可操作性就会更强。由此也可以看到，仅是价格高点降低仍然属于"证据不足"，只有指标也配合起来，才会带来更好的逆势摸顶交易机会。

黄金2206合约2022年4月22日1分钟K线走势图见图3-40。

黄金2206合约2022年4月22日1分钟K线走势图中，价格开盘后出现了一大波上涨行情之后，创新高的走势便再也没有出现。价格一旦无法创新高，最直接的体现就是多方力量明显衰竭。既然摸顶是要在上涨过程中进行做空操作，而空单只有在价格的多方力量减弱时才更适合入场，因此，高点有没有降低对于摸顶操作来讲是非常重要的。

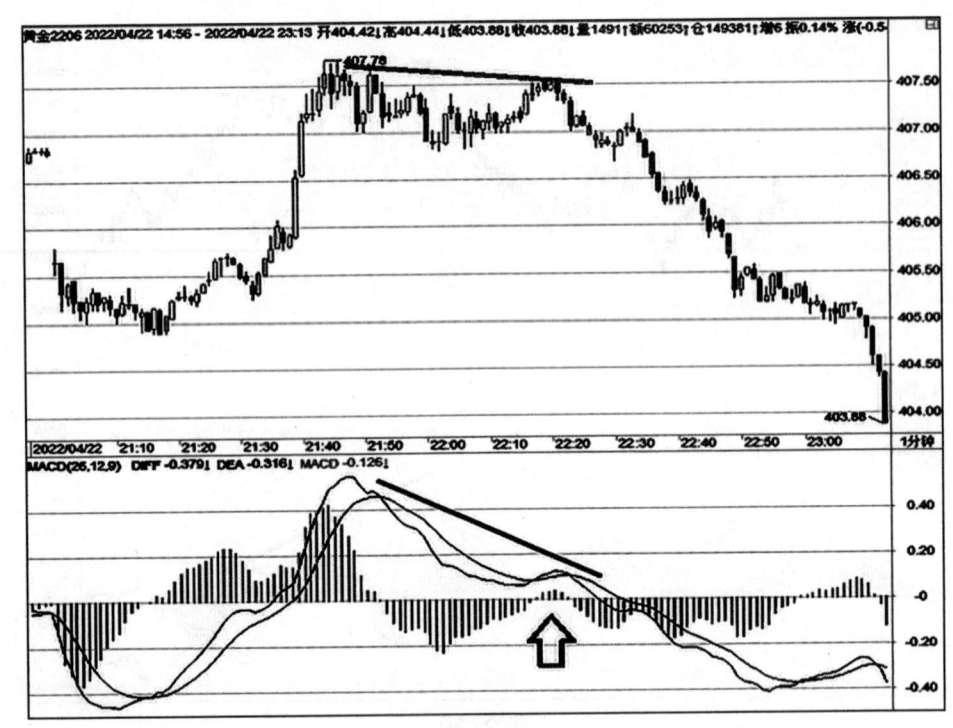

图 3-40

在价格高点降低，显示多方力量衰竭并且空方力量开始有所增强时，MACD 指标也形成了高点降低的迹象，这便意味着后期价格的波动方向将会有很大的可能转变成下跌。同时，再对高点降低处的 MACD 指标柱体进行分析便可以看到，此时代表多头力量的柱体缩短了许多，这种技术信号意味着：从指标的角度来讲，多方力量非常虚弱。指标柱体的长短也是价格涨跌力度的重要体现，创不出新高说明多方力量弱，指标柱体短也说明多方力量弱，因此，在这个区间进行做空操作风险就会非常小，就算顶部技术形态失败，也不会出现大的亏损。

MACD 指标线高点降低形态和价格高点降低技术形态非常易于辨别，两者结合在一起共同进行分析也非常简单，因此，不管是老手还是新手，这种价格与指标双降低形态就是盈利最稳定的形态，也应当是抄底摸顶时必须要掌握的一种获利生存手段。

第四章 日内投机常用操盘绝技

在进行实盘操作的时候，要对价格波动的方方面面进行一番分析。分析得越全面，所得出的结论就越有可能接近于市场的真实波动，从而越容易从市场中获得稳定的收益。实战操作方法是由一个个小细节构成的，这些细节可以拿出来单独使用，也可以组合在一起使用，所以，一个可以用于实战操作的方法往往多涉及两三个细节。这些细节一环扣一环，每个都要满足，只有这样，才可以指导投资者该如何入场进行操作。

每一个可以用于实战操作的方法往往都会针对一种技术形态，只要这些技术形态经常出现，并不是极少出现的，就可以直接用于操作。虽然其中会有失败的走势，但只要投资者控制好风险，就不会让资金出现大幅亏损的可能。在这种情况下，那些走势成功的案例便会带来或大或小的赢利机会，从而使最终的总盈利完全可以覆盖掉小亏损，给投资者带来净盈利。

每一个可以用于实战操作的方法都是一台台"印钞机"，投资者对这些方法掌握得越多，对价格的预判能力便会越高超，赢利的可能性也就会大大提升。高手与新手的一大区别就在于：高手往往拥有许多可用于实战操作的方法，而新手可能连一个实战性的方法都没有建立起来。

本章内容将为各位读者朋友补齐短板，提升各位读者朋友的能力，从而在期货市场早日实现持续稳定的收益。

第一节　反向角度大，盈利定稳拿

许多投资者都应当有过这样不愉快的经历：价格的趋势方向挺明显的，但一做进去就容易被打掉止损，或是虽然技术形态成功，但价格涨跌的幅度非常小，不足以带来较大的盈利空间。该如何回避这种情况，从而提高胜算呢？

某一种技术形态走失败有可能是市场正常的原因，此时各方面的技术条件都满足，但就是走失败了。对于这种走势，没必要去花过多的精力研究，这是太正常的现象了。但若是因为价格的波动弱势特征明显，从而导致某种技术形态失败，那就得要好好琢磨一下了。以上涨为例，如果多头力量很虚弱，所形成的买点信号往往就容易走失败，或是就算买点形态成功，也很难给投资者带来获得较大收益的机会。过滤掉这种弱势形态，投资者便可以最大限度地减少失败。

那该如何过滤掉弱势波动形态呢？强与弱是对比的结果，没有对比，便无法判断出价格当前的走势是强是弱，所以，在价格上涨的时候必须要与下跌的走势进行对比，在价格下跌的时候也必须要与上涨的走势进行对比，只有这样，才可以做到知己知彼。顺着这个思路进行研究，便可以找到这样一种简单但却实用的方法：在价格上涨的时候，看一下布林线指标中轨上行的角度，而后跟之前下跌的角度进行比较便可。

如果价格上涨时布林线指标中轨向上的角度小于之前下跌的角度，说明多头力量较小，价格此时的波动往往是弱势状态，就算买点出现，也不宜介入；如果价格上涨时布林线指标中轨向上的角度

◇第四章　日内投机常用操盘绝技◇

与下跌时的角度一致，那说明多空的力量是一样的，此时价格怎样跌下来，便会怎么涨上去；若价格上涨时布林线指标中轨向上的角度远大于下跌时的角度，说明多方力量很强大，价格上涨的空间将会大于下跌的空间。这种情况下，一旦形成买点信号，对于多方来说，就是赚大钱的机会。

相对于已形成的下跌时的角度，上涨时布林线指标中轨的角度就是反向角度。反向角度越大，则说明多头力量越大，这种情况下形成的各种买点都比较容易成功，并且也容易带来更大幅度的获利机会。因此，想要使操作的效果更好，一定要多在反向角度大的区间进行操作。

燃油2209合约2022年4月26日1分钟K线走势图见图4-1。

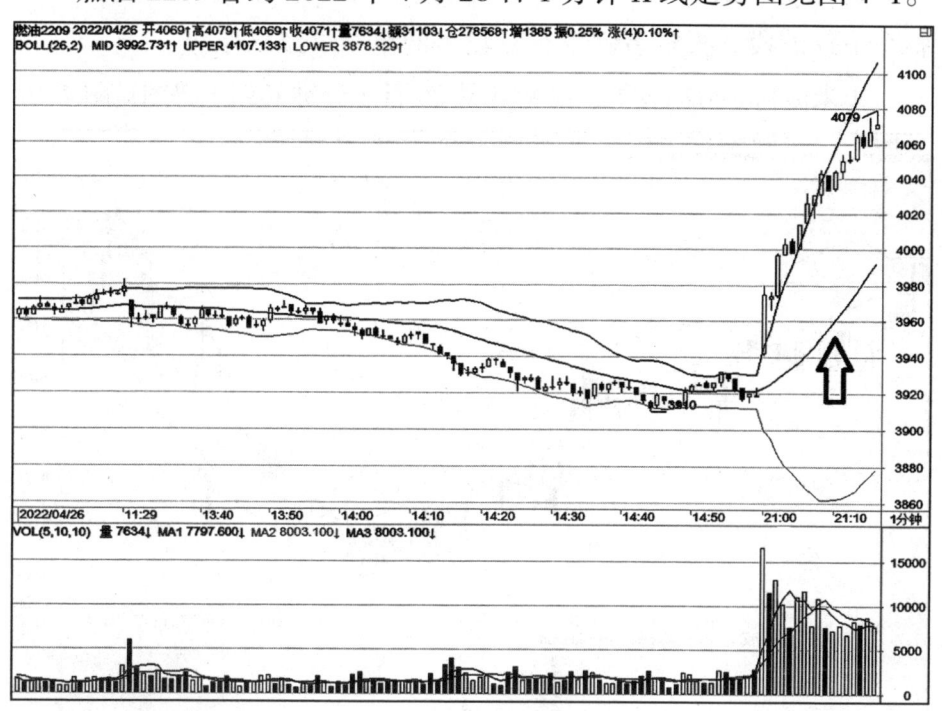

图 4-1

燃油2209合约2022年4月26日1分钟K线走势图中，价格下跌结束之后，一开盘便形成了一轮大幅上涨的行情。这一轮上涨行情直接吞没了所有的下跌波段，并且上涨过程中成交量放大得非常充分，正是资金积极入场做多，促使了一大轮行情的出现。

在价格上涨的过程中，布林线指标中轨向上运行的角度非常陡峭，将上涨的角度跟之前下跌时的角度进行比较，可以看到：反向角度非常大。反向角度大是多头力量强大的最直接体现，这种情况下，价格很容易出现超过下跌波动幅度的大行情。对于做多的投资者来说，这是赚大钱的好机会。

但是，反向角度变大并不能在上涨行情刚刚形成的时候发现，只能在上涨的初期中后段或上涨中期才可以发现。因为发现的时间晚，所以，投资者要么在此过程中持有多单，要么只能在上涨的中途择机入场。虽然只能在上涨中途介入，但只要价格还没有吞没掉整个下跌波段，投资者就依然有较大的空间可以操作。

玉米淀粉 2207 合约 2022 年 4 月 29 日 1 分钟 K 线走势图见图 4-2。

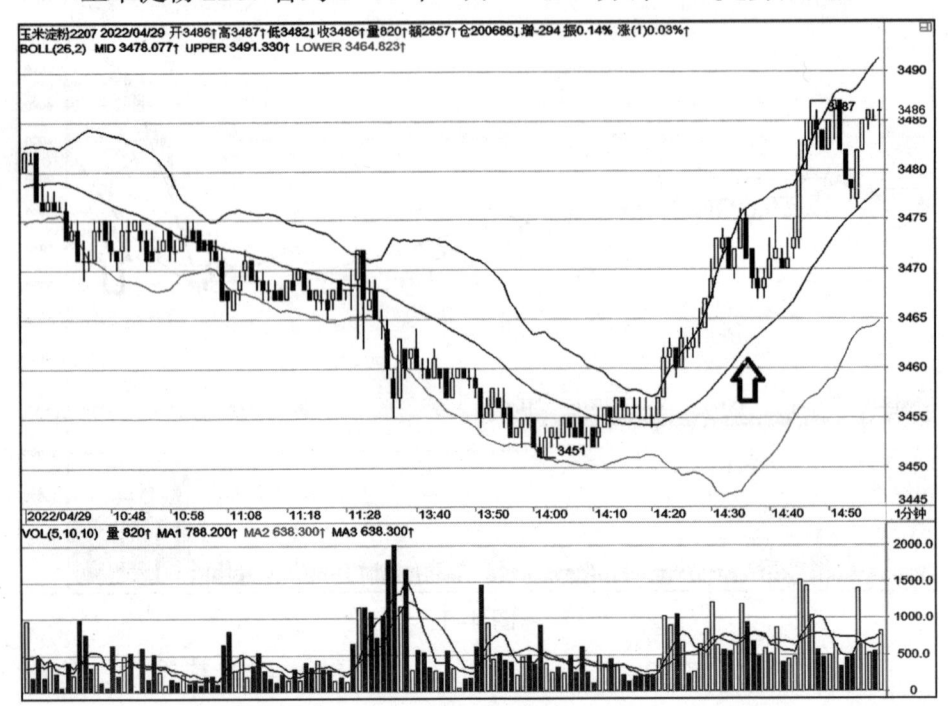

图 4-2

玉米淀粉 2207 合约 2022 年 4 月 29 日 1 分钟 K 线走势图中，价格下跌的时候，量价配合形态还是挺不错的，下跌时的阴线都带着或大或小的放量，这说明资金做空的态度非常积极，因此，价格的下跌角度也形成了标准的 45°角。

当上涨行情出现时，阳线同样也带着明显的放量。这说明做完空头行情之后，资金又以同样积极的态度进行了做多的操作。随着上涨的延续，在上涨初期中段时便可以看到，布林线指标上行的角度已经大于下跌时的角度，一旦较大的反向角度出现，就意味着后期形成的各种买点都将会比较靠谱，在多方力量强大的情况下，买点形态往往容易走成功。

除了各种买点容易在大反向角度时走成功以外，对于价格未来的上涨幅度，投资者也可以轻易地做出判断：反向角度大，那么，上涨行情往往会将整个下跌区间吞没。只要不见到价格回到之前行情的起跌点，便可以继续持有手中的多单。

沪锌 2206 合约 2022 年 4 月 28 日 1 分钟 K 线走势图见图 4-3。

沪锌 2206 合约 2022 年 4 月 28 日 1 分钟 K 线走势图中，价格上涨的时候，布林线指标中轨向上的方向虽然非常明显，但是，中轨向上的角度并不是很大。这说明多头的力量并不是非常强大，这一点从价格总是出现深幅度的调整上便可看出端倪。

随着放量大阴线的出现，上涨行情随之结束。当第一次反弹出现的时候，布林线指标中轨的方向非常明显，并且下行的角度也已得到足够数量的支持，可以用于对比。将反弹出现时布林线指标中轨形成的下行角度与上涨时的角度进行对比，便可以看到，布林线指标中轨下跌时的角度远大于上涨时的角度，这说明空方的力量大于多方，因此，价格反弹之后形成的逢高做空信号将会是非常靠谱的，投资者借助反弹高点顺势做空获利的可能性也是非常大的，这一切都基于空方较强的力量。

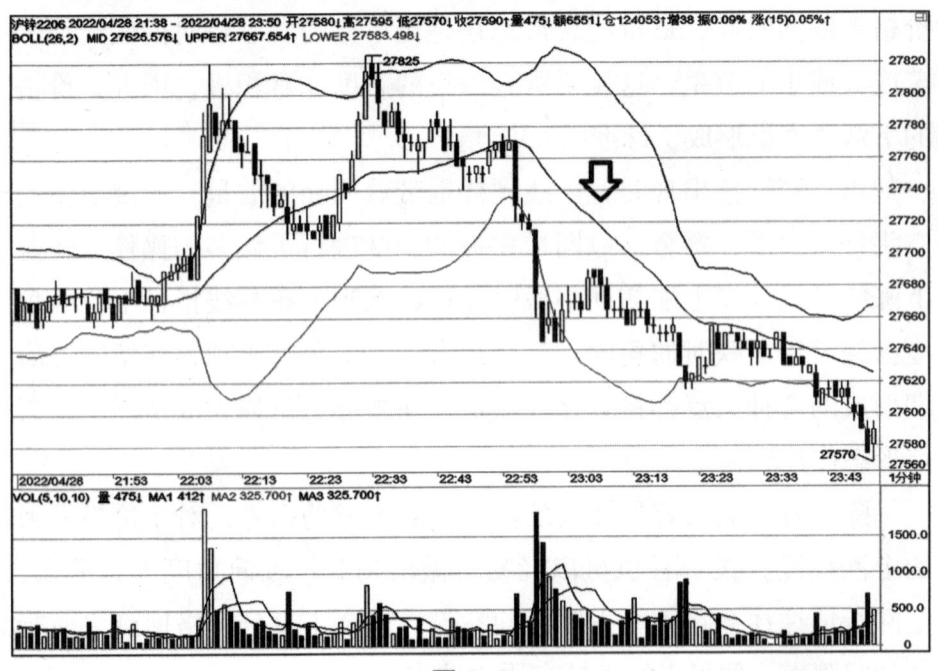

图 4-3

既然空方的力量大于多方，投资者就可以测量一下整个上涨行情的涨幅是多少，因为空方力量大于多方，所以，后期下跌的幅度也必将会超过上涨的幅度。假设价格上涨了 160 元，那将会下跌 200 元甚至更多。如此一来，在持仓的时候，投资者心中就有底了，不会只赚一点儿便过早地离场了。

塑料 2209 合约 2022 年 4 月 28 日 1 分钟 K 线走势图见图 4-4。

塑料 2209 合约 2022 年 4 月 28 日 1 分钟 K 线走势图中，价格上涨时虽然有放量现象出现，但由于空方力量较大，价格总是出现深幅度的调整走势，从而使得整个上涨行情的上行角度较为平缓。通常情况下，较为平缓的上涨角度一旦转为下跌，便很容易引发一轮大幅下跌行情。

随着放量下跌行情的出现，布林线指标中轨由上升趋势转变成了下降趋势。在第一轮下跌的中期阶段，布林线指标中轨的方向已显示出了一定向下的斜率,此时便可以对下跌时的角度与上涨时的角度进行对比了。这种对比必须要在第一轮多空行情转折的时候进行,因为它可以非常准确地让投资者知道多空双方力量的对决结果。

图 4-4

从图中可以看到,布林线指标中轨向下的角度远大于向上的角度。这说明两件事,一是后期形成的做空信号的可信度将会是比较高的,做空信号失误的可能性较低;二是价格后期下跌的幅度将会超过上涨的幅度,只要跌幅没有超过上涨的幅度,投资者就要大胆地继续持仓。常态情况下,在反向角度大的时候,下跌幅度将会是上涨幅度的 1.382~1.618 倍。假设上涨了 50 元,价格一般将会下跌 65~80 元。

介入点值得信任,盈利幅度又大,因此,反向角度一旦形成,投资者一定要积极地参与其中,就算在中途才介入,那还有一大段的空间可以实现赢利。

第二节　有此三技术，大幅涨跌出

在期货市场中，价格于盘中走出大幅度上涨或下跌的行情虽然次数并不是很多，但一旦形成这样的走势，往往在一天的时间内便可以给投资者带来超过20%甚至高达百分之三四十的收益。哪怕一个月只有一次这样的行情，只要捉住一次，相信也可以满足许多投资者的收益需要了。

价格大幅上涨以及大幅下跌其实有着极为相似的性质，只是许多投资者甚至是一些高手都没有对此共性进行深入的总结。本节笔者就将为各位读者朋友们深入解读价格盘中大幅上涨或大幅下跌时都有哪些重要的技术特征。

第一项技术特征是：空方开盘倒栽葱。它指的是一开盘价格便快速下跌，瞬间就让多方处于极为被动的局面，空方此时完全占据了主动。对应的便是多方开盘拔头筹，一开盘价格便快速上涨，使空方极为被动而多方完全占据主动。这一项技术特征非常重要，它奠定了当天持续走低或持续走高的重要基础。

第二项技术特征是：空方一线压乾坤。它指的是均价线始终对价格起到强大的压制作用，无论价格怎么反弹，都无法克服均价线的强大压力。对应的便是多方的一线撑九天，均价线将价格强力撑起，分时线始终在均价线上方运行。这是价格空头波动性质或是多头波动性质极为明显的信号，波动性质明确，自然涨跌行情更容易延续。

第三个技术特征便是：多方节节退。在价格下跌过程中，多方节节退让，无力抵抗，高点呈现不断降低的走势，多弱则空强，价

◇第四章　日内投机常用操盘绝技◇

格自然更加容易继续深幅下跌。与之对应的是空方节节退，空方无力与多方抗衡，因此，低点不断抬高。

只要这三项技术特征同时出现，根据历史经验来看，当天价格将会至少下跌或上涨3%，在日K线图中收出实体较大的阴线或是阳线，从而给投资者带来日内极大的获利机会。

乙二醇2206合约2022年4月11日1分钟K线走势图见图4-5。

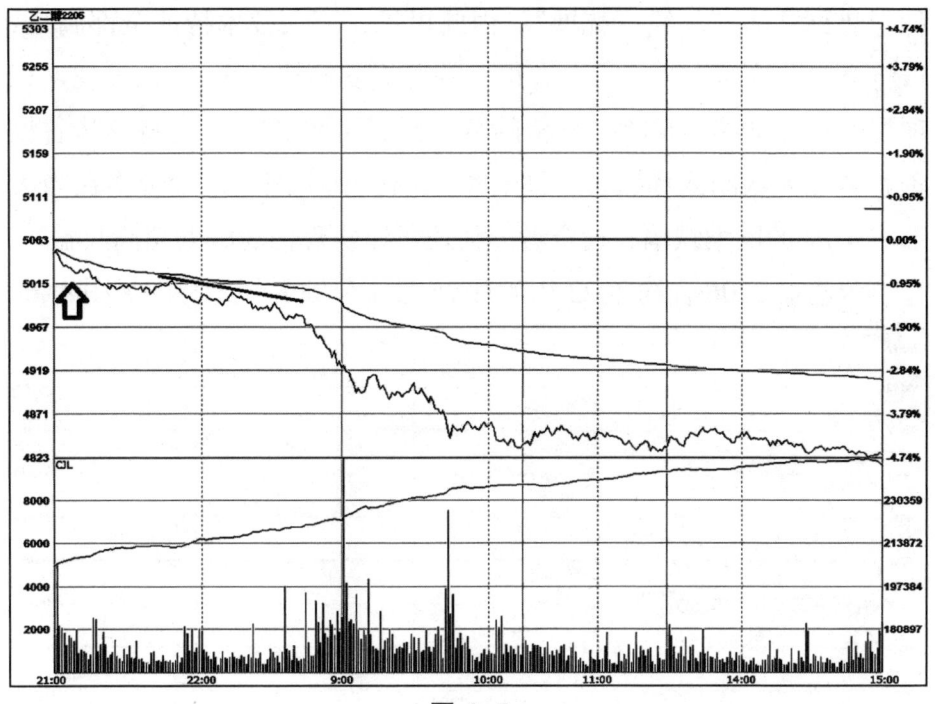

图 4-5

乙二醇2206合约2022年4月11日1分钟K线走势图中，一开盘价格便奠定了一个好的下跌基础：开盘后分时线便快速向下掉，这说明空方资金做好了准备，迫不及待地要将多方置于完全被动的局面。开头开得好，后期的行情才更容易走长远。对于这种一开盘价格便快速下行的走势，将其称之为"开盘倒栽葱"。

开盘下跌之后，价格波动重心不断下移，在持续下跌的过程中可以看到，分时线的波动高点始终保持着降低的态势。高点是由多方引发的，高点在不断降低说明多方的力量在不断衰竭，变得越来越没有力量，这种情况下又怎么可能会导致价格出现大幅度上涨？价格涨不起来，自然入场做空的安全性将会是极高的。对于这种高点降低的态势，将其称之为"多方节节退"。

在价格反弹的过程中，均价线还施加了强大的压力，促使着价格不断走低，均价线压力作用越明显，其促跌作用也就越明显。这种走势称之为"一线压乾坤"。由此可见，三大技术特征全部满足，这将意味着价格在当天将会有很大的可能跌幅超过3%。在发现这三项技术特征全部满足时，价格的跌幅仅有1.3%左右，这将意味着投资者若在此区间入场做空，还有大把的获利空间。最终价格在当天形成4.7%的巨大跌幅，投资者一天便可以实现约30%的超高收益。

苯乙烯2206合约2022年4月25日1分钟K线走势图见图4-6。

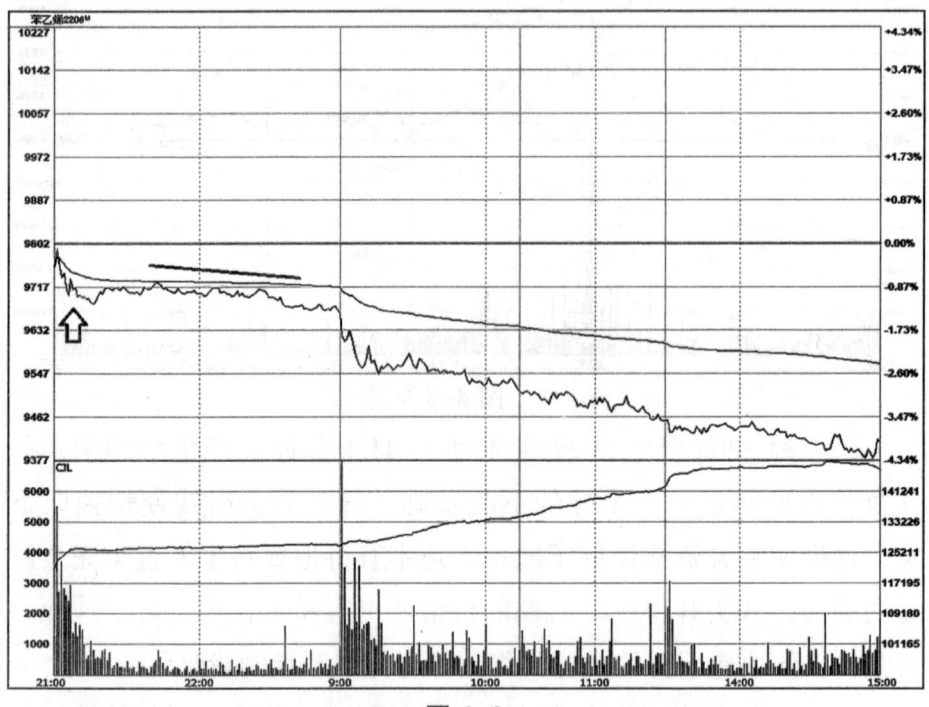

图 4-6

◇第四章　日内投机常用操盘绝技◇

苯乙烯 2206 合约 2022 年 4 月 25 日 1 分钟 K 线走势图中，一开盘价格便形成了倒栽葱的走势，快速下跌使得多方上来便挨了一闷棍。空方越是积极主动地攻击，多方便越会处于被动的状态。一开盘便形成对空方完全有利的走势格局，这很容易奠定当天持续下跌的基础。

第一波下跌结束之后价格出现了反弹，反弹的出现可以很好地看出此时多方的力量。结合均价线进行分析，可以看到，价格反弹的高点受到了均价线的强大压力，多方无力攻克这一道压力，上涨行情便很难展开。此时，开盘倒栽葱、一线压乾坤两项技术特征得以满足，那价格的高点又是何种状态呢？从整个反弹区间的走势来看，反弹的高点形成了不断降低的态势，这是多方力量不断衰减的体现。面对压力而力量衰减，这又怎么可能促使价格更好地涨上去呢？既然涨不动，那入场做空自然就是非常安全的。

通常情况下，发现三个价格将会大幅下跌的技术特征时，价格往往处于下跌的中途。虽然已经有了一定幅度的下跌，但一定要记住，这仅仅只是下跌了一半，后面还有较大的下跌空间。只要跌幅远没有到达 3%，就一定要积极地持有手中的空单。3% 的跌幅也仅仅是预估值，一旦市场环境配合，价格的实际跌幅则往往会超过 3%。苯乙烯到尾盘期间价格便形成了 4.3% 的巨大跌幅，按 10% 的保证金计算，投资者会发现"开盘倒栽葱""一线压乾坤""多方节节退"时入场做空，便可以获得高达 30% 的日内巨额收益。

菜籽粕 2209 合约 2022 年 3 月 7 日 1 分钟 K 线走势图见图 4-7。

菜籽粕 2209 合约 2022 年 3 月 7 日 1 分钟 K 线走势图中，一开盘价格便快速上行，这样一涨使得做空的投资者变得更加痛苦了。多方越是主动上攻，多头氛围保持得便会越好，从而吸引场外越多的资金入场做多，形成主动做多的良好局面。一开盘便拔得了头筹，开头起得好，便会更利于价格后期盘中持续上行。

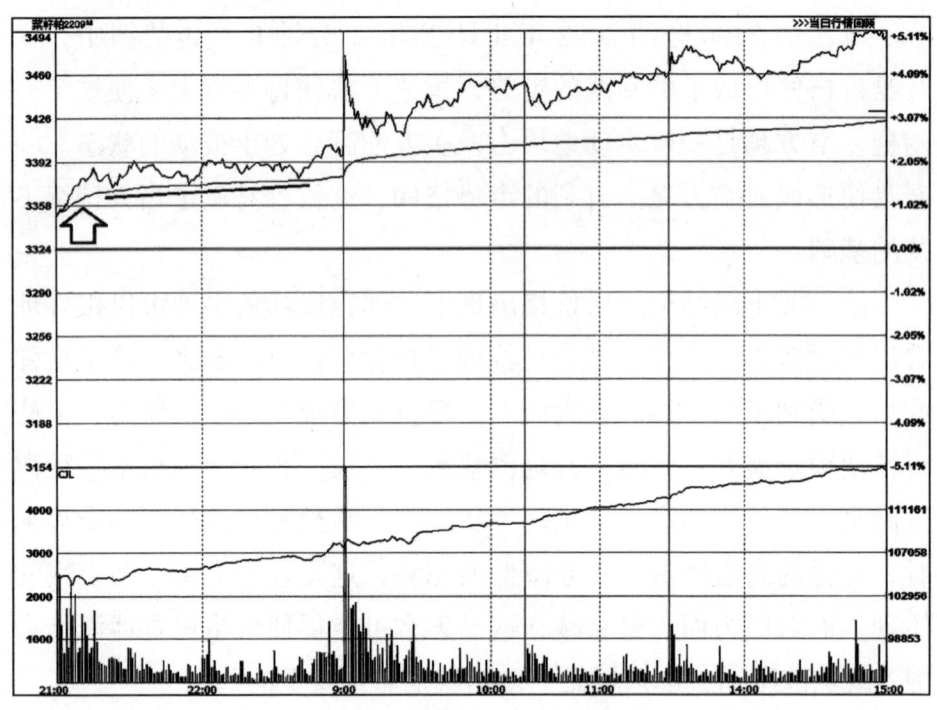

图 4-7

一波上涨之后价格开始调整，仔细观察调整区间便可看到：调整的低点均得到了均价线的强大支撑，并且连续三次对价格的调整走势都起到了阻止的作用。"一线撑九天"这种技术形态是价格将会大涨的信号之一。在均价线形成强大支撑作用的时候，价格的低点也形成了连续抬高的迹象。这是空方不断退让、做空力量不断衰竭的体现，空方力量越是虚弱，价格越容易上涨。至此，价格大幅上涨的三大技术特征全部出现，由于涨幅还未超过2%，故投资者在此区间入场做多将会至少有10%的收益。

这一天最终价格的涨幅高达5.11%，按收盘计算投资者也能实现30%的最高收益，就是按日盘高开时平仓，也完全可以实现20%的高收益。别说一天获得这样的收益，就是一个月获得20%的收益，也是非常不错的事情了。而实现这样大的收益其实并不难，只要同时满足三个条件，谁都可以做到。

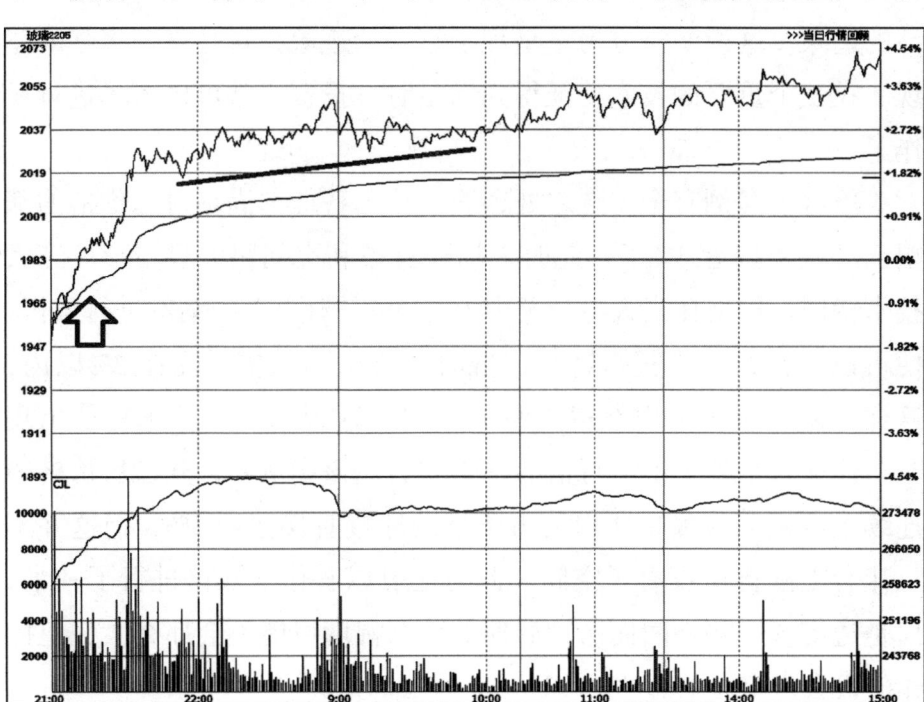

玻璃2205合约2022年1月14日1分钟K线走势图见图4-8。

图 4-8

玻璃2205合约2022年1月14日1分钟K线走势图中，价格虽然是低开的，但开盘之后便快速放量上涨，本来低开会令空方感到兴奋，但快速上涨使得空方上来就挨了一闷棍，由低开时的主动直接变为了非常被动。一开盘多头便拔得了头筹，这将会为当天进一步的上涨打好基础。

一波持续的上涨之后价格开始了调整的走势，从调整的位置来看，分时线和均价线有一定的距离，因为并没有在均价线附近，所以，这种走势又如何确认均价线的支撑呢？明确的支撑要发挥作用往往是分时线与均价线离得比较近时，如果两者离得远，从另一个角度来看，这恰是支撑更为强劲的体现，价格根本没有能力靠近均价线。因此，只要分时线在均价线上方，就可以视为"一线撑九天"技术特征成立。开盘拔头筹条件满足，一线撑九天条件满足，若再对价格调整区间的低点进行分析,便可以看到,低点保持着抬高的迹象。这说明空方力量呈现了衰竭的迹象,这是空弱多强的体现。在三个重要的技术特征得到满足时,投资者就可以入场进行操作了。

但这个案例有个特殊之处,三个技术特征都满足时,价格的涨幅已经快要接近3%了,此时入场还有盈利空间吗?只要形成三大技术特征,价格在当天将会至少上涨3%。对更多的案例进行分析,便可以看到,三大技术特征出现时,价格的涨幅往往在2%以内,这样一来,至少可以获得10%的收益。这说明三大技术特征出现时,往往只是处于上涨行情的一半左右。该案例中,开盘后价格的连续上涨幅度较大,所以使得价格的涨幅直接接近3%,但这并不意味着上涨行情没有了空间。此时还可以看作上涨仅进行了一半,仅是透支了一些空间而已,后期的获利幅度可能不会那么大,但操作的机会肯定还是有的。

这种方法对于许多投资者来说都是不曾接触过的,它是价格当天大幅上涨或大幅下跌时常见的技术走势,只要这三大特征出现,就会给投资者带来大幅赢利的机会。虽然大幅上涨或下跌的机会并不是天天都有,但若碰上了却不会操作,那岂不非常可惜?因此,大幅上涨或大幅下跌行情的操盘手法必须要熟练掌握,这可是一单就能顶一个月收益的重要获利技巧,岂能不会?

第三节 越调量越小,机会别放跑

价格上涨之后必然会出现调整的走势,下跌之后也必将会出现反弹的走势。不管价格上涨得如何迅猛,也不管下跌得多么凌厉,临时的反方向波动都必然会到来。而每一次的临时反方向波动都会使得价格暂时停顿,对于场外的投资者而言,都将是一次难得的最新的入场机会。

好性质的调整或反弹将会促使价格上涨或下跌延续,而差性质的调整或反弹将会使得价格之前的趋势方向得到扭转。所以,当必然会出现的调整或反弹到来之时,识别什么性质的调整或反弹好、什么性质的调整或反弹差就显得极为重要了。

识别调整或反弹性质有多种方法、多个角度。一是从价格形态入手进行分析,从而判断多空双方力量的对比,以此确定调整或反弹性质的好坏。例如,上涨之后价格调整回落的幅度小,说明空方力量非常虚弱,因此,后期继续上涨的概率将会是很大的。二是从调整或反弹的时间入手进行分析。例如,调整时间较短,则说明多方非常急迫,在较短的调整时间内,价格也很难出现深幅度的回落,因此,更容易上涨。三是从成交量入手进行分析,但在操作期货时,结合成交量的分析只适用于短周期K线图,无法在长周期K线图中运用。对调整区间成交量的要求只有一点:必须要形成非常明显的缩量。成交量一旦萎缩,说明在调整区间没有空方资金大规模介入,同时,之前入场的多头资金也没有大规模离场。如此一来,没有反向资金对抗的干扰,价格当前的上升趋势便可以很好地延续下去。

在整个缩量区间,偶尔放量是允许的,毕竟随时都会有大户进场与离场,只要调整区间成交量没能连续放大就可以。同时,在成交量萎缩的时候,量能越小越好,这将说明做空或是平仓多单的资金数量非常稀少,这些资金无法与大的上升趋势相抗衡,因此,后期继续上涨的概率将会是极大的。调整提供了低点介入多单的机会,量能的萎缩又使得资金的进出非常有序,这种难得的上涨中途入场的机会可千万不要放跑。

菜油 2209 合约 2022 年 4 月 29 日 1 分钟 K 线走势图见图 4-9。

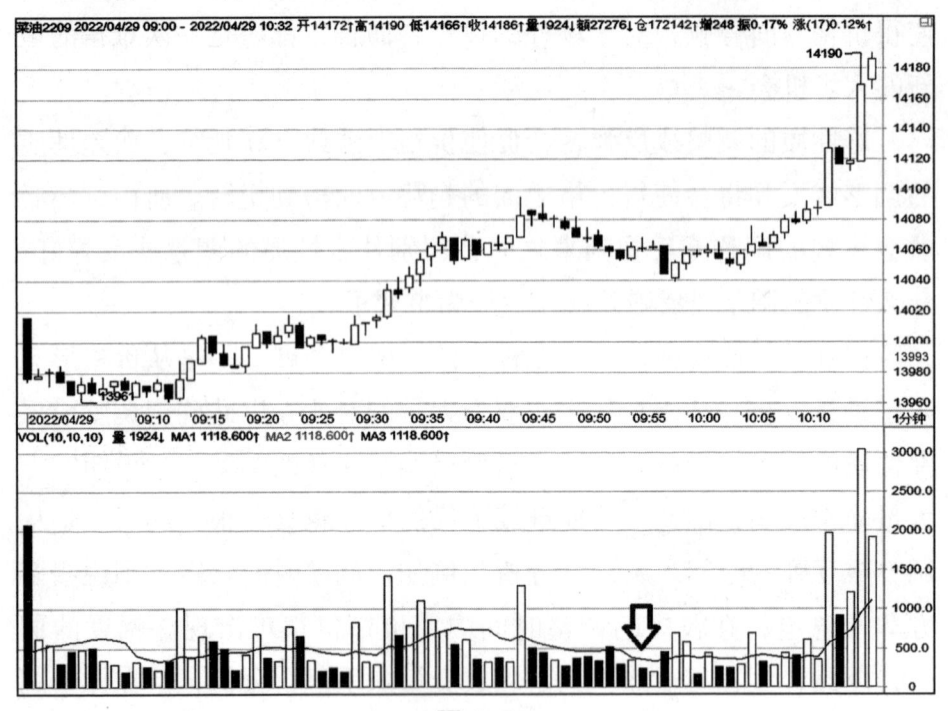

图 4-9

菜油 2209 合约 2022 年 4 月 29 日 1 分钟 K 线走势图中，价格第一轮上涨的时候，阳线的成交量都出现了放大的迹象，这说明有资金在盘中进行着积极的做多交易。由于这是当天开盘之后的第一次放量，因此可以确定：这就是多头主力资金当天日内的首次建仓量。

既然主力刚刚建仓，那后面必然还有一波拉升行情，否则又怎么可能获得盈利？只不过，在拉升价格之前，主力有必要进行一次洗盘操作，其目的就是将当天低成本的投资者清理出局，使其与场外投资者进行换手，从而提高整体市场的平均持仓价格，以此与主力资金拉开差距。主力的洗盘对于普通投资者来说，其技术形态就是价格的调整，第一次调整的出现，可以用以监测主力资金有没有出货操作。

在价格调整回落的过程中，成交量始终保持着萎缩的状态，连

◇第四章 日内投机常用操盘绝技◇

续出现的阴线没有形成集中放量的形态。这说明之前介入的多头资金仍然停留在场中，没有出局。主力资金在该区间处于无太多盈利的状态，同时又没有大规模出货，那么，价格调整之后继续上涨的可能性就会非常大。只有涨上去，之前入场的资金才可以实现赢利；只有涨上去，通过上涨吸引来的众多买盘才可以让主力资金于高位顺利脱身。既然价格上涨的可能性非常大，那么，在成交量随着价格调整越来越小的时候，入场逢低做多的大好机会便不能轻易地放过。

黄金 2206 合约 2022 年 4 月 29 日 1 分钟 K 线走势图见图 4-10。

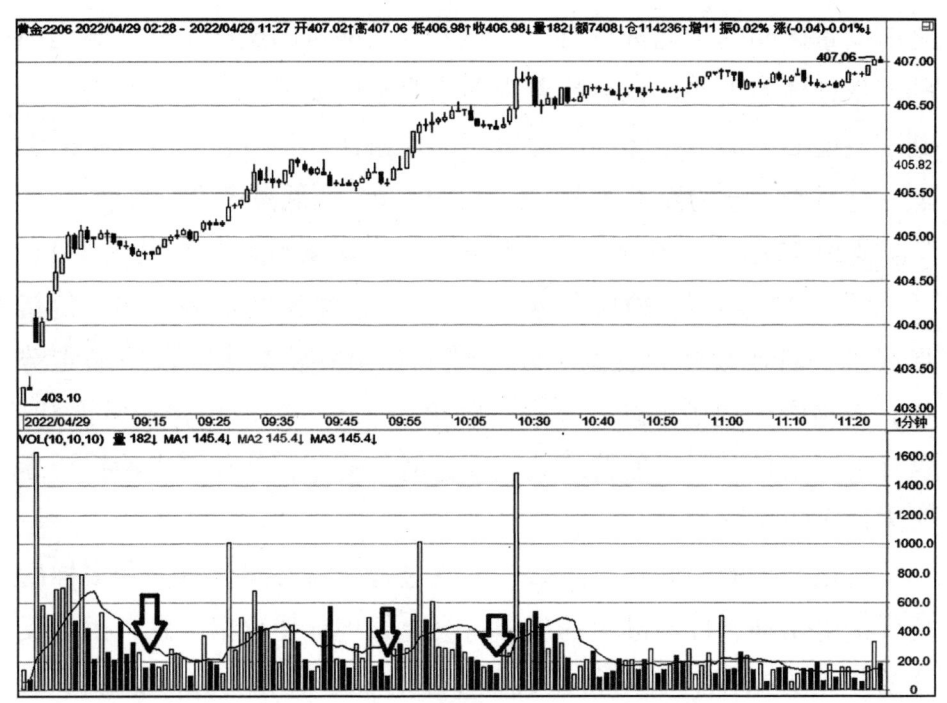

图 4-10

黄金 2206 合约 2022 年 4 月 29 日 1 分钟 K 线走势图中，价格形成了一轮震荡上涨的行情，波动的特点是：上涨之后调整，调整后再度上涨。如此一上涨一调整，推动着价格不断走高。由此也可以看到：不管价格以什么样的形式上涨，调整是必然要出现的。

我们通过对上涨中途的调整进行分析可以看到，它们出现的时候，价格回落的幅度都很小。这意味着空方的力量非常虚弱。为什么空方力量非常虚弱呢？成交量的变化可以准确地告诉投资者答案。在每次调整走势出现的时候，成交量都会配合着出现明显的萎缩迹象，并且随着调整的延续，成交量变得越来越小。这说明资金根本没有任何兴趣在此时进行积极的做空，同时，参与场中做多的资金也没有任何意愿离场。空方资金不来，多方资金不走，价格自然就很容易继续上涨。

在成交量萎缩的时候，可以对当前缩下来的成交量柱体与放量之前缩量区间的量能进行对比。只要当前缩量的成交量柱体与之前的缩量柱体差不多，就意味着当前成交量的萎缩处于极限状态，达到了量能萎缩的最小化，与此对应的价格往往很容易形成调整的低点。这对于空仓的投资者来说，就是极好的逢低做多操作机会。

螺纹2210合约2022年4月28日1分钟K线走势图见图4-11。

螺纹2210合约2022年4月28日1分钟K线走势图中，价格形成了一轮连续性的震荡下跌行情。在第一轮的小波段下跌走势中，价格既出现了下跌，又没有跌很多，下跌波段走得非常温和。这样的行情具有很好的持续性，通过时间的累积往往可以给投资者带来惊人的收益。

价格下跌的时间长，那么，下跌过程中就必然会有多种多样的反弹走势出现，性质健康的反弹将会更好地促使价格下跌，因为反弹对于空方来说，就是行进过程中的休息，休息好了，恢复了力量，便可以更好地跌下去。而好的反弹性质最重要的一点就是主力资金没有在反弹上涨时离场，只要主力资金不离场，那便意味着价格当前还没有跌到底，当前仅是下跌的中途，因此，在性质健康的反弹区间进行操作将会是高度安全的。

我们通过对反弹区间的成交量进行分析便可以看到，阳线的成

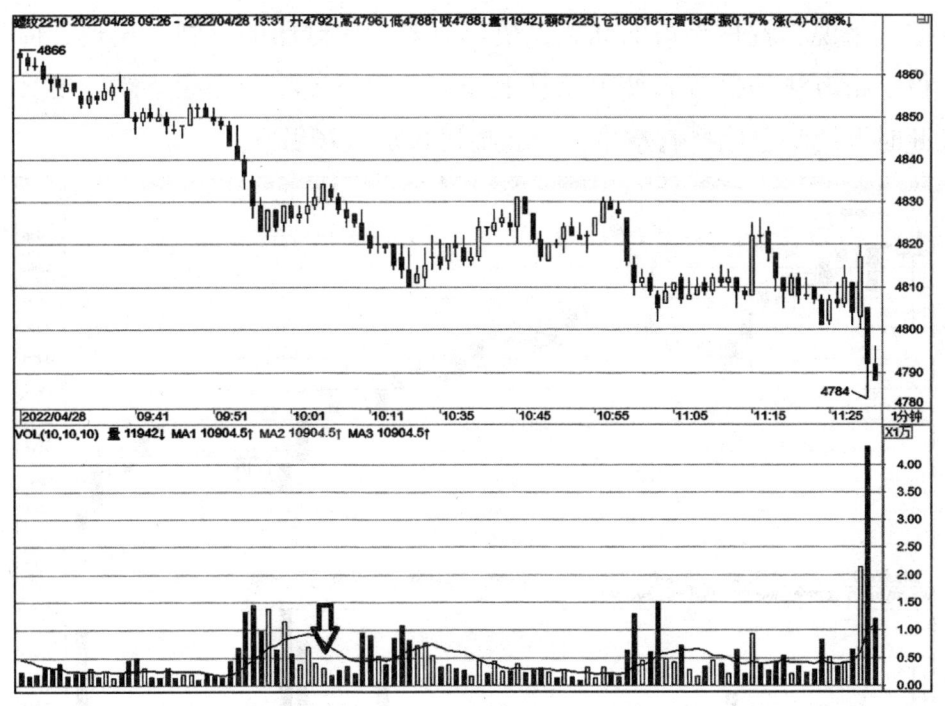

图 4-11

交量始终保持着萎缩的状态。阴线放量说明资金参与做空积极，而阳线缩量，一则说明没有空方资金大规模离场的迹象，二则说明多方资金没有入场。如此一来，价格便将会很好地延续下降趋势。因此，在发现成交量越来越小并且有萎缩到极限状态趋势的时候，在对应的价格高点一定要积极地入场做空，得不到资金推动的上涨是无法持续下去的，最终价格还得顺从当前大的趋势方向不断向下。

尿素 2209 合约 2022 年 4 月 29 日 1 分钟 K 线走势图见图 4-12。

尿素 2209 合约 2022 年 4 月 29 日 1 分钟 K 线走势图中，价格形成了一轮结构非常标准的下跌行情。每当一轮下跌结束后，反弹便会随之出现，但随后价格再度向下创出新低，继续回落。临时的反弹上涨并没有对下跌行情起到破坏作用，反而对下跌行情起到了更好的促进作用。这其实很好理解，就像人们跑步一样，跑一会儿就休息一下，恢复恢复体力，自然可以跑得更远。反弹的出现对于空方来说，就是难得的休息良机。只要性质健康的反弹一出现，懂得分析方法的投资者便可以马上知道：价格还将会继续下跌，要么此时继续坚定地持有空单，要么择机积极入场做空。

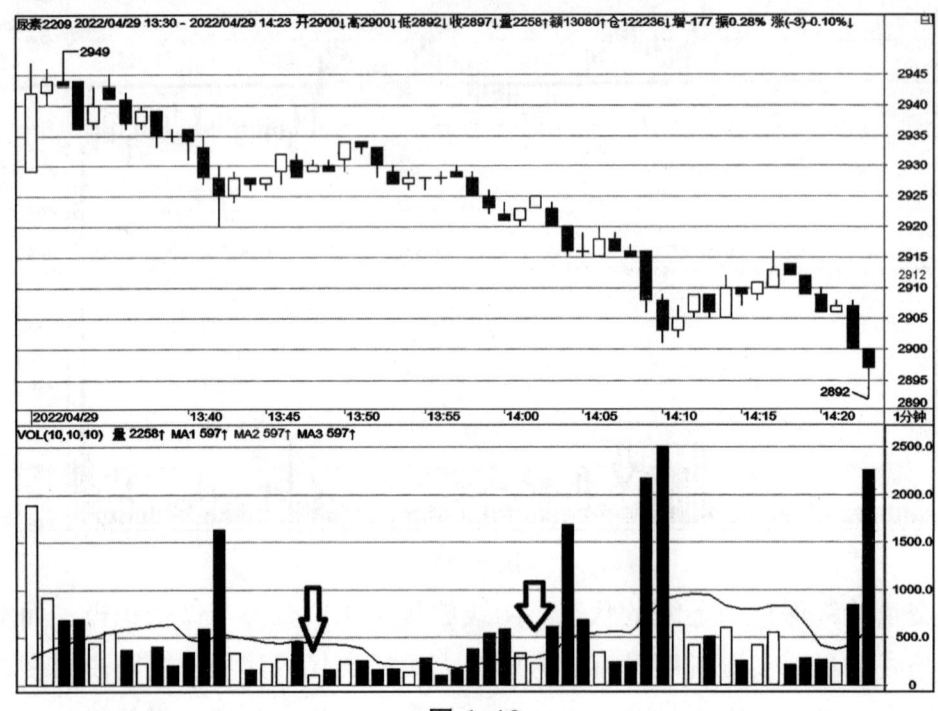

图 4-12

在反弹走势出现时，对箭头处所标注的阳线成交量进行分析，便可以看到：反弹上涨时的成交量都处于明显的萎缩状态。这说明根本没有资金积极地入场参与做多操作，没有资金积极做多，价格又何来上涨的动力？上涨没有动力，资金不愿意做多，但下跌的过程中阴线却始终都有放量出现，这是资金积极做空的体现。如此一来，价格便只能继续顺从当前大的趋势方向不断向下。

反弹无量为什么是机会？就是因为资金的操作方向是非常明确的。只要下跌始终带量，反弹始终无量，下降趋势就有不断延续的动力，特别是那些反弹时阳线成交量直接萎缩到极限的量能柱体，更是下跌中途难得一见的赚钱良机。在它对应的反弹阳线上做空，最终都会给投资者带来满意的收益。

调整或反弹是必然会出现的，其中碰到放量的调整或反弹时要放弃操作，而一旦碰到缩量，甚至是极度缩量的调整与反弹，在量能变得越来越小的情况下，妥妥的赚钱机会可绝对不能轻易地放过。虽然说量能随着调整或反弹的延续会经常出现越缩越小的情况，但也不是每一轮行情都必然会见到，因此，只要碰到了它们，就绝不容许错过。

第四节　放量而不倒，价格会更高

在价格上涨的过程中，常会碰到一些放大量的大实体阳线出现。这种大阳线很多时候成了一种诱多阳线，主力资金借助价格大幅上涨吸引来的买盘顺利地完成了出货操作。随着主力资金的出局，价格的上涨到达了尽头，从而转为下跌。

但有些时候，同样是放巨量的大阳线，价格略作调整之后却在后期进一步上涨。完全一样的技术形态，是怎样的差异导致了价格后期不同的走势呢？如果只对放量大阳线进行分析是找不到原因的，只有对价格后期的走势进行分析，才可以推导出未来价格的波动性质。

大阳线出现时形成明显的巨量，此时的巨量无非这样几种情况：一是主力资金进行了出货的操作，这样一来，价格后期就会出现下跌；二是主力资金不出也不进，散户们自由换手，虽说有这种可能性，但概率较小，因为普通投资者很难在同一时间进行大量的交易；三是借助放量主力资金进行了增仓操作，因为巨量区间是主力的持仓成本所在，价格自然不能下跌，否则岂不是自己把自己给套住了？这三种情况中，第一种与第三种的可能性最大，由此便可以得出这样的分析结论：如果形成巨量大阳线之后价格下跌，则放弃做多的想法，可在后期行情中择机进行做空的操作；若是主力资金增仓，价格后期将会拒绝下跌，应当继续随主力资金一起做多。

若再对那些形成放量大阳线之后价格上涨的案例进行分析，便可以发现一个规律：价格后期就算出现调整，调整的低点也很难跌破放量大阳线实体的支撑，因为放量区间就是主力的重要成本所在，主力不可能把自己套住，然后给投资者以更低价格做多的机会。所以，巨量大阳线出现之后，只要价格始终无法跌破大阳线实体，就要开始准备找机会做多了。

橡胶 2209 合约 2022 年 4 月 28 日至 4 月 29 日 1 分钟 K 线走势图见图 4-13。

图 4-13

橡胶 2209 合约 2022 年 4 月 28 日至 4 月 29 日 1 分钟 K 线走势

◇第四章 日内投机常用操盘绝技◇

图中，价格创出新高后不久便收出了一根带着巨量的大实体阳线。这一根大阳线的出现解放了近一段时间所有做多的投资者，不管之前什么位置介入的多单，随着这一根大阳线的出现，全部处于获利的状态。这根大阳线的实体很诱人，成交量也创下了最近的最大量，此时的巨量会不会是主力资金的出货导致的呢？

主力资金在进行操作的时候，要么入场，要么离场，不管是入场还是离场，必定会出现放量现象，但是，在放量形成的那一刻，却无法知道主力资金到底要干吗，必须要通过后期的走势才可以做出正确的判断。所以，当巨量大阳线出现的时候，只适合继续持有手中的多单，并不适合入场进行开仓操作，否则，万一这是主力资金的出货操作，资金就要受到损失了。

巨量大阳线出现之后，价格形成了调整，但是，波动重心却始终无法降低。如果这是主力资金出货导致的，随着这些做多资金的离场，价格又怎么可能跌不下来？现在一直在上方波动，说明主力资金并没有进行出货操作，主力资金不出货的区间便不是顶部。既然主力资金不出货，那此时的放量便只能是主力资金的建仓了，并且只有这样解读，才能解释价格为何跌不下来。主力资金借助巨量大规模入场，这就是重要的成本区。如果价格跌下来，便会套住自己，并且还会给投资者留下以更低点位入场的机会，那主力图什么？因此，只有让价格在成本区以上波动，才可以不断拉开与普通投资者之间的成本差距，从而完全占据主动。因此，当巨量大阳线出现之后，只要价格跌不下来，往往就是机会到来的信号。

沪镍2206合约2022年4月29日1分钟K线走势图见图4-14。

沪镍2206合约2022年4月29日1分钟K线走势图中，价格于上涨的初期阶段先后两次收出了放量大阳线。这两根放量大阳线出现之后，价格的上升趋势并没有得到改变。这说明放量之中，主力资金并没有出货，而是进行了建仓的操作。主力资金借助放量出货，价格必跌；若是借助放量进行建仓，则不可能出现实质性的下跌。所以，放量并不一定都是风险信号，特别是低位放量。

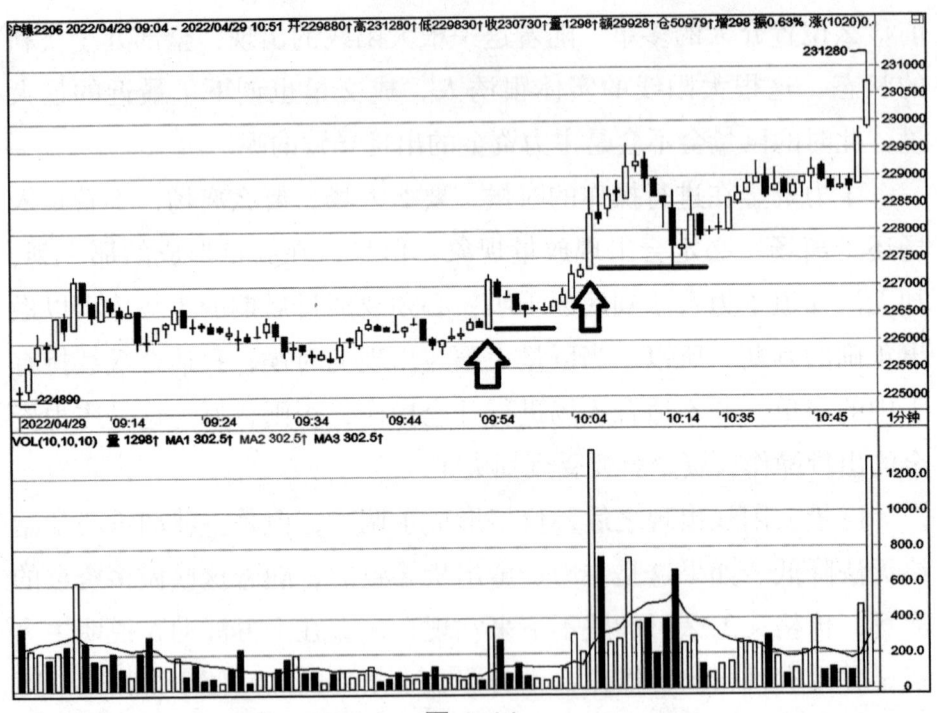

图 4-14

放量之后价格调整的可能性很大，因为突然这么多资金集中入场，价格需要有一个恢复平静的过程。而对于主力资金来说，巨量建仓之后，也有必要进行洗盘的操作，把那些意志不坚定的投资者清理出局，提前降低未来上涨过程中的潜在抛压。既然只是洗盘震仓，那价格就不会大幅下跌。从图中的走势来看，调整的低点始终位于巨量大阳线实体上方，未曾出现破位性的走势，这说明主力资金在精心地维护着价格的波动。

巨量大阳线形成之后，投资者一旦发现价格无法形成有效的破位下跌走势，就一定要以机会的态度去面对。巨量大阳线出现之后是否会引发风险，一看位置，二看后期走势。当前位置处于中低位，后期走势不破位，因此，放量的性质是主力资金建仓的可能性较大，而在主力建仓成本区附近进行做多操作，安全性自然很高，也更容易在短时间内直接见到收益。

纯碱2209合约2022年4月28日1分钟K线走势图见图4-15。

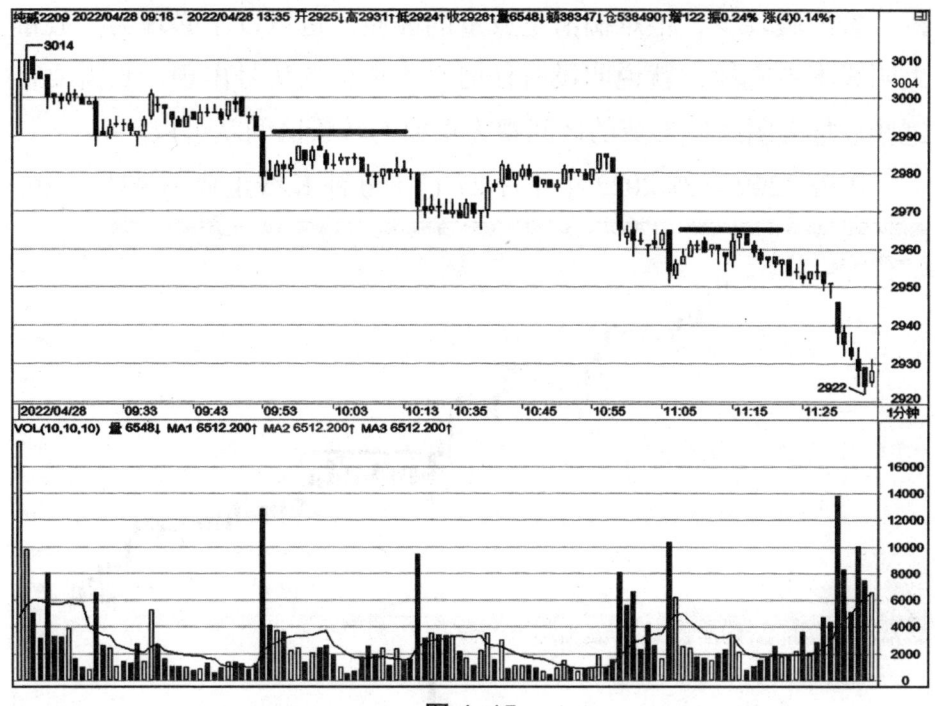

图4-15

纯碱2209合约2022年4月28日1分钟K线走势图中，价格形成了一轮震荡下跌的走势，在下跌过程中多次收出带有巨量的大实阴线。这种成交量与实体都很大的K线，投资者可以将其视为重要K线，用以观测价格后期的涨跌变化。

若是价格后期上涨吃掉了巨量大阴线，则往往意味着未来的下跌动向不明，此时不宜过于积极地继续进行做空操作，而是要采取保守的态度进行交易，并在阳线向上吞掉放量大阴线的时候暂时出局为宜，空头形态进一步明确之后再重新入场。但若放量大阴线出现之后，价格虽然形成了反弹，但却始终无法吞掉放量大阴线的实体，就表示这些重要K线发挥了强大的压力作用，将会很好地促使价格进一步下跌，此时要么继续坚定地持有空单，要么择机入场，进行做空操作。

对于这些大阴线的放量性质，有能力的可以进行一番细致的分析；若经验较少，很难搞清楚放量的性质，也可以不必理会。放量大阴线不被吃掉，就说明没有任何空方离场的信号出现，只需要将这些放量大阴线所形成的区间视为重要的转折区间就可以。

甲醇 2209 合约 2022 年 4 月 27 日 1 分钟 K 线走势图见图 4-16。

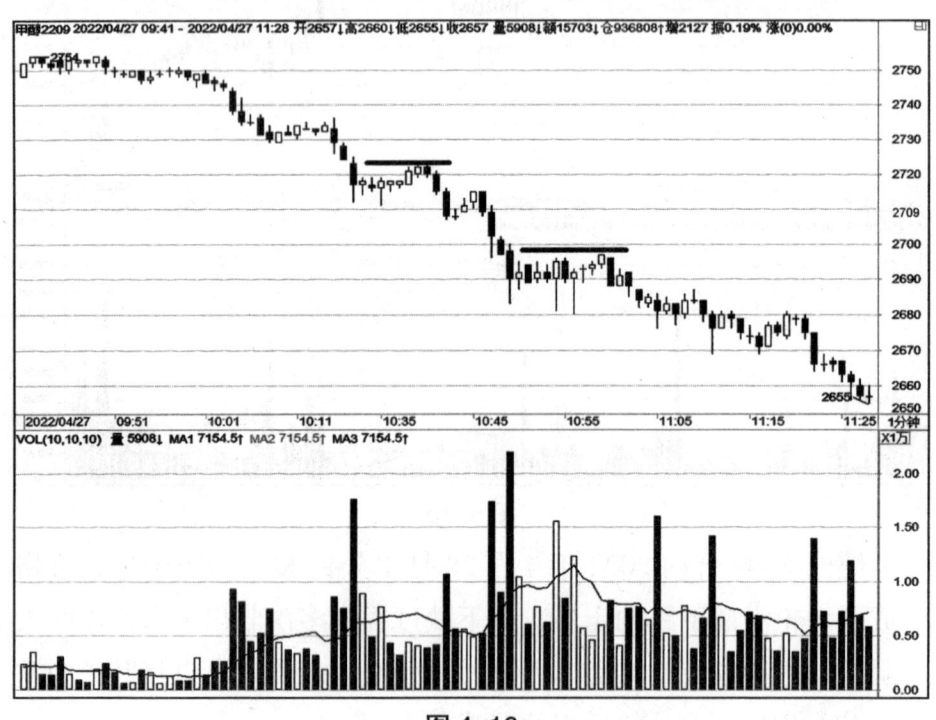

图 4-16

甲醇 2209 合约 2022 年 4 月 27 日 1 分钟 K 线走势图中，形成了一轮技术形态较为简单的下跌行情，价格不断走低的过程中反弹的幅度都很小，这将会极大地减轻投资者的持仓压力。

在下跌过程中，成交量柱体形成了多次明显放大的走势，在结合成交量进行分析时一定要切记：放量的确需要重视，但是 K 线的实体也必须要结合起来。放量形成时若 K 线实体过小，则没有任何分析的价值，只有那些成交量巨大并且阴线实体也非常大的K线才具有分析与参考的价值。在短周期K线图中，看量必须要同时看K线的形态。这样一来，那些成交量虽然较大但阴线实体很小的走势其实就可以忽略了，只需要对那些放量大阴线进行分析就可以。

在放量大阴线出现之后，价格出现了反弹。这种现象很正常，巨量出现之后，要么继续放量下跌，要么就会马上出现反弹。对于那些直接向上吞没掉放量大阴线的反弹走势，投资者可以在大阴线被阳线吞没时暂时离场；而对于高点始终在大阴线实体下方的反弹走势，则可以继续持有空单，或是择机入场进行操作。放量而价格反弹不起来，说明在放量之中做空的主力资金并未大规模离场，主力仍然在压制着价格，涨不起来，就会很容易顺从当前大的下降趋势继续走低，这样一来，也就为投资者提供了中途入场的机会。

放量之后大阳线不被调整阴线吞没，大阳线依然屹立不倒，那价格便会向上走得更高。放量之后大阴线不被反弹阳线所吞没，大阴不破，则价格将会走得更低。掌握了这种操作技巧，未来不管在什么位置再碰到放量大阳线或是放量大阴线，由此引发的风险都可以及时回避，由此带来的机会也可以全部捉住。

第五节　0轴上金叉，机会易拿下

MACD指标应当是许多投资者耳熟能详的一个技术指标，同时也是许多投资者进行期货投资时最先接触的一个指标。可能是因为大家太过熟悉了，所以，许多投资者都会有这样的疑问：这样一个普通的指标真能帮助我们赚到钱吗？

每一个技术指标都体现着一组数学计算公式，它们公平公正地向投资者传达出计算的结果。有的人利用这个计算结果成功地实现了赢利,有的人则利用这个计算结果出现了亏损。用着完全一样的工具,有人赚钱,有人亏钱,问题到底出在人身上还是指标身上呢?

MACD指标虽然许多投资者都知道,但真正用好它的人却很少。自己不会用,才会觉得它不好用。但只要掌握了正确的应用方式,仅这一个指标就可以帮助投资者捉住价格上涨或下跌带来的赢利机会。投资者在使用MACD指标时,更多的是金叉做多、死叉做空,但实际交易效果却是很差的,完全不加筛选地执行操作是很难赚到钱的,也正是因为金叉做多、死叉做空总是赔钱,才会让投资者觉得MACD指标不好使。

想要用好MACD指标,必须要对金叉与死叉的信号进行一番筛选。金叉做多以及死叉做空是不变的,只不过需要强调一下金叉与死叉出现的位置:MACD指标金叉出现时,要求必须发生于0轴以上,所有0轴以下的金叉做多机会一律放弃;MACD指标死叉出现时,要求必须发生于0轴以下,所有0轴以上的死叉做空机会全部放弃。对于0轴以上的金叉,投资者可以积极寻找机会做多;对于0轴以下的死叉,也可以积极寻找机会做空。这样操作,实战的效果就会更好了。

铁矿2301合约2022年4月29日1分钟K线走势图见图4-17。

铁矿2301合约2022年4月29日1分钟K线走势图中,开盘后MACD指标始终处于0轴以下,从指标的角度来讲,价格此时的波动带有一些空头的性质,做多并不是很好的选择。随着MACD指标线向上越过0轴,一轮持续性的上涨行情才真正展开。

MACD指标在0轴以上波动时,受到价格调整的影响,指标形成了死叉,按照原则,0轴以上的死叉不做空,所以,在死叉形成时,投资者要抱着等待做多机会到来的态度面对价格的调整。调整结束之后，随着价格的上涨，MACD指标重新形成了金叉，这是买点到来的信号。由于金叉依然位于0轴之上，所以，完全可以积极地入场，进行做多操作。

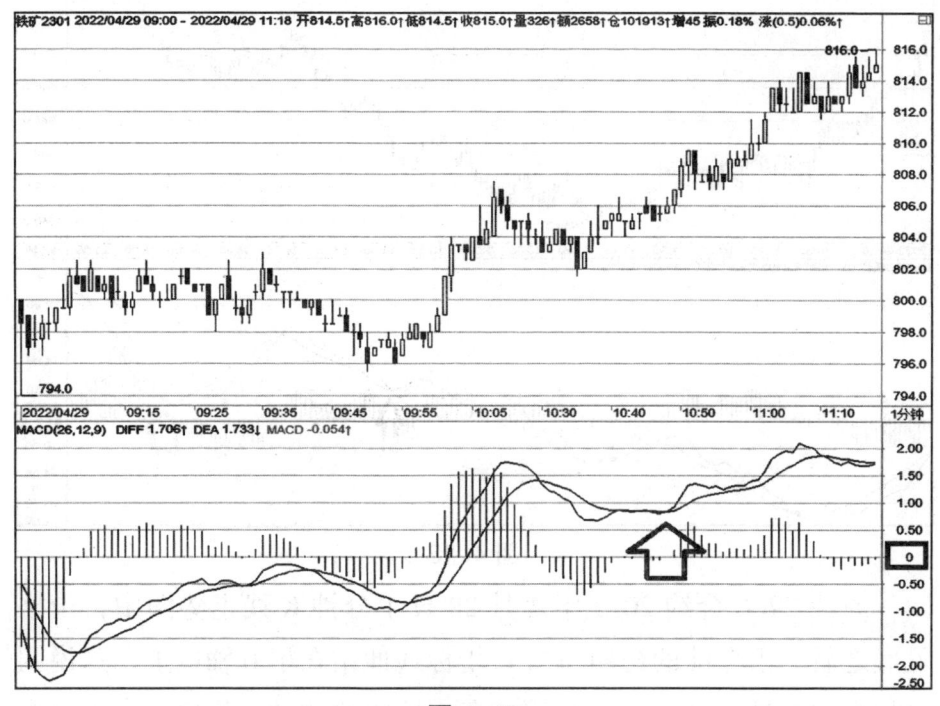

图 4-17

MACD指标形成金叉时，价格上涨可以是下跌过程中的反弹上涨引发的，也可以是上升趋势中调整结束后的上涨引发的。下跌中途反弹性质的上涨只是暂时的，难以使得价格形成持续性上涨行情，投资者在此时进行做多操作肯定很难赢利，此时的金叉往往发生于0轴以下，因此，必须要放弃对0轴以下的金叉进行做多操作。而上升趋势中调整结束之后上涨引发的金叉，很容易给投资者带来较大的盈利，因此价格此时往往会延续上升趋势，不断向上。此时的金叉往往会发生在0轴以上，从而使得0轴上的金叉成了做多机会到来最直观、最稳妥的信号。

原油2206合约2022年4月28日1分钟K线走势图见图4-18。

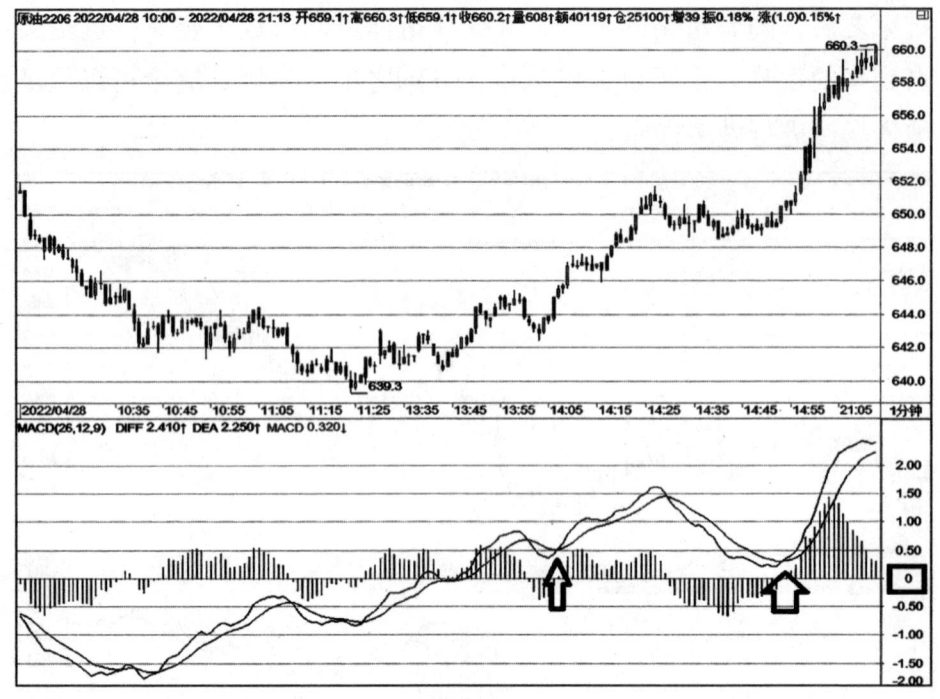

图 4-18

原油 2206 合约 2022 年 4 月 28 日 1 分钟 K 线走势图中，价格见底之后，于上涨的初期 MACD 指标线便站在了 0 轴以上，这说明价格由空头性质的波动转变成了多头性质的波动。价格越具备多头的性质，便越容易健康地上涨。

在上涨过程中，价格出现了两次回落方式的调整。受到价格波动重心向下的影响，MACD 指标也随之形成了死叉，但这些死叉处投资者是不能进行做空操作的，而是要耐心等到调整结束，金叉形成时再择机入场。最终，随着价格的重新上涨，调整结束，金叉形成，一前一后两次金叉全部发生于 0 轴以上，这是多头性质前提下的做多买点信号，因此，更值得信任，更值得及时地入场进行操作。从价格后期表现来看，在 0 轴上金叉形成之后，出现了一大波的上涨行情，MACD 指标 0 轴上的金叉就发生于上涨行情的起点处，在这个位置做多获利的效果自然非常好。

MACD 指标处于 0 轴以上说明价格的波动性质为多头，价格此时又处于大的上升趋势之中，再加上金叉的位置又是调整结束、新一轮上涨开始之时，这些因素综合在一起，自然也就容易给投资者带来收益的机会。想要使用 MACD 指标金叉稳妥地赚到钱，一定要在 0 轴以上金叉出现时再进行做多操作。

菜油 2209 合约 2022 年 4 月 29 日 1 分钟 K 线走势图见图 4-19。

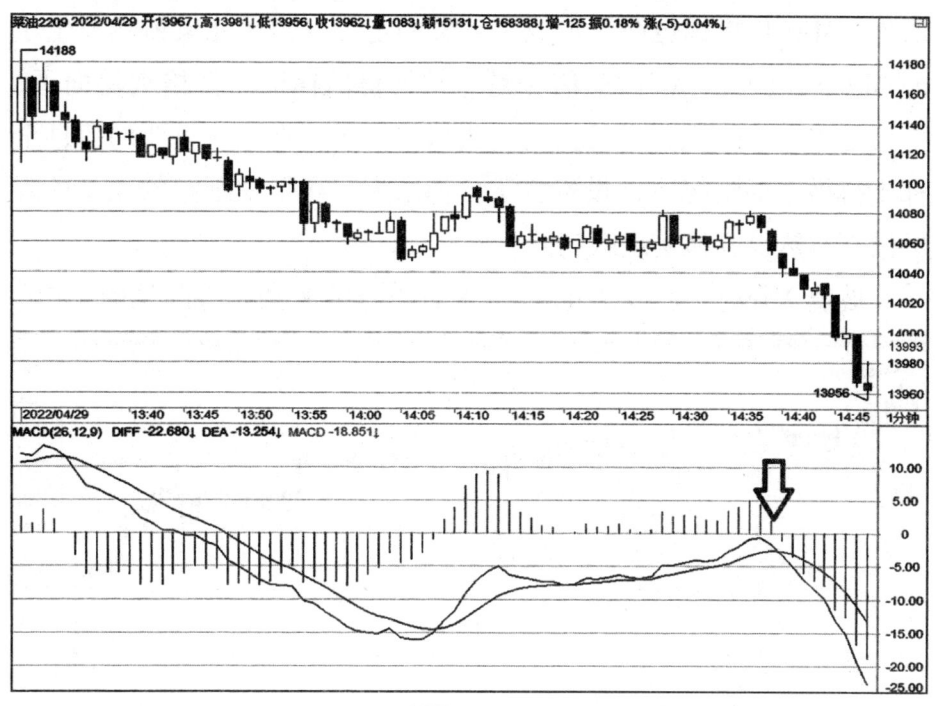

图 4-19

菜油 2209 合约 2022 年 4 月 29 日 1 分钟 K 线走势图中，开盘之后价格便形成了持续性下跌的走势。初期下跌时，价格的波动形态非常简单，反弹的幅度都很小，因此，投资者的持仓压力将会非常小，很容易捕捉到第一轮下跌行情带来的赢利机会。

下跌中途价格出现了一次规模较大的反弹，从反弹的幅度来看，上涨的幅度并不大，只是反弹延续的时间比较长，从而容易给投资者的操作造成干扰。价格长时间跌不下来，那又该如何把握做空的介入点呢？此时便可以借助 MACD 指标进行分析。

使用 MACD 指标时一定要看指标线所处的位置，在反弹区间指标线全部位于 0 轴以下，这说明价格的波动性质依然为空，做空是符合价格波动性质的正确操作。在反弹时指标始终保持着金叉后的多头状态，这种情况下是不能提前入场做空的，一定要耐心等到死叉出现才可以进场。反弹结束、下跌刚刚开始的时候，随着价格的回落，MACD 指标也终于形成了死叉的走势。由于死叉依然发生于 0 轴以下，因此，该做空信号是非常值得信任的。价格大势向下，指标处于空头性质，死叉又是空头操作信号，在这些重要的信息全都支持做空的情况下，投资者于反弹结束、在下跌刚起的死叉处入场做空自然很容易实现赢利。

玻璃 2209 合约 2022 年 4 月 28 日 1 分钟 K 线走势图见图 4-20。

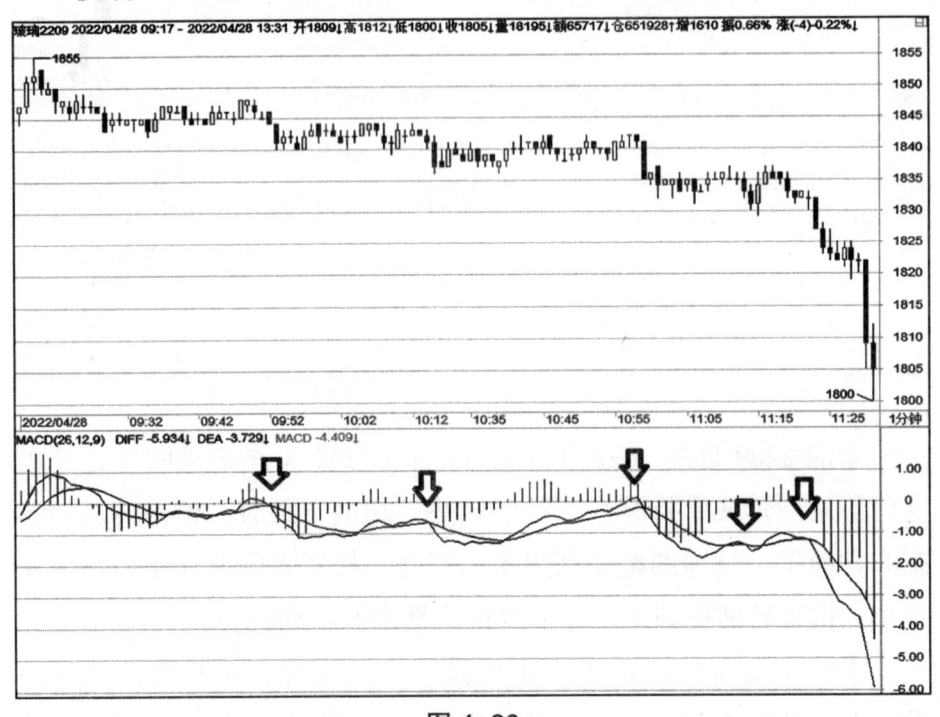

图 4-20

玻璃 2209 合约 2022 年 4 月 28 日 1 分钟 K 线走势图中，价格

◇第四章 日内投机常用操盘绝技◇

形成了一轮持续时间较长的震荡下跌行情。价格下跌时间越长，下跌中途震荡次数越多，其实对于投资者来说越好，因为下跌中途将会有多次入场做空的机会，根本不用担心错过行情。

那么，在价格下跌过程中该如何捕捉中途介入点呢？如果仔细对 MACD 指标进行研究，就可以发现，捕捉下跌中途的介入机会简直太容易了。在整个价格下跌过程中，MACD 指标线始终位于 0 轴下方，这说明从指标的角度来讲，价格的空头性质一直没有改变过。在空头性质始终确立的前提下，受到价格暂时反弹上涨的影响，指标形成了多次金叉。这些金叉的出现其实是在为下一次做空做铺垫，若没有这些金叉的形成，又怎么会形成死叉卖点信号？所以，反弹带动的金叉出现后，只要死叉一形成，就可以入场做空了。

从图中的五处做空信号来看，这些死叉全部位于 0 轴下方。"空头性质＋空头操作信号"，这样的介入点自然值得投资者积极地入场做空。价格具备的空头性质越强烈，上涨便会越困难，下跌便会越容易，只要 0 轴下死叉不是发生于价格大幅下跌之后，投资者就有妥妥的赢利机会，在这些 0 轴下死叉处做空只存在赚多赚少的问题。

金叉做多与死叉做空思路不变，细节也不变，唯独变化的就是金叉必须要出现于 0 轴以上，死叉则要出现于 0 轴以下，只需要对金叉与死叉的位置做一下要求，马上就可以提高使用金叉做多与死叉做空的胜算。舍弃 0 轴以下的金叉、0 轴以上的死叉，得到的便是最容易实现收益的 0 轴上金叉做多与 0 轴下死叉做空的获利机会。

第六节　价格若一横，财至又运亨

横盘走势虽然并不常见，但一旦出现，就会给投资者带来好的交易机会。这是因为横盘走势反映出多空双方力量的对比呈现一边倒的状况，因此，趋势延续的概率是很大的。上涨之后形成横盘，说明空方力量很虚弱，根本没有能力把价格打落下来，空方力量弱，则多方力量强大，因此，价格进一步上涨的概率是极大的。当横盘出现时，投资者可以积极地持仓，或是择机入场做多。下跌之后的横盘也是如此，这是多方力量极为虚弱，空方力量强大的体现，在多方根本无力与空方抗衡的情况下，价格继续下跌的概率同样是极大的。

标准的横盘应当是价格波动重心完全水平，价格上下起伏的幅度很小，但这种走势出现的次数就更少了，于日常操作获利幅度的贡献并不大。所以，需要降低一些对横盘的要求，使横盘这种技术形态出现的次数更多。常态下，所谓的横盘，是指那些价格调整时波动重心基本水平或微微向下的走势，只要价格波动重心没有明显下移，都可以称为横盘形态。同理，下跌之后价格反弹时波动重心基本水平或是波动重心微微向上，都可以视为横盘式的反弹走势。

顺势过程中的横盘，往往在价格上涨或下跌中途出现，此时价格虽已有一定幅度的上涨或下跌，但涨跌的幅度并不大，因为空间并没有被透支，因此，后市还将会有进一步的涨跌行情出现。但若横盘出现时，价格已有了较长时间、较大幅度的上涨或下跌，此时横盘就有可能演变成为转势的技术形态。当然，这种在顶部或底部区间形成的横盘走势更是极为少见，大多数是顺势涨跌中途的横盘。因为多空力量对比是一边倒的，因此，横盘一旦出现，顺势去做胜算极大，很容易带来持续且稳定的收益。

玻璃2209合约2022年4月28日1分钟K线走势图见图4-21。

图4-21

玻璃2209合约2022年4月28日1分钟K线走势图中，价格经过一波上涨之后出现了调整的走势，调整区间内所收出的阴线全都保持着缩量的态势。这说明之前做多的资金在此区间没有明显的出货迹象，阳线量能不大，阴线量能更小，主力的巨量资金又怎么可能在这么小的成交量之中顺利脱身呢？没有主力资金出货迹象，意味着价格此时的波动并非顶部。

量能显示主力资金没有出货，价格的波动形态更是反映了多方力量的强大。在价格较长时间的调整过程中，波动重心始终没有下移，波动重心整体保持着微微向上的态势，这样的K线技术形态进一步确认了主力资金没有出货，否则，随着卖出平仓抛盘的涌出，价格不可能不下跌。

　　该区间调整时由于波动重心没有明显下移，并且价格虽有波动，但是上下起伏的幅度并不大，因此，可以将其称为横盘调整。这种横盘的方式才是日常见到的方式，与完全标准的横盘一样，都体现了空方力量很小，无力将价格打落下来，多方力量很强，始终平托着价格。只要空弱多强，价格就一定会再来一波上涨行情，所以，横盘的出现就是做多赢利机会到来的信号。

　　玉米淀粉2207合约2022年4月28日1分钟K线走势图见图4-22。

图4-22

　　玉米淀粉2207合约2022年4月28日1分钟K线走势图中，在上涨过程中先后出现了三次横盘调整的走势。这三次横盘调整走势出现的位置以及时间各不相同，但它们却有一个明显的共性：横盘区间成交量都明显萎缩。这是主力资金积极留在场中的信号。之所以上涨中途对横盘形态操作的风险小，就是因为此区间主力既要维持价格不跌，又要大举出货。这实在是一件很难办到的事情：想平仓多单出货，价格就会因为抛盘的出现回落；而想稳定价格不跌，那就不能出货增加抛盘。所以，横盘的出现说明主力资金选择了维持价格而不出货，因此，在该区间操作安全度将会很高。

横盘形成时，理论上时间越短越好，但短时间的横盘把握难度很大，可能还没有反应过来价格就马上起涨了。这种情况下持仓是很好的，介入其中难度很大。时间略长一些的横盘则更容易被投资者把握，反正价格又不会出现大幅度的回落，波动重心基本上始终处于水平状态，所以，只要在阴线处介入就算得上是逢低做多的操作了。只不过人们对横盘是后知后觉的，因为价格如果不给出一定时间的横盘形态，在价格刚刚调整时是根本无法得知价格是要以下跌的方式进行调整，还是以横盘的方式进行调整的。给出一段时间的横盘之后，发现成交量在萎缩，价格波动重心又始终不下移，便可以将其定性为横盘调整的性质，只要有阴线出现，就可以入场做多。

横盘区间肯定会有价格上下起伏，但受到成交量明显萎缩的限制，价格上下起伏的空间都不会很大。横盘体现的是空方力量很小，多方力量很大，因此，这一区间很难有大阴线出现，价格也很容易马上出现修复式的走势，收出阳线，稳定波动重心，因此，找一个好的低点介入做多是很难的。标准横盘形态根本没有低点可言，而常态的横盘低点也很难捕捉，所以，在波动重心不降低的横盘形态中，只能捕捉相对的低点，而捕捉不到绝对的低点，见阴线就捕捉是做多基本操作思路，运气好，碰到了连续两三根小阴线，那就是绝佳的做多机会了。

玉米淀粉 2207 合约 2022 年 4 月 27 日 1 分钟 K 线走势图见图 4-23。

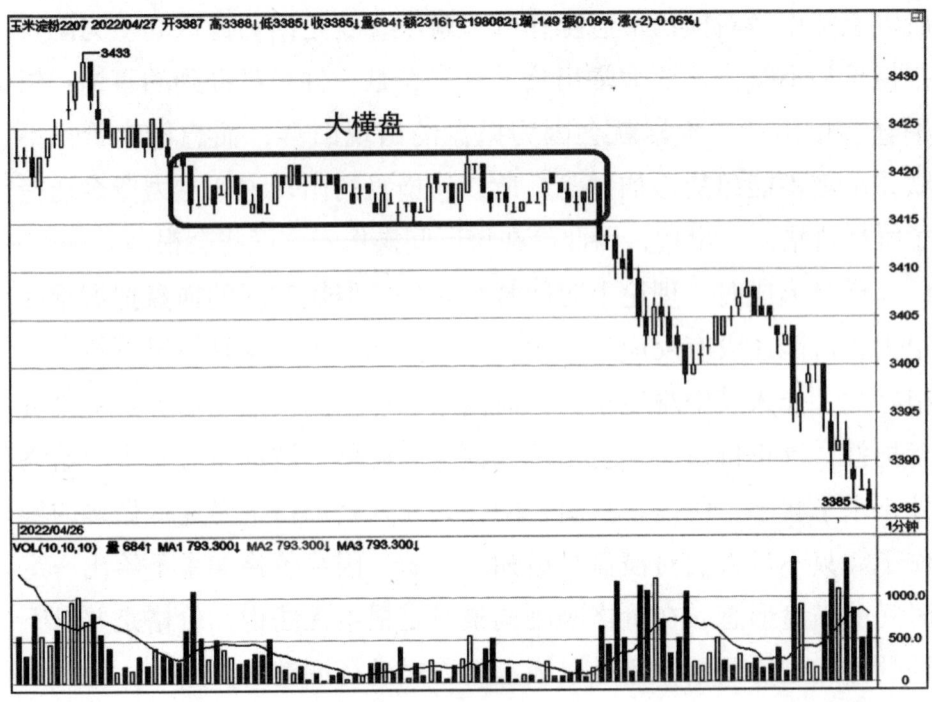

图 4-23

玉米淀粉 2207 合约 2022 年 4 月 27 日 1 分钟 K 线走势图中，价格形成了一次大横盘的走势，横盘的时间比较长。在横盘区间进行做空操作，只要止损位设置妥当，基本上是不会触发止损指令的，只是开仓之后需要在横盘区间多等一些时间才会见到收益，因为等的时间长，所以将其称为大横盘。

从图中横盘的走势来看，波动重心没有明显上移，始终保持着水平的状态。这是横盘走势最大的技术特征，也是横盘反弹与上涨式反弹最根本的区别。价格虽然在横盘区间有上下起伏，但波动幅度都很小，在任意一根反弹阳线处进行做空操作都不会有大的亏损出现。这也是横盘操作的另一大特点，开仓之后的浮动性亏损非常小，持仓心理压力不大。

对横盘进行分析时，重点是看波动重心的变化情况，然后要看价格所处的位置。在玉米淀粉 2207 合约的走势中，价格就处于较

◇ 第四章　日内投机常用操盘绝技 ◇

高的位置，横盘之前仅仅出现了一波较为温和的下跌，这说明未来还有着较大的下跌空间。止损幅度很小，未来下跌空间未被透支，空方力量明显强于多方，自然就非常适合入场进行做空操作了。

液化气2206合约2022年4月22日1分钟K线走势图见图4-24。

图 4-24

液化气2206合约2022年4月22日1分钟K线走势图中，在一番震荡下跌之后，价格形成了一个大横盘的走势。这个横盘走势跟之前的案例有所不同，它也是一种变形的横盘走势，因此有必要对其技术要点进行总结学习。

之所以称之为大横盘，主要是因为横盘的时间较长。横盘时间越长，投资者所受的折磨就会越多。从这一点来讲，肯定不如短时间横盘操作起来畅快。在横盘区间，成交量整体处于相对平稳的状态，虽有反弹时量能的放大，但却无法形成密集性放大，偶发性放量可以忽略。正因为该区域量能相对稳定，所以，主力资金在该区域出货的可能性并不是很大，主力资金没有出货迹象也就意味着当前的位置并不是底部，价格后期进一步下跌的概率仍将会是极大的。

与其他案例最大的不同之处是价格上下起伏的幅度明显变大，若是开仓位置选择不当，很可能会触发止损。箱体有上下波动幅度小的，也有上下波动幅度大的，但它们的共性就是波动重心保持水平状态。从图中可以看到，价格每当有所反弹，很快就会下跌，下跌后又会有反弹，如此反复，便将波动重心稳定了下来。对于窄幅波动的横盘，操作很简单，甚至可以说在任意位置开仓都可以，因为无论价格如何波动，亏损幅度都不大，从而不会触及止损。但碰到宽幅震荡走势时，很可能面对上来的反弹便按逢高做空的手法进行操作了，随后的持仓过程中才会发现转变成了波动较大的横盘走势。不管横盘性质如何，只要波动重心保持水平，就说明多方无力与空方抗衡，因此，价格继续下跌的概率依然是很大的。

横盘时波动幅度的宽窄并不会影响后期的下跌，只有价格所处的位置高与低才会影响后期行情中的波动幅度。好位置上的横盘，哪怕上下起伏大一些，哪怕时间长一些，只要波动重心保持水平，便可以大概率地延续当前的趋势方向，从而给投资者带来极好的获利机会。

第七节 红盘不做绿，险避盈利聚

许多投资者在进行日内操作时，交易行为非常混乱，进出完全随着性子来，没有任何章法，常犯的一大错误就是对多头性质明确、上升趋势明显的品种进行做空操作，而又对空头性质明确、下降趋势明显的品种进行做多操作。每天这样一通操作下来，资金便始终处于稳定亏损状态，根本看不到任何赢利的希望。那有没有什么方法可以帮助这些投资者避免这种总是做反多空性质、做反方向的错误出现呢？这种方法就是：红盘不做绿，绿盘不做红。

什么是红盘？它是指当前的价格大于昨日结算价，呈现涨幅为正的状态。这种情况下，盘面都是红色的，因此称之为红盘。而绿盘就是指当前价格小于昨日结算价，涨幅为负。这种情况下，盘面都是绿色的，因此称之为绿盘。

"红盘不做绿"的意思是：在红盘状态下，投资者不要进行做空操作，一定要坚定做多，只做多单，放弃所有空单的操作机会。

"绿盘不做红"的意思是：在绿盘状态下，投资者不要进行做多操作，一定要坚定做空且只做空单，放弃所有做多的想法。

这样操作有些时候的确会错过一些机会，但留下的却是更符合价格波动性质、更符合价格波动方向的机会。这些交易机会的信号稳定程度较高，也很容易给投资者带来较大的盈利空间。这样一来，那些错过的机会也就根本无所谓了，毕竟顺势交易才是最重要的。

PTA2209合约2022年4月29日分时走势图见图4-25。

PTA2209合约2022年4月29日分时走势图中，开盘之后价格始终高于昨日结算价，始终保持着红色正涨幅状态，这种现象就被称为红盘。在红盘状态下，投资者只要坚定只做多不做空的操作计划，将会以极大的概率取得当天交易的成功。

从图中可以看到，开盘后价格保持了近一个半小时的弱势波动。这一区间红盘的多头性质虽然是明确的，但由于向上的方向并没有形成，因此，没有好的多单介入点。投资者一定要理顺这样的关系：多头性质不等于随时有介入的机会。此时，只要多头性质不变，做多的想法就不能改变；只要价格在性质上没有转为空头，后市就必然会给出多头的操作机会。

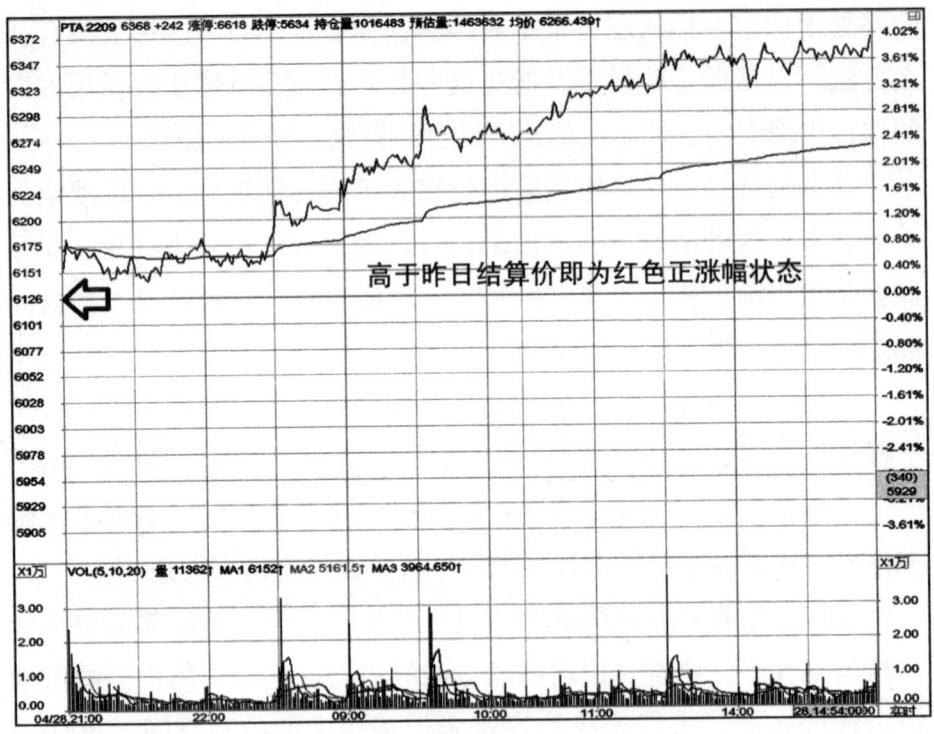

图 4-25

经过一个半小时的震荡之后，价格终于形成了明确的上升趋势，随着波动重心不断上移，突破做多的介入机会、趁调整低点的做多机会全部出现。只要坚定做多的思路，熬过前一个多小时的震荡，最终会得到一轮持续向上的日内大行情。这就是红盘舍弃掉所有做空机会所换得的收益。

棕榈 2209 合约 2022 年 4 月 29 日分时走势图见图 4-26。

棕榈 2209 合约 2022 年 4 月 29 日分时走势图中，开盘之后价格便在盘中始终高于昨日结算价，红盘的状态从开盘持续到了收盘。对于这样的盘面形式，操作还是非常简单的，做多思路贯穿一整天，不会有任何操作思路与方向上的转换。

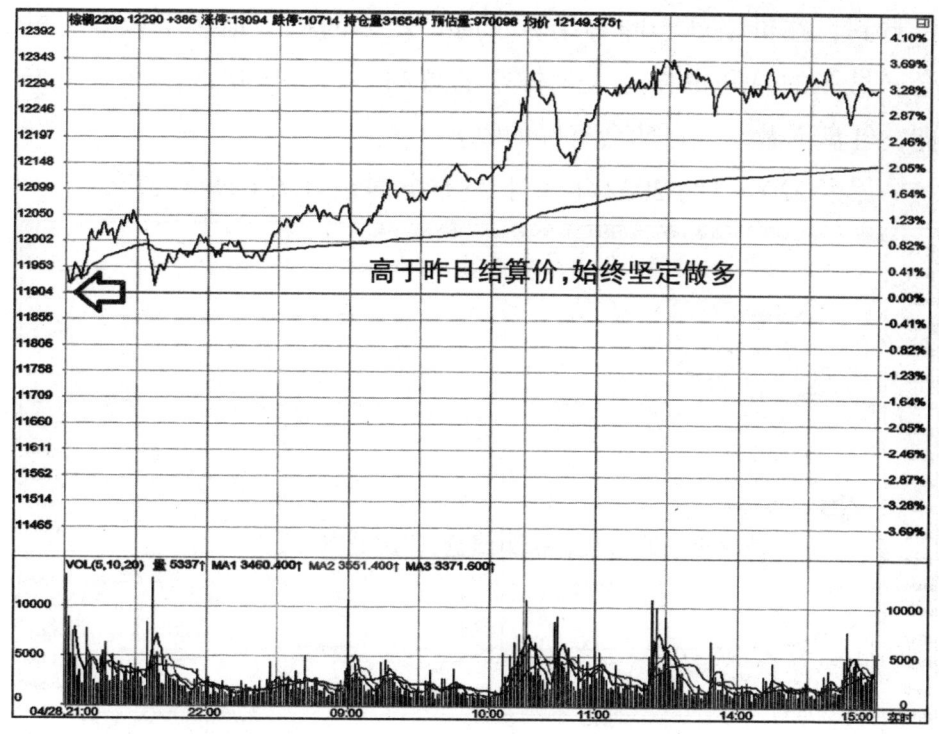

图 4-26

头一个小时里，价格波动带来的交易机会较少，夜盘的上升趋势并未延续太长时间就被一轮短时间的快速下跌给破坏掉了。虽然分时线跌得较快，但由于低点仍在昨日结算价上方，因此，做多的思路是绝对不能改变的。只要坚定做多的信念，将所有的心思都放在怎样做多、于什么点位做多上来，在后期震荡向上的过程中，实现日内 20% 左右的收益还是非常轻松的。这是因为价格在上涨的过程中留给了投资者多次介入的机会，或调整的低点可以让投资者参与，或突破创新高的点位可以让投资者做多，舍掉了所有做空的机会，便会得到全部的做多机会。

若在这一天做空，将会是比较难受的。虽然价格也有下跌，但每一次下跌之后价格都向上创出了新高，下跌行情没有任何延续性，不长时间的连续下跌又怎么可能带来大收益的机会？由此便可以看到，在价格高于昨日结算价时，做多的机会远多于做空的机会，做多的盈利也将远大于做空的盈利。顺应价格波动性质与方向，红盘不做绿，自然会有好的收获。

尿素 2209 合约 2022 年 4 月 29 日分时走势图见图 4-27。

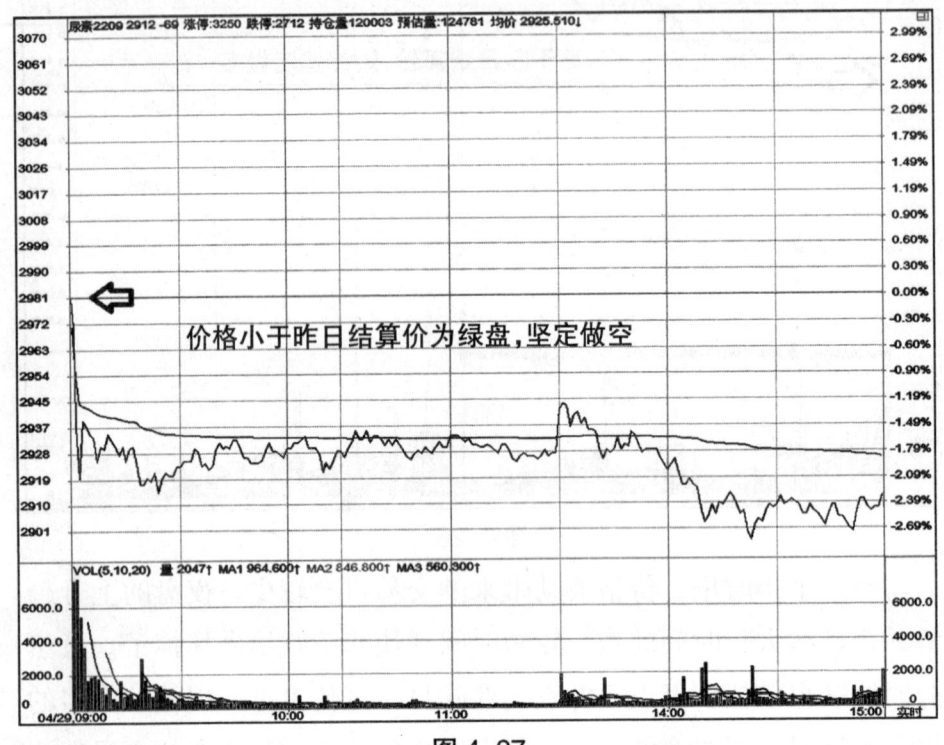

图 4-27

尿素 2209 合约 2022 年 4 月 29 日分时走势图中，一开盘价格便位于昨日结算价下方，价格从开盘到收盘都保持着负涨幅的状态。由于各项数据都呈绿色状态，因此，将其称为绿盘。绿盘状态下的操作思路便是只做空，绝对不做多，多头机会全部主动放弃，以此集中所有注意力，捕捉做空的机会。

这一天的走势其实较为坎坷，价格虽然有所波动，但波动的幅度很小。虽然做空的机会的确多于做多的机会，但是，除了尾盘最后一小时外，在其他的时间做空都只能赚个小钱儿，没有任何实现大收益的机会。虽然赚不到大钱，但是，与交易思路的设定是没有关系的，这是市场呈现明显空头性质、空头方向，但空头力度却不是很大的原因造成的。实战操作时，会碰到形态简单并且容易赚大钱的机会，也会碰到性质明确但价格波动杂乱，只能赚小钱的机会，机会是大是小我们无法控制，但却可以控制我们的作战计划。只要服从价格的多空性质，顺从价格的波动方向，最终必然会得到市场的奖励。

下午开盘之后，价格一改上午的窄幅震荡走势，终于形成了连续震荡下跌的形态，通过连续下跌所产生的有效波动空间完全可以给投资者带来10%的日内收益。简单的"绿盘不做红"的思想，就可以帮助投资者顺应价格正确的空头性质，其实战性不应因为简单而心生怀疑。

焦炭2209合约2022年4月29日分时走势图见图4-28。

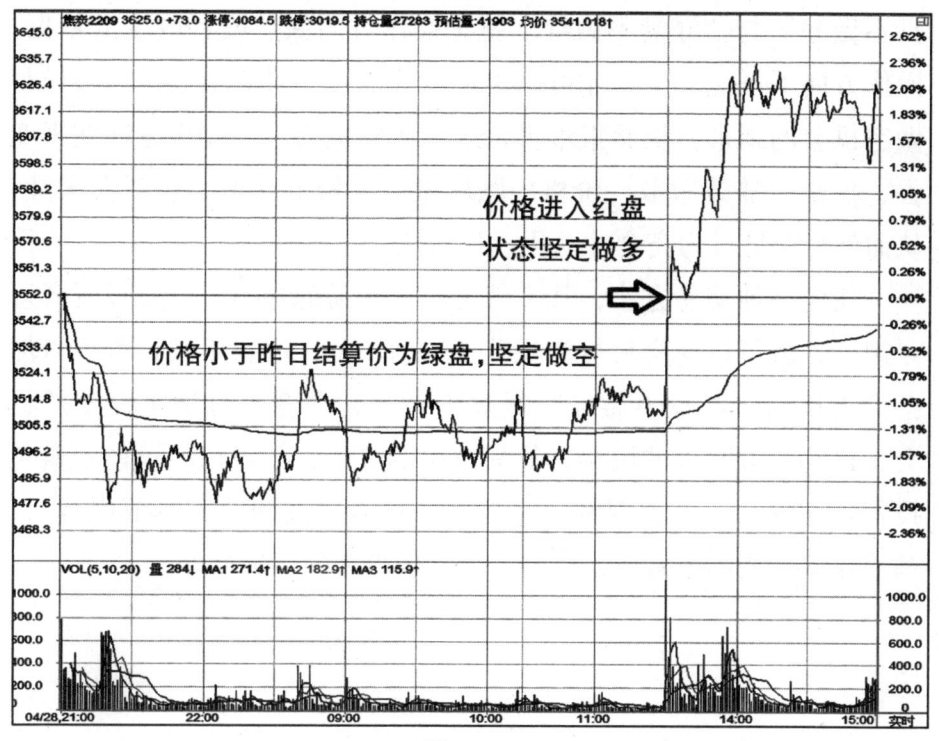

图 4-28

焦炭 2209 合约 2022 年 4 月 29 日分时走势图中，自夜盘至日盘的上午收盘，价格始终低于昨日结算价，绿盘的状态持续了很长的时间。这意味着投资者需要在四个多小时的时间内，一直保持做空的思路，而不能有任何做多的想法。

下午开盘之后，价格上涨，直接位于昨日结算价上方，使得涨幅由负转为正，这意味着绿盘的状态改为了红盘。此时，投资者的操作思路也必须要由做空思路转变成做多思路。从下午的整个走势来看，做多所能带来的都是收益，而在红盘时还要继续做空，便只能带来风险了。

"红盘不做绿，绿盘不做红"解决的是操作方向的问题，在操作方向上我们必须要有主心骨，操作方向允许改变，但不能没事就变、想变就变。操作方向的改变必须要有统一的技术依据，而"红盘不做绿"与"绿盘不做红"就是操作方向保持或者改变的依据。操作方向不再混乱了，才可以更加冷静地、全身心地等待做多或是做空机会的到来，从而很难再错过入场的机会。若操作方向变来变去，价格一涨就做多，价格一跌就做空，做上几单心态就会大乱，从而使得交易行为完全冲动化、盲目化。

任何一种交易方法，其实就是一种交易的规矩。只要投资者遵守规则，就可以使交易行为规范。行为不乱，心也不乱，胜算自然会大大提高。红盘不做绿，绿盘不做红，舍弃一方确定性差的机会，得到一方明确的机会，简简单单的方法，却可以尽可能地避免投资者交易行为变得混乱。希望各位读者朋友阅读完本节内容后，马上将该方法用于实战，体会一下它所带来的巨大好处。

第八节　分则必然合，合则拍手乐

如果对分时图进行仔细观察，便可以发现这样一个规律：价格很少会一直围绕着均价线波动，总是要么上涨，远离均价线，要么下跌，远离均价线，就算价格一时到达了均价线处，最终也必然会重新分开。正所谓"合久必分，分久必合"，合分之间便给投资者带来了机会。

为什么价格与均价线靠近之后会产生机会呢？均价线的计算方法为某一时刻的总成交金额除以总成交手数，因此，均价线代表了当天市场中不管什么位置入场的所有资金的平均持仓成本。价格只要回到市场平均持仓成本处，便意味着所有资金都处于无盈利的状态。资金都是逐利的，没有收益，那就让价格去波动，就可以创造出收益了。因此，当价格到达了平均持仓成本，也就是均价线处时，后期必然会带来或大或小的交易机会。

此时，我们无法知道未来价格到底是上涨还是下跌，也不知道价格与均价线合在一起要保持多长时间，我们只知道未来肯定会有波动带来的收益。因此，能做的就是价格与均价线合在一起时耐心地等待，一旦价格有上涨动作或是有下跌动作，就可以赶紧入场操作，在价格刚刚上涨或刚刚下跌不太多的时候开仓扫货。

乙二醇 2209 合约 2022 年 4 月 29 日 1 分钟 K 线走势图见图 4-29。

乙二醇 2209 合约 2022 年 4 月 29 日 1 分钟 K 线走势图中，从一整天的走势来看，分时线绝大多数时间都与均价线保持着一定的距离，这才是价格波动的常态。分时线只有与均价线保持一定的距离，资金才能产生盈利以及对应的亏损。

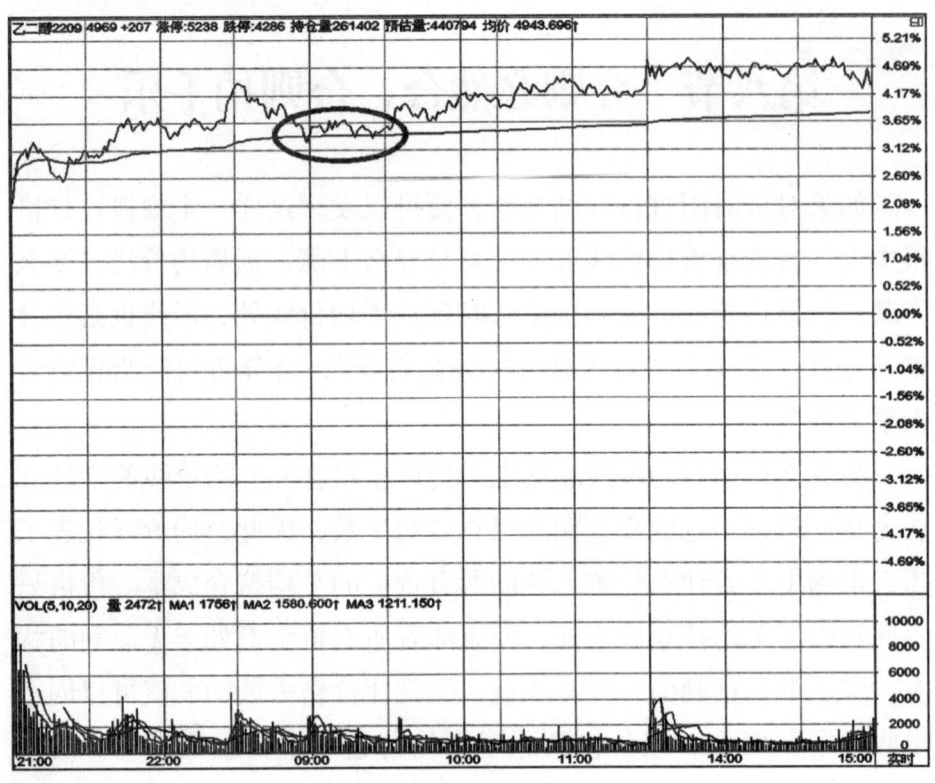

图 4-29

但在有些时候，价格的调整暂时出现了意外，价格也会向均价线靠拢并触及均价线。这就意味着市场中的资金都处于相对无盈利的状态，在一天的波动过程中，可以一时没有产生盈利，但不能长时间处于无盈利状态。所以，分时线与均价线合在一起的走势只能是暂时的，读者朋友们可以去查看更多当前或是历史的案例，看一看有没有哪个品种一整天价格都始终贴着均价线。

日盘开盘后分时线与均价线只纠缠了半小时，之后价格便重拾升势，继续上涨。这说明分时线与均价线将要"合久必分"并且方向向上，价格抬头向上的时候便是投资者入场做多的大好时机。

黄金 2206 合约 2022 年 4 月 29 日 1 分钟 K 线走势图见图 4-30。

◇第四章 日内投机常用操盘绝技◇

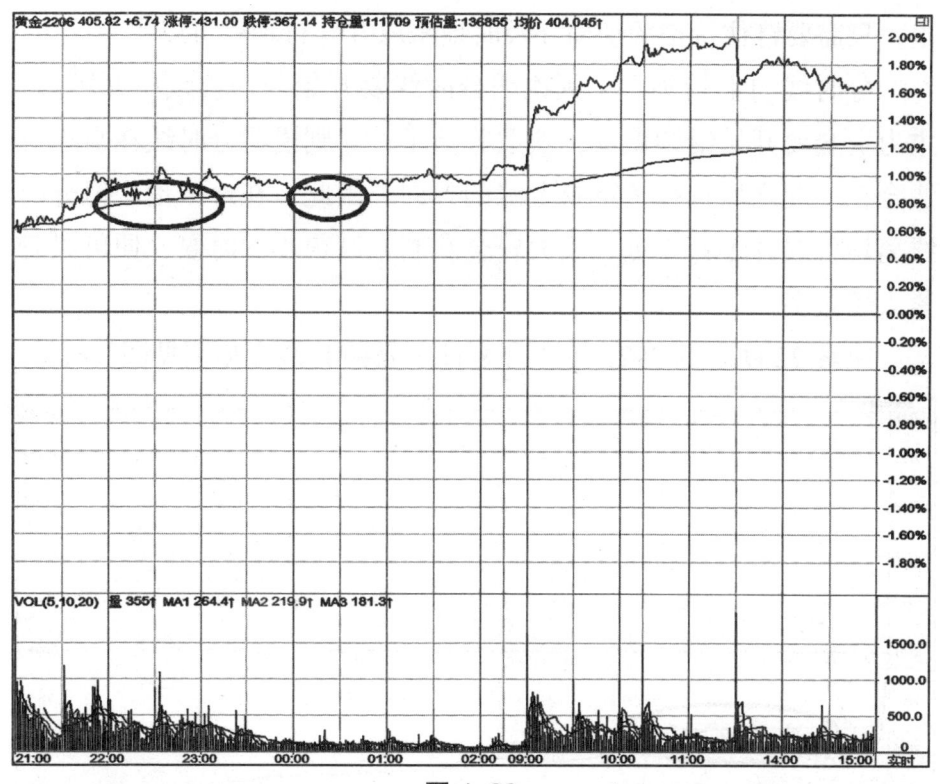

图 4-30

黄金 2206 合约 2022 年 4 月 29 日 1 分钟 K 线走势图中，开盘之后分时线一直贴着均价线。前半小时的走势平淡无奇，没有给投资者带来任何好的操作机会，但是，价格不可能一直保持这样的波动形态，必然会出现上涨或下跌的走势，使得分时线与均价线拉开距离，唯有这样，场中的主力资金才可以切实实现赢利。

经过一波上涨行情之后，价格再次出现调整，调整的低点又一次到达了均价线的位置并与均价线重合。只要懂得了两者之间合久必分，分久必合的关系，再次面对这样的走势时只会感到欣喜，而不会觉得价格毫无波澜了。在分时线与均价线相接触之后，价格有下跌的动作时就可以赶紧入场做空，而一旦分时线有向上抬头的动作，则可以马上入场做多。在这一区间完全不用去猜未来会怎走，只需要盯住价格的动向并及时地采取开仓行动就可以了。

分时线向上抬头，一则说明分时线要开始与均价线拉开距离，主力资金要开始继续做盘，获取收益了；二则说明分时线在与均价线合在一起之后选择了重新上涨的方向。因此，在价格抬头但分时线离均价线并不算太远，主力资金获利幅度很小的时候，便可以赶紧入场做多。

尿素2209合约2022年4月8日1分钟K线走势图见图4-31。

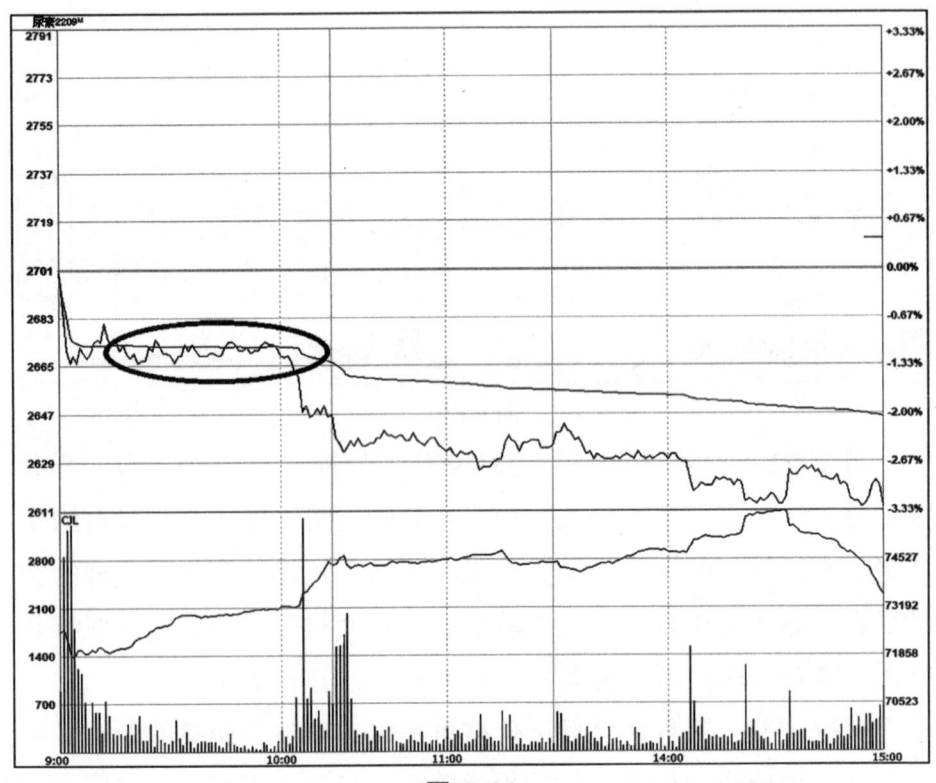

图 4-31

尿素2209合约2022年4月8日1分钟K线走势图中，开盘之后价格快速杀跌，之后便陷入了较长时间的窄幅震荡走势。面对这样的走势，开盘抢到空单的投资者可以放心地持有，因为价格反弹上涨的幅度很小，不会对持仓造成太大干扰。但对于想要入场做空的投资者来说，却没有好的介入点。

虽然价格一直横盘让人没有机会入场操作，但这恰恰给投资者提供了冷静分析的时间。窄幅波动时成交量一直处于萎缩状态，这说明主力资金停止了积极的操作。若价格就这样一直不动，主力资金又如何赚钱？所以，这种走势只是暂时性的，不可能长时间保持窄幅波动的状态。价格后期必然会产生新的波动，分时线必将会远离均价线，只是，在分时线与均价线纠缠在一起时，无法得知未来到底是会上涨还是下跌，以及无法得知具体什么时候开始来行情。

这种走势存在未知的因素，但也存在已知的必然因素。既然知道分时线一定会与均价线拉开距离，那就可以仔细地对价格的整体波动性质进行研判，从而看一下哪个方向的波动概率会更大。从价格所处的位置来看，窄幅波动区间明显是绿盘状态，根据"绿盘不做红"的原则进行判断，此时的价格波动空头性质更明确，因此便可以得出这样的结论：价格后期下跌的可能性大于上涨的可能性。因此，只要见到价格有下跌的迹象，便可以及时追进场中。

甲醇2209合约2022年4月25日1分钟K线走势图见图4-32。

甲醇2209合约2022年4月25日1分钟K线走势图中，一开盘价格经历大的波动后便陷入了较长时间的窄幅横盘走势，价格长时间原地踏步，并且成交量也始终保持着低迷状态。这说明主力资金没有在场中进行积极的操作。但凡有主力资金的身影，成交量必将会连续放大，并且价格也将会有较大幅度的波动。

虽然分时线一直贴着均价线，不涨也不跌，但这种走势正符合了合久必分的规律，两者贴在一起的时间越长，未来分开之后持续的时间也就越长。这必然会给投资者带来极好的操作机会与巨大的盈利空间。在分时线贴着均价线波动时，投资者需要仔细地对市场整体状态以及对价格此时的多空性质进行分析，这将有助于提前判断价格后期有可能往哪个方向波动。

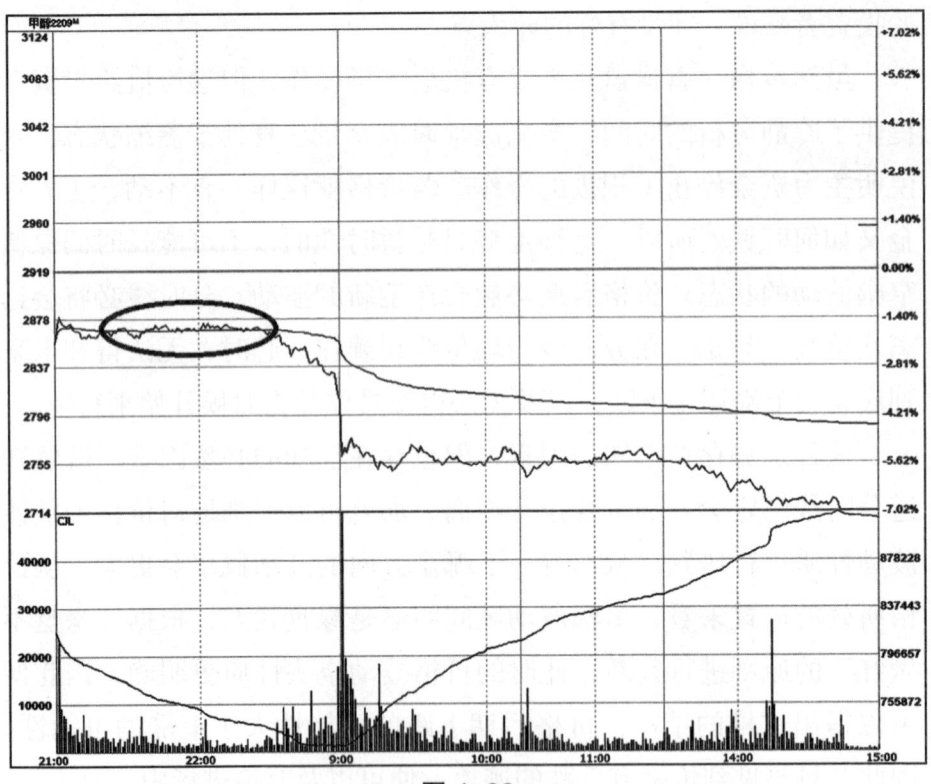

图 4-32

由于这一天是低开，价格一直处于绿盘状态，因此，价格波动性质为明确的空头。这种情况下，价格后期下跌的概率将会大于上涨的概率。价格的空头性质确定之后，就要钉紧所有的下跌动作，只要分时线有向下的迹象，在分时线与均价线距离并不是很远的时候，就要及时寻找各种卖点做空。

分时线与均价线合在一起只是暂时现象，短的可能十几分钟就会分开，时间长一些的也只不过一个多小时的时间。价格必将产生波动，没有波动，就是主力资金也没办法实现赢利，所以，合在一起时虽然暂时无法操作，但却在孕育下一次操作的时机。判断好价格波动性质，制订好上涨与下跌两个方向的操作计划，无论价格最终是向上还是向下，赢利的机会便都不会放跑了。

第九节　回马一枪扎，价格直往下

之前为读者朋友们讲解了MACD指标0轴上金叉以及0轴下死叉的操盘方法，通过学习，以后再碰到MACD指标的金叉买点信号和死叉卖点信号时，就知道该如何选择更为可靠的交易机会了。随着交易经验的增多，投资者将会发现这样一种走势规律：看似MACD指标快要形成金叉或死叉了，但最终并未形成。指标在0轴以下却没有形成金叉，也就意味着0轴以下的死叉卖出机会市场将不再提供，可往往在这个时候，价格却出现了一轮非常不错的行情，又该如何去捕捉机会呢？

从MACD指标的角度来讲，形成金叉说明多头力量比没有形成金叉的反弹要强大一些，因此，反而那些没有形成金叉的反弹走势更值得入场进行做空操作，因为多头力量小、空头力量大。但没有金叉的出现，便没有与之对应的死叉形成，所以，便不能用金叉或死叉来指导操作。此时，应当对MACD指标的柱体变化进行重点关注。

在价格反弹的时候，MACD指标柱体会随着反弹的开始形成呈现连续缩短的迹象。当柱体缩到很短并且将要形成金叉时，就要密切留意了，此时将会有两种机会：一是金叉形成，而后提供0轴下死叉的交易机会；二是金叉没有形成，价格回落带动指标柱体重新放长。连续缩短的指标柱体重新放长，这种技术形态被称为回马一枪。看似空方败走，多方发力，要将指标带动成金叉，可是空方回马一枪，打败多方，使得价格继续下跌。

白糖2209合约2022年4月27日1分钟K线走势图见图4-33。

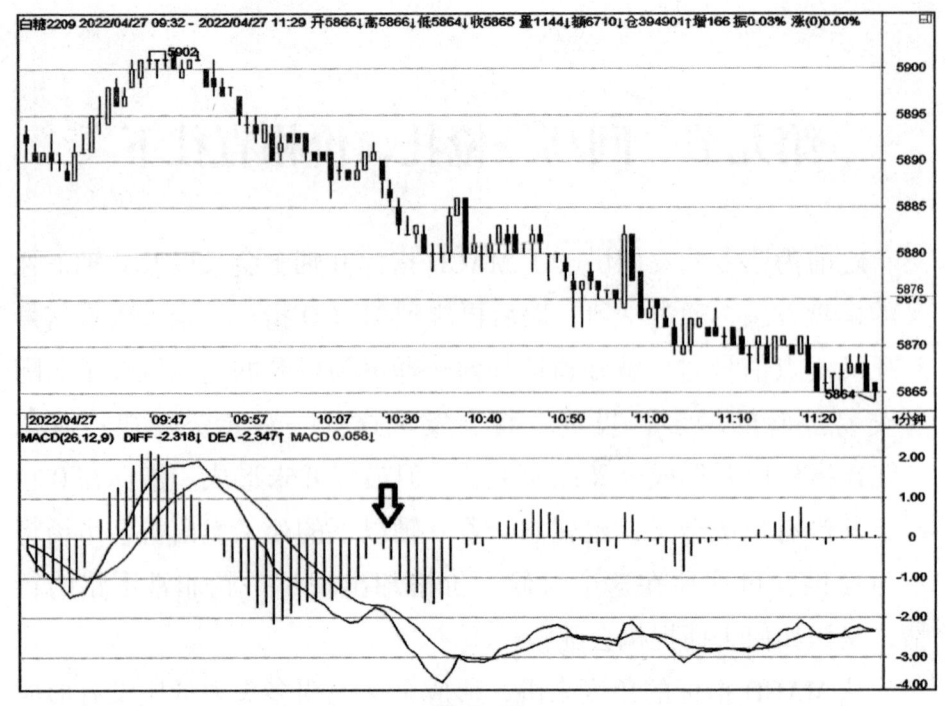

图 4-33

　　白糖 2209 合约 2022 年 4 月 27 日 1 分钟 K 线走势图中，价格于下跌过程中出现了多次反弹的走势，从 K 线形态来看，这些反弹持续的时间都很短，并且上涨的高度十分有限。但是，这种分析结论产生于价格形态形成之后，那该如何在动态环境中判断价格反弹是强是弱，并以此来指导操作呢？

　　在动态环境中应用任何方法进行分析时，必须要有一个统一的口径，无论针对哪个品种，其标准必须固定。只有这样，才可以公平地向投资者发出信号，而这也正是各种技术指标最大的作用。从图中可以看出，在价格反弹时，MACD 指标柱体出现了连续缩短的迹象，在 MACD 指标快线与慢线将要合在一起形成金叉，并且指标柱体也缩到了极短状态的时候，一定要制定两个操作策略：如果形成了金叉，后期该如何操作？如果没有形成金叉，又该如何操作？

　　指标柱体缩短之后，MACD 指标并未形成金叉，而是随价格的回落指标柱体重新形成了向下放长的走势。指标柱体一旦放长，便意味着空头重新占据了上风，这种情况下也就可以入场进行做空操作了。指标将要形成金叉、两条指标线贴得很近，说明多空双方力量暂时一致；若形成金叉，则说明多头略占上风，这个时候就可以等待0轴下死叉再进行操作。但若指标柱体重新向下放长，那就说明空方占据了优势，此时入场做空既顺应了大势，又把握住了局部空头力量变得强大的点，自然更容易捉住赚钱的机会。

焦炭2209合约2022年4月28日1分钟K线走势图见图4-34。

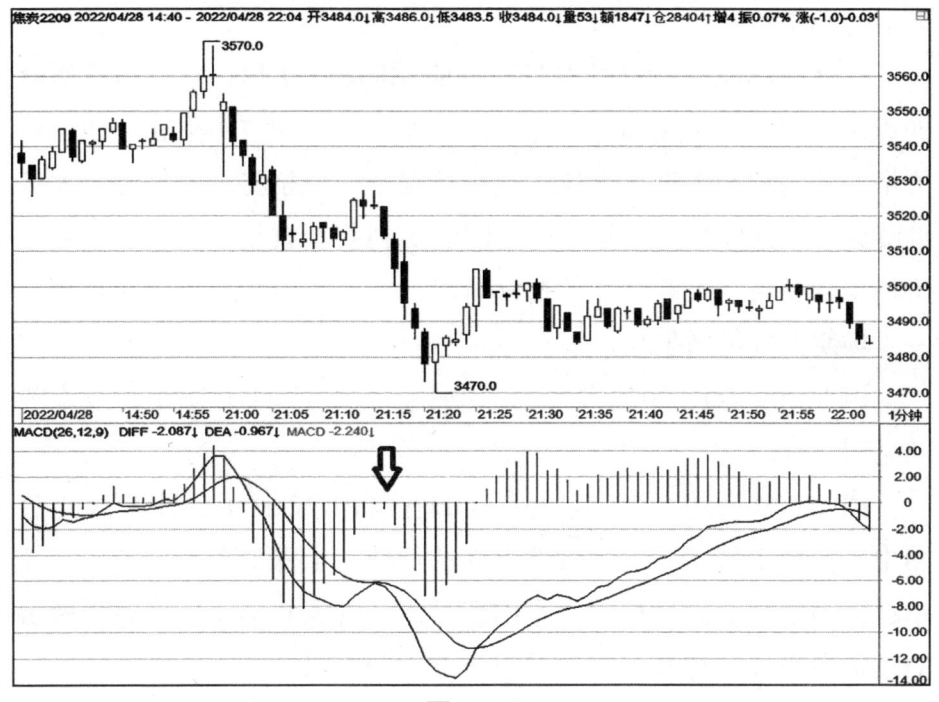

图 4-34

焦炭2209合约2022年4月28日1分钟K线走势图中，一开盘价格便出现了快速下跌走势，这种开盘就快速下跌的走势很容易让没有反应过来的投资者错失机会。不过，就算是错过了开盘第一波的做空机会也不必过于着急，因为价格的下跌往往是呈波浪状的，会持续两三波，只错过一波依然还是有赚钱机会的。价格下跌之后必然会有反弹走势出现，静待反弹出现后再寻找战机是错过机会时最正确的操作计划。

下跌之后反弹如期而至，随着反弹的进行，MACD指标柱体变得越来越短，并且两条指标线已经要贴在一起。这种走势是一个关键的技术点，价格后期很容易演化出两种走势：一是反弹延续并使得指标形成金叉，此时要继续等待一段时间，什么时候见到0轴下死叉，什么时候才可以入场操作；二是留意指标柱体的变化，一旦指标柱体由连续缩短转变成为重新向下放长，便可以直接入场进行做空的操作。

指标柱体连续缩短说明多方力量暂时处于上风，空方力量暂时处于退让的状态，而指标柱体重新放长，则说明空头重新夺回了对价格的控制权并占据了上风。这种情况下，价格将很容易顺应大势继续向下。MACD指标柱体由连续缩短到重新放长的介入点，处于价格反弹结束、下跌开始的初期阶段，在这个位置入场操作很容易一入场便直接见到盈利。

PTA2209合约2022年4月11日至4月12日1分钟K线走势图见图4-35。

PTA2209合约2022年4月11日至4月12日1分钟K线走势图中，价格出现了一轮持续性上涨的行情，上涨的技术形态非常简单，因为整个上涨过程中从未出现过复杂的调整形态，这对于做多的投资者来说，持仓的压力是很小的，很容易便在其中实现较大的收益。

在价格上涨初期面临前高点时，出现了一次非常经典的调整形态，于前高点处主动小幅度回落化解压力，而后蓄势成功突破。调整很常见，但在关键位置形成的主动性调整却是难得的获利机会。受价格调整的影响，MACD指标柱体开始连续缩短，但最终死叉并未形成，而是随价格的上涨指标柱体重新形成了放长的走势。指标柱体重新放长，便意味着多头重占上风，空头连让指标形成死叉的能力都没有，又怎么可能使得价格连续大幅回落？因此，指标柱体重新放长的点便是调整结束、新一轮上涨行情开始时极好的介入点。

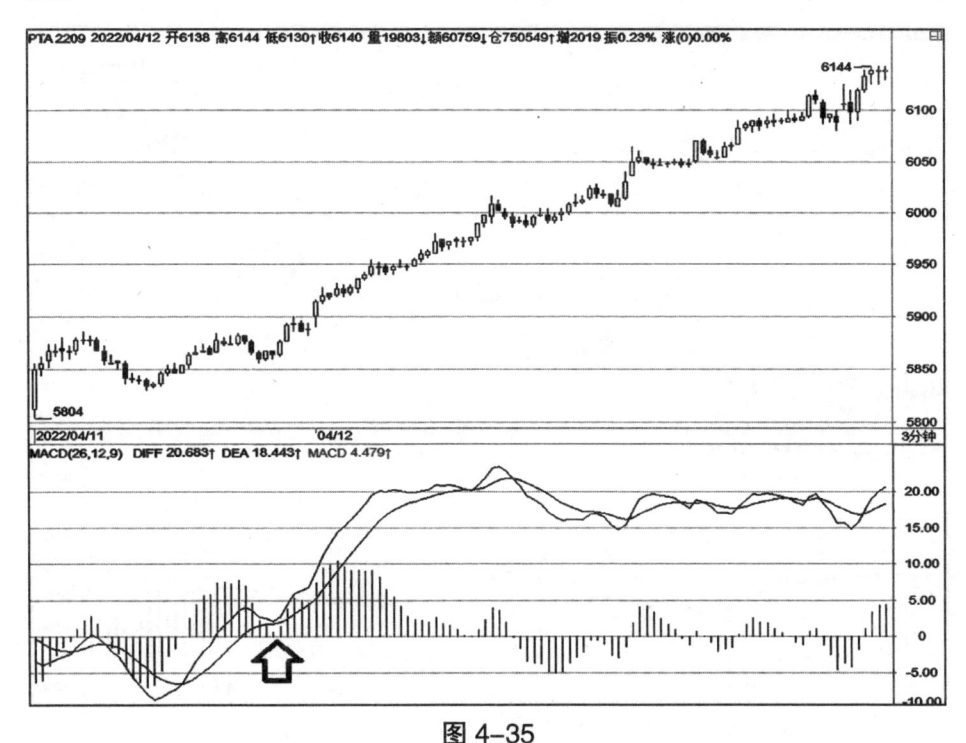

图 4-35

以 MACD 指标为标尺，价格调整而没有形成死叉，说明空方力量是很虚弱的，空方力量弱对应的便是多方力量强，既然是要进行做多操作，那肯定不能在空方力量强的品种上进行操作。因此，指标调整却不形成死叉，反映的就是多强空弱，而很快指标柱体又重新放长，对应的便是多头开始发力的起点位置。

棕榈 2209 合约 2022 年 4 月 15 日 1 分钟 K 线走势图见图 4-36。

棕榈 2209 合约 2022 年 4 月 15 日 1 分钟 K 线走势图中，价格于上涨过程中虽然出现了多次调整的走势，但对 K 线形态进行观察便可以看到，调整回落的幅度都是很小的，通过调整回落的幅度便可以判断出空方的力量较为虚弱。但这种分析结论只适用于经验丰富的投资者，刚接触期货的投资者可能并不具备直接从K线形态上判断出多空力量间对比的能力。因此，仅凭经验分析是不行的，必须要有一个统一的标准去做判定。

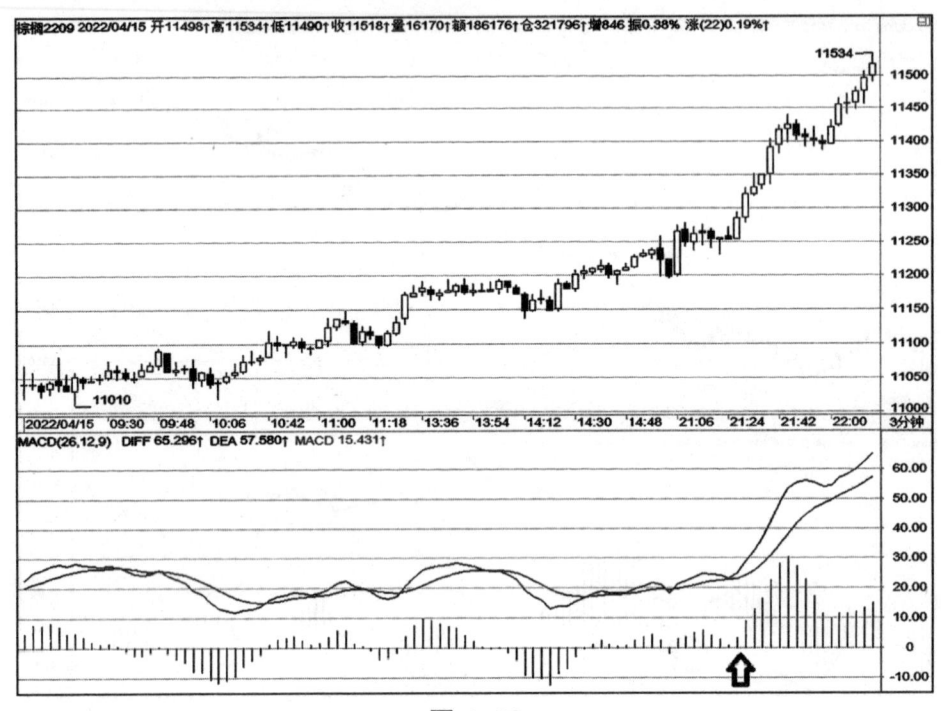

图 4-36

价格震荡上涨时的前几次调整过程中，虽然K线回落幅度小，但是MACD指标却都形成了死叉。虽然这也属于正常现象，但相比于上涨中途同样形成调整但MACD指标并没有形成死叉的走势，就显得空头力量大了一些。此时对空头力量大小的判断并不是凭主观经验的，而是借助MACD指标这个可以统一口径的工具。用这种方法进行判断，不管是新手还是老手，都可以得出一样的分析结论，不会产生不同的观点。指标最主要的作用就是规范交易行为，统一交易口径。

在指标柱体连续缩短的时候是不能提前入场操作的，这是为了防止在连续缩短的过程中演变成死叉,一定要在指标柱体重新放长时入场操作。指标柱体重新放长,便意味着多头不再退让并开始了反攻。这种情况下,价格便会很容易顺应大势继续向上。由于指标柱体的放长对应的正是价格调整结束、刚刚抬头上涨的初期阶段,因此,对于投资者来说,就是极好的中途介入点。

第十节 压力与支撑,收益藏其中

压力与支撑是实战操作中非常重要的一个技术项,但可惜的是,许多投资者并不会正确判断压力位与支撑位,甚至有一些所谓的高手连这项基本功都没有学到位,给投资者灌输了许多错误的理念。应当如何看压力位与支撑位呢?这里请大家记住一句话:下降趋势看压力,上升趋势看支撑。如果以后某个品种处于上升趋势当中,却有人总提示你压力位在哪里,你就可以知道这个人的实战操作肯定是一塌糊涂的。同理,若有人在下降趋势中不断提示你哪里是支撑位,那他肯定不是市场中的赚钱者。

为什么下降趋势看压力,上升趋势看支撑?为什么上升趋势看压力不对,下降趋势看支撑是错误的呢?比如某个品种的价格创出了历史新高,请问,压力在哪里?上方还有压力吗?如果某个品种在历史大箱体之中波动,上方某处有压力勉强说得过去,但创了历史新高,上方已没有任何压力了,这个时候岂不意味着压力失败?一个能失败的方法那还怎么用于实战?所以说,上升趋势看压力是完全错误的。但若上升趋势看支撑呢?不管价格再怎么涨,支撑总是位于价格的下方,它是价格上涨的基石,对价格产生强大的托力,支撑会起到阻止价格下跌、促进价格上涨的作用,所以,不管价格创没创出历史新高，它都可以发挥作用。

同样，一个创出历史新低的品种下一个支撑又在哪里呢？所以，下降趋势看支撑是完全错误的。下降趋势要看压力，因为压力在价格上方，它将会压制价格的上涨，对价格起到阻止上涨与促进下跌的作用，因此，不管价格创没创出历史新低，只要下降趋势形成，压力都可以发挥作用。而一轮下降趋势的结束，必然会形成压力位被有效突破的走势。因此，下降趋势看压力，上升趋势看支撑才是正确的方法，凡与此相背的分析观点，都是错误的。

压力位与支撑位可以是一个具体的价格，比如依据趋势类指标：移动均线或是笔者喜欢使用的布林线指标，都可以把压力位与支撑位精确到一个具体的价格。同时，压力位与支撑位也可以是一个区域，价格到达了这个区域就会受到压力或支撑的影响。

凡是涉及成本概念的都会产生压力或支撑的作用。比如最常见的下降趋势中前高点的压力作用，因为该区间涉及了空单的成本以及多单的最高被套成本，因此，价格下跌后又重新回到位置时，会受到解套抛盘以及空方加仓卖盘的合力，这两股做空的力量很容易把价格给压下来。而趋势类的指标，比如布林线中轨或移动均线，因为都是收盘价的算术平均，因此，变相涉及了成本的概念，价格反弹到布林线指标中轨或是均价线处时就容易受到压力。

一旦价格到达支撑或压力位，有很大的可能反弹或调整将会结束，大趋势不变，价格受到压力时恰逢大的下降趋势中形成了一个小的反弹高点，而做多时，价格恰是大的上升趋势中形成了一个调整的低点，这个点对于空仓的投资者来说就是一次难得的介入时机，此时只要有精确的介入点信号出现就可以考虑入场操作。

PTA2209合约2022年4月28日至4月29日1分钟K线走势图见图4-37。

图 4-37

PTA2209 合约 2022 年 4 月 28 日至 4 月 29 日 1 分钟 K 线走势图中，随着价格上涨的开始，布林线指标中轨形成了明确的上升趋势，趋势类指标一旦有了明确的方向指引，投资者就一定要积极地随之入场操作。我们常说顺势操作，什么叫顺势？趋势先形成，而后顺之进行操作，这就叫顺势。放到投资市场中，布林线指标中轨形成上升趋势，而后再择机入场寻找战机，因为价格的波动不可能只是一波行情就结束，绝大多数都是连续好几波上涨，这中间就为顺势交易者提供了足够的机会。

使用趋势类指标进行分析最大的好处就是可以将技术形态简化，投资者只需要投入很少的精力便可以获得所需要的分析结论。就像图中使用布林线指标寻找支撑位一样，在价格调整时，只要调整回落的低点到达了布林线指标中轨附近，这便意味着价格进入了重要的支撑区间。从图中后期的走势也可以看到，价格到达支撑位后，中轨便对价格的回落起到了阻止的作用，并在后期促使价格形成了上升的趋势。

布林线指标中轨之所以可以发挥支撑的作用，就是因为它涉及了成本的概念。虽然将收盘价视为每一根 K 线形成过程中所有资金的持仓有一些偏差，但就实战操作而言，这种偏差是可以忽略的。由此便可以得出这样的操作结论：在布林线指标中轨明确向上时，只要价格回落到此，便需要密切留意交易机会的出现，一旦有起涨动作，便可以马上入场进行做多操作。

燃油 2209 合约 2022 年 2 月至 4 月日 K 线走势图见图 4-38。

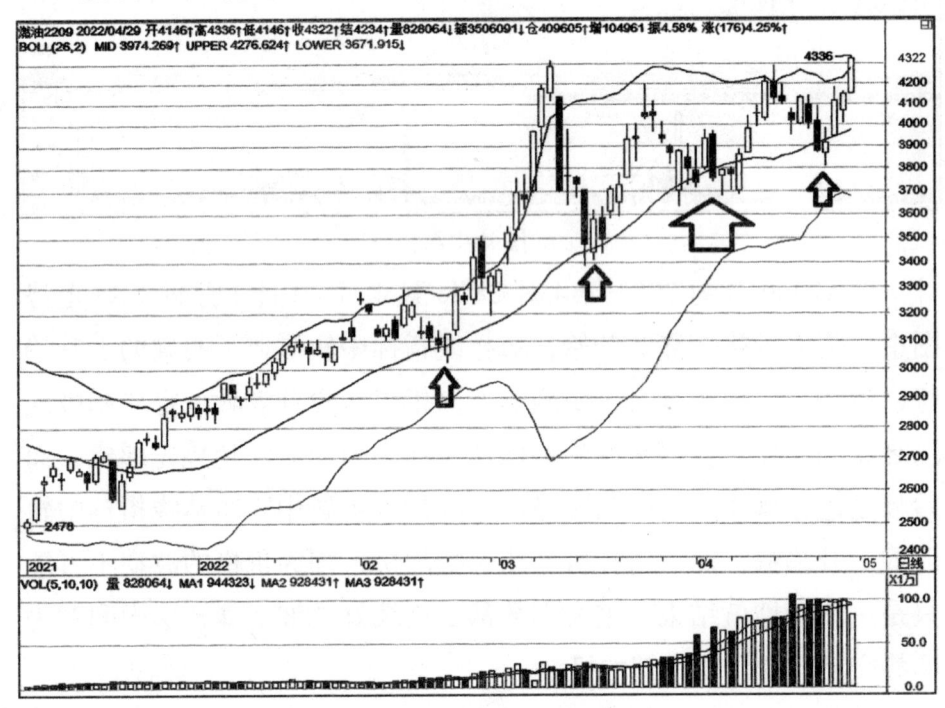

图 4-38

燃油 2209 合约 2022 年 2 月至 4 月日 K 线走势图中，布林线指标中轨随价格的上涨形成了明确的上升趋势。在上涨过程中，价格出现了多次调整的走势，有的调整回落幅度小，有的调整回落幅度很大，但不管价格如何调整回落，它们都有一个明显的共性，那就是都受到了布林线指标中轨的支撑，一旦价格回落至此，下跌便会停止并且开始重新上涨。

布林线指标中轨其实就是26周期的移动均线，其计算方法就是将26根K线的收盘价做一个平均计算，依次将这些价格进行连线。收盘价虽然并不是当天操作资金极为精确的成本，但也可以从某种程度上代表部分资金精确的成本，只要与成本沾边，就会对价格的波动产生支撑或压力作用。由于此时趋势明确向上，因此，投资者在进行操作时必须要只关注支撑，而不要去理会压力。虽然在上升趋势中压力位有时也的确会发挥一些作用，但只要上升趋势能够延续，任何压力位最终都必然是要被攻克的，所以，上升趋势不看压力，只看支撑。只有支撑失守，上升趋势才会结束；支撑不破，趋势便不会停止。

当发现价格回落到支撑位时，是不是就可以直接操作呢？除非有足够的经验与娴熟的风险控制手段，否则不建议普通投资者直接这样操作，因为支撑有生效的时候，也必然会有失败的时候。若支撑失败后的处理方法缺失，最好等支撑发挥作用价格有起涨动作时再入场做多。支撑的作用就是阻止价格下跌，以及促进价格上涨，所以，必须要等促进价格上涨的作用有所体现后再入场，这样才是最安全的。

橡胶2209合约2022年3月至4月日K线走势图见图4-39。

橡胶2209合约2022年3月至4月日K线走势图中，随着价格不断走低，布林线指标中轨形成了明确的下降趋势。一旦中轨趋势向下，投资者就要提起精神，认真分析压力位所在。之所以建议大家使用趋势类指标，特别是布林线指标，就是因为它可以很直接地告诉投资者压力位在哪里，并且投资者据此操作还很容易实现非常不错的盈利。

由于下降趋势不看支撑，因此，布林线指标下轨在价格下降趋

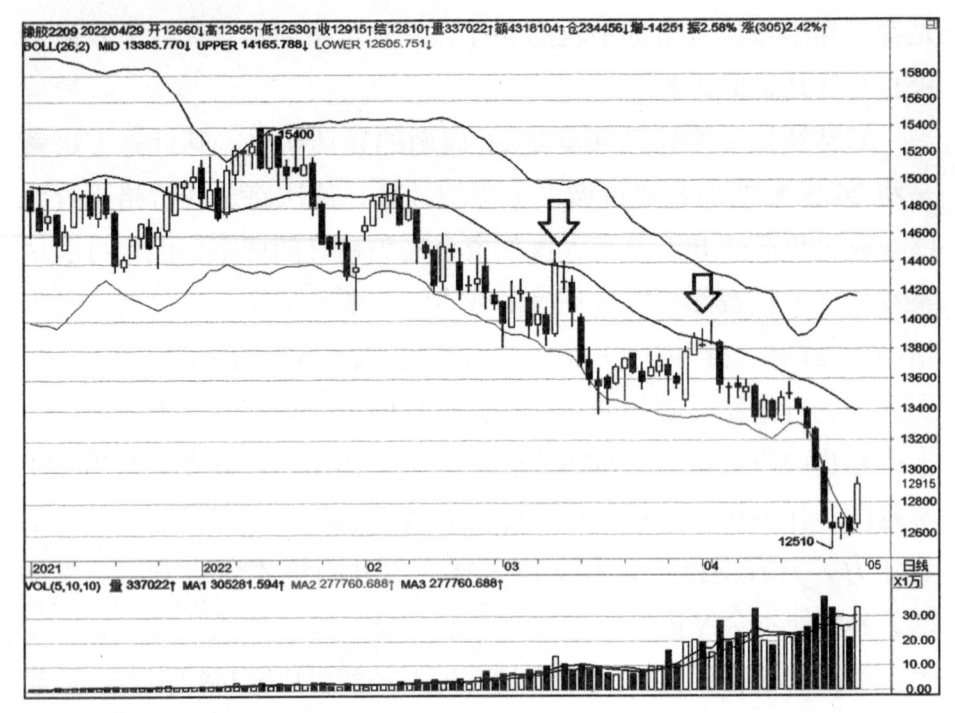

图4-39

势中是发挥不了任何作用的，能够帮到投资者的就是布林线指标中轨以及上轨这两道压力位。通过对大量案例进行分析便可以发现这样的规律，虽然布林线指标上轨是下降趋势的最后一道压力位所在，也是空头趋势是否被彻底破坏的点位所在，但更多的时候，价格往往是到达布林线指标中轨这第一道压力位时，便会受到压力，从而反弹停止并开始回落，因此，只要价格反弹到了布林线指标中轨，投资者就一定要多加留意操作机会的出现。

在实战操作时，价格可能会以各种各样的方式反弹到中轨，不同的反弹形态又有不同的操作方式，有的可以操作，有的则必须要放弃，所以，并不是说价格一反弹到压力位就可以直接做空。价格反弹到压力位需要高度警惕，因为机会就藏在其中，但必须要等到价格有回落迹象时再入场，因为压力位有两大作用，一是阻止价格继续反弹上涨，二是促使价格出现回落。若只是发挥了阻止价格上涨这一个作用，入场操作仍然是无法获利的，只有促使价格下跌发挥作用，入场才有利可图，所以，在价格到达压力位时，只有价格有了开始下跌的信号时入场才是最稳妥的。

苯乙烯2206合约2022年4月25日1分钟K线走势见图4-40。

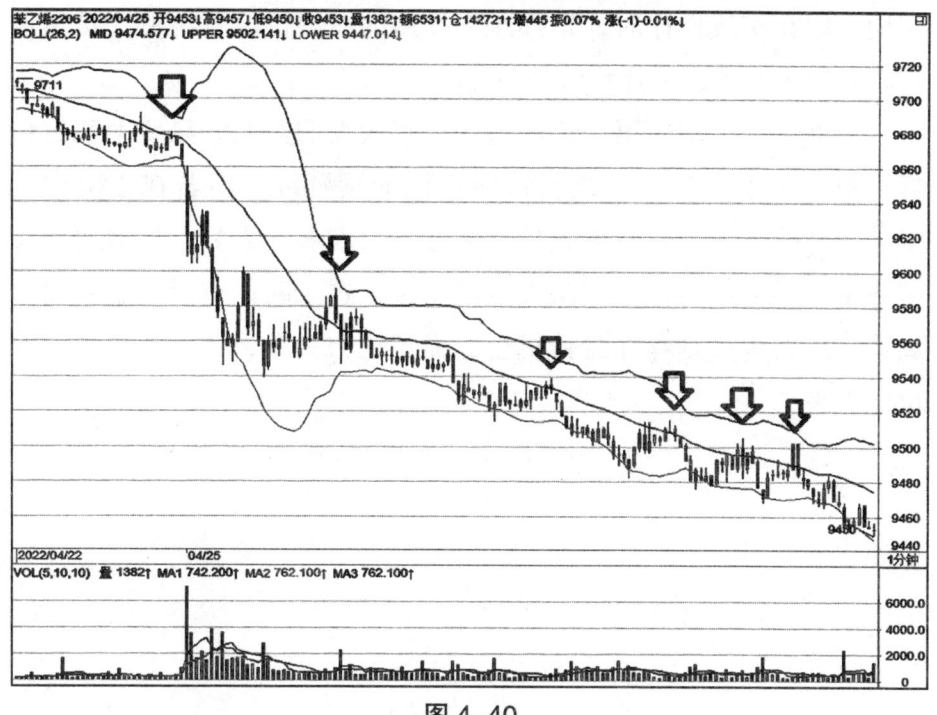

图 4-40

苯乙烯2206合约2022年4月25日1分钟K线走势图中，价格形成了一轮持续性下跌行情。若大家经常对那些跌幅较大的行情进行总结，便可以发现这些大跌的行情都有这样一个共性：压力都非常有效，价格只要形成反弹，上涨的高点一旦达到压力位，马上就会继续回落。所以，一轮下跌行情能不能够很好地延续下去，就要看压力作用是不是可以一直发挥作用。

在价格下跌的过程中，大多数时候价格反弹到布林线指标中轨便受到了压力，而后又在压力位促跌的作用下，价格继续向下下跌。有两次价格则是反弹到了布林线指标上轨才受到了压力产生回落。在价格波动过程中，因为使用的方法不同，压力位确定的方式可能是不同的，布林线指标在下降趋势中只有中轨与上轨两道压力位，若使用标准的5周期、10周期、20周期、60周期的移动均线，压力位则有四道，不管价格反弹到哪个压力位，其都会发挥相应的作用。但在实战操作时，发挥压力作用的压力位位置越低，价格便越容易出现回落，可操作性便越强。

　　价格突破了中轨第一道压力并没有太大的关系，只要上轨这最后一道压力不失守，下跌行情便可以继续延续。但若在下降过程中，布林线指标中轨与上轨接连失守，那就要意识到价格有可能要转势了，因为压力位已无法再继续生效，这个时候空单就必须要出局了。压力生效则存在赚钱机会，而若压力失败，便意味着风险有可能到来。